BASTEI
LÜBBE

Über dieses Buch:

EIN NETZ AUS LÜGEN ist die Geschichte einer Kindheit in Österreich. Und die Geschichte einer verbotenen Liebe. Und auch die Geschichte einer verschworenen Gemeinschaft, in der das Festhalten an Sitte und Moral über dem persönlichen Glück steht. Das gilt auch für das Lebensglück eines Kindes, das die Lebenslügen seiner Eltern bis zu den bittersten Konsequenzen aushalten muss. Dieses Kind ist Eva. Sie kämpft verzweifelt darum, das NETZ AUS LÜGEN Stück für Stück aufzulösen. Um endlich die Wahrheit zu erfahren, um endlich Gewissheit zu erlangen.

Eva Findemann

Ein Netz aus Lügen

Ich hielt sie für eine gute Freundin.
Doch in Wahrheit steht sie mir
viel näher.

BASTEI
LÜBBE

BASTEI LÜBBE TASCHENBUCH
Band 61 547

1. Auflage: Juni 2004

*Das vorliegende Buch basiert auf Tatsachen.
Zum Schutz der Rechte sämtlicher Personen wurden Namen,
Orte und Details verändert. Jede Ähnlichkeit mit lebenden Personen
ist nicht beabsichtigt und nicht erwünscht.*

Bastei Lübbe Taschenbücher ist ein Imprint
der Verlagsgruppe Lübbe

Originalausgabe

Titelbild: Getty-Images/Justin Pomfrey
Einbandgestaltung: Bianca Sebastian
Satz: hanseatenSatz-bremen, Bremen
Druck und Verarbeitung: Ebner & Spiegel, Ulm
Printed in Germany
ISBN 3-404-61547-6

Für meinen Sohn

KAPITEL 1

Am Anfang war die Lüge

Wann hatte es angefangen? Am Anfang, genau da, am Anfang war die Lüge. Genauer gesagt die Lügen, denn es waren ihrer viele, sie waren überall. Sie waren ein so fester Bestandteil meines Lebens geworden, weil sie schon vor meiner Geburt von mir Besitz ergriffen hatten.

Über meine Geburt wurde in meinem Elternhaus nach Möglichkeit nicht gesprochen. Sie zählte zu den zahlreichen Tabu-Themen, deren Erwähnung stets einen heftigen Streit zwischen den Eltern auslöste, der oft mit der vorübergehenden Flucht eines Elternteils aus dem Haus endete.

Das Haus selbst war Teil eines auf einer Anhöhe gelegenen ausgedehnten Anwesens, das mein Vater mit einem ansehnlichen Grundbesitz an Weinbergen, Feldern, Wäldern und dem dazugehörigen Maschinen- und Fuhrpark von seinen Eltern geerbt hatte.

Zu meiner Kinderzeit war diese Gegend Österreichs noch dünn besiedelt, und kleine Dörfer schmiegten sich, deutlich voneinander abgegrenzt, in die fruchtbare Ebene. Das Dorf, dem unser außerhalb gelegener Hof zugeordnet war, wurde auf der Südseite von einem sanft ansteigenden Hügel begrenzt, auf dem seine Bewohner seit Generationen Wein pflanzten. Am Fuße dieses Hügels duckten sich, eng aneinander gereiht, die Weinkeller in die Erde, in denen die Bauern ihren Wein bis zum Verkauf oder Verbrauch lagerten. Daran schloss sich halbrund ein Waldgürtel an, der die Sicht auf die dahinter liegende weite Ebene der zur Erntezeit goldgelb wogenden Getreidefelder versperrte, sodass es nur eine Durchfahrtsstraße besaß, von der aus die wenigen Seitenstraßen abzweigten. Das Zentrum bildeten eine kleine Kapelle und der ihr gegenüberliegende Weiher, auf dem damals noch Gänse schnatterten.

Das Wohnhaus war von der Straße, die unterhalb des Anwesens vorbeiführte, so weit entfernt, dass man zwar erkennen konnte, wenn jemand zu Fuß oder auf dem Fahrrad vorbeikam, jedoch nicht, um wen es sich handelte. Oft versuchten wir als Kinder, wenn jemand von der Straße abbiegend den Zufahrtsweg zu uns heraufkam, an der Kleidung oder der Gangart herauszufinden, wer auf das Haus zukam. Vom Wohngebäude hatte man an klaren Tagen einen wunderbaren Blick auf die gegenüberliegenden Weinberge. Zwischen der Rückseite des Hofes und dem dahinter gelegenen Wald stand eine mächtige Rosskastanie, mein Kastanienbaum, der viele Jahre lang eine besondere Rolle in meinem Leben spielte.

Dort lebten wir. Mein Vater, meine Mutter, meine drei Jahre ältere Schwester Agathe, mein Großvater väterlicherseits und ich. Außerdem lebten im Nebengebäude eine Magd und manchmal der Knecht, wenn er zu müde war, um für die Nacht in sein eigenes Haus zurückzukehren. Zur Weinlese und Erntezeit übernachteten auch die Saisonhelfer und Tagelöhner dort. Mit uns lebten verschiedene Tiere auf dem Hof. Wir hatten immer mindestens zwei Hunde, einer davon ein ausgebildeter Jagdhund, Pferde, Schafe, Gänse, Kühe, Katzen, Hühner und einige Schweine. Aber das waren längst nicht alle. Im Gerätehaus, das die äußere Abgrenzung des Hofes zu der sich anschließenden Wiese und dem Wald bildete, lebte eine Igelfamilie, in einem Loch in der Gartenmauer residierte eine Ringelnatter, unter dem Stalldach gab es zahlreiche Schwalbennester, nachts besuchte uns manchmal ein Fuchs, und im Winter kamen oft die Rehe zum Äsen aus dem Wald.

Der Haushaltsvorstand war zweifelsohne der Großvater. Er war sehr groß, hager und trotz seines hohen Alters sehr aufrecht. Alles an ihm drückte eine gewisse Vornehmheit aus. Er hatte ebenmäßige Gesichtszüge mit leicht schräg stehenden Augen und hohen Backenknochen. Unter dem gepflegten langen Bart konnte man die Oberlippe kaum erkennen. Dem scharfen Blick seiner grauen Augen schien nichts zu entgehen. Sein silbergraues Haar war streng nach hinten gekämmt und seine Kleidung stets untadelig: weißes Hemd, graue oder schwarze Hose und Krawatte. Mehrmals am Tage holte er mit seinen langen, schlanken Fingern die silberne Taschenuhr aus seiner Hosentasche und betrachtete lange und aufmerksam das Zifferblatt, als riefe er durch diesen Anblick eine besonders schöne Erinnerung in sein Gedächtnis zurück. Wenn jemand es wagte, ihn bei dieser Betrachtung zu unterbrechen, konnte er sehr aufgebracht sein und den Ruhestörer mit harten Worten zurechtweisen. Es gibt ein Hochzeitsfoto von ihm, das einen sehr hübschen jungen Mann mit vollem, schwarzem Haar und dunklem Vollbart zeigt. Sein Wort war Gesetz. Er duldete keinen Widerspruch, und in seiner Anwesenheit gab es keine Diskussion. Er strahlte eine Würde aus, die einen Zug Bitterkeit und Enttäuschung in sich trug und die ihm eine gewisse Unantastbarkeit verlieh.

Ganz anders dagegen sein Sohn, mein Vater. Er war sehr groß, schlank, mit blondem, schütterem Haar und hohem Haaransatz. Das von einem blaugrauen Augenpaar beherrschte Gesicht war eher rund, und seine Augenfarbe wechselte, wenn er zornig war, in Eisgrau. Er hatte eine schmale Nase und einen schön geschwungenen, vollen Mund. Auch er hatte schöne Hände mit langen, schlanken Fingern. Unter dem Kinn am Hals entlang trug er zwei lange Narben von einer schweren Verletzung, die ihm zu schaffen machten. Er war jähzornig, doch legte sich sein Zorn so schnell wieder, wie er gekommen war. Meistens jedenfalls. Streit oder jeder Art von Auseinandersetzung versuchte er durch Flucht aus dem Haus zu entgehen.

Mein Vater umgab sich gern mit schönen Dingen. Zu seinen Leidenschaften zählten edle Pferde, schnelle Motorräder und ausgefallene Autos. Er hatte eine schöne Stimme und war sehr musikalisch. Fast jeden Sonntag besuchte uns seine Schwester Zitha mit ihrem Mann, setzte sich ans Klavier, und wenn er gut gelaunt war, sang mein Vater Lieder aus Operetten oder die beiden sangen im Duett. Dann unterbrach selbst die Magd in der Küche den Abwasch. Es wurde mucksmäuschenstill in dem großen Haus. Alles, was Ohren hatte, lauschte.

Obwohl das lang gestreckte, zweistöckige Wohngebäude sehr groß war und viele Räume hatte, lebten wir größtenteils in der so genannten Bauernstube, dem Esszimmer der Familie. Das Kernstück dieses Raumes bildete ein großer, rechteckiger Eichentisch, an dem zwölf Personen bequem zum Essen Platz nehmen konnten. Der Tisch war entlang der Wand, unterhalb der beiden Fenster, von einer gemütlich gepolsterten Eckbank umgeben. Auf der gegenüberliegenden Seite des Tisches standen sechs Stühle der gleichen Machart wie die Bank, und über dem Tisch hingen zwei große, runde Lampen, die von einem kunstvoll in Schmiedeeisen gefassten

Hirschgeweih getragen wurden. An der anderen Wand stand eine mannshohe Pendeluhr und daneben die Anrichte mit dem Essgeschirr und den Gläsern. Mein Platz war in der Ecke, direkt unterhalb des Herrgottswinkels, zwischen dem Knecht und meiner Mutter.

Wenn alle zum Mittagessen um den Tisch versammelt waren und das Tischgebet beendet war, legte sich manchmal eine unheilvolle Stille auf die Anwesenden. So geschah es auch an jenem herrlichen Spätsommertag, und es wurde so still, dass das Geräusch der Pendeluhr überdeutlich zu hören war, das sonst im Alltagslärm unterging.

Alle schienen auf das Unausweichliche zu warten und es trat pünktlich ein. Der Großvater kommunizierte mit meinem Vater in der Körpersprache, indem er auf die Narben auf seinem Hals starrte. Nach einer geraumen Weile fragte er ihn, ob er heute wieder das Wetter spüre. »Warum fragst du denn? Du weißt es doch!«, gab der Vater gereizt zur Antwort und bemühte sich weiterzuessen. Aber die Gabel zitterte bereits verräterisch in seiner Hand. »Weil du Schande ins Haus gebracht hast!«, brach es aus dem Großvater hervor, der das Besteck jetzt mit beiden Händen umklammert hielt und meine Mutter anstarrte.

Meine Mutter schob schluchzend ihren Teller von sich, legte ihren Kopf auf beide Arme und weinte bitterlich. Ihr schönes, dichtes, schwarzes Haar fiel über ihre von der Sonne gebräunten Arme, und der goldene Ring an ihrem Finger hob sich deutlich von der braunen Haut ab. Die kleine, schmale Gestalt in dem geblümten Sommerkleid war ein einziges Schluchzen. Selbst die Füße in den schwarzen Sandalen wippten. Schuldbewusst drückte ich mich, so weit es mir möglich war, in die Ecke der Sitzbank und versuchte, den Rockärmel des neben mir sitzenden Knechtes als Rettungsanker zu fassen. Und schon prasselten die Worte auf mich nieder: »Es ist alles wegen dir!«, schrie mich der Vater an funkelte mit eisgrauen Augen in meine Richtung, sprang auf, schmiss dabei das Besteck auf seinen Teller und verließ den Raum.

In der eingetretenen Stille hörte man nur das klagende Schluchzen der Mutter. Plötzlich stand auch sie auf und wischte sich mit dem Zipfel ihrer Halbschürze über das hübsche Gesicht. Während erneut Tränen aus ihren dunkelbraunen Augen kullerten, stand sie auf und sagte: »Ich halte das nicht mehr aus, ich gehe fort von hier«, und ging ebenfalls hinaus. Daraufhin fing meine Schwester Agathe an zu schreien: »Mamaaaa, Mamaaaa«, schlüpfte unter dem Tisch durch und rannte der Mutter nach.

Stille. Nur das regelmäßige Geräusch des Pendels war zu hören. Ich hob meinen Blick und sah den Großvater an, der mir fast genau gegenüber an der Stirnseite des Tisches saß. Zorn war in meinem Blick und Trotz, und ich hielt ihm stand, ich wich nicht aus. »Lasst uns essen, Leute«, sagte er schließlich mit gebrochener Stimme, mehr zu sich selbst und nahm das Besteck wieder zur Hand. Alle aßen, der Zwischenfall war nichts Neues, jeder hatte ihn so oder so ähnlich schon einige Male erlebt, und danach wurde zur Tagesordnung übergegangen und die Arbeit fortgesetzt wie gewöhnlich. Ich aß nichts mehr. Die Magd räumte den Tisch ab und begann mit dem Abwasch.

Der Knecht ging in die Küche, machte mit dem Messer drei Kreuze auf einen großen dunkelbraunen Brotlaib, schnitt ihn an und steckte den Anschnitt und eine weitere Scheibe in seine Jackentasche. Dann ging er hinaus. Ich folgte ihm in einigem Abstand. Als wir einen Steinwurf vom Haus entfernt waren, rannte ich zu ihm hin, und er nahm mich an der Hand und sagte: »Komm, Kind, wir gehen zu den Bienen und machen uns ein Honigbrot.« Ich sah an ihm hoch. Er war groß, der Johannes, nicht ganz so hoch gewachsen wie der Großvater, aber fast. Seine Gestalt war schmal. Er ging langsam und atmete schwer. Er war chronisch krank. Sein Gesicht war braun gebrannt und voller Falten. Seine Augen waren grünbraun und seine Ohren groß, und sie standen etwas vom Kopf ab. Sein dunkles, volles Haar wurde zu den Schläfen hin grau. Auf den abstehenden Ohren saß seine speckige Schirmkappe. Seine Hände waren rau und von tiefen Falten durchzogen. Sein kariertes Hemd, das in der blauen Arbeitshose steckte, hatte eine undefinierbare Farbe. Dazu trug er einen braunschwarz karierten Rock und die unvermeidlichen Reitstiefel.

Wir gingen schweigend schräg über die Obstbaumwiese durch das hohe Gras, das mir bis zu den Knien reichte, meine linke Hand in seiner großen Rechten geborgen, während meine rechte Hand im Vorübergehen die Löwenzahnsamen von den Stängeln strich. Schließlich waren wir da. Bei ihm zu Hause. Es war ein winziges, windschiefes Häuschen mit einem kleinen Garten am Waldrand, der von einem verwitterten Lattenzaun umgrenzt wurde. Das Häuschen war nicht weit von der Rückseite unseres Hauses entfernt. Im Garten standen Bienenstöcke, die er liebevoll umsorgte. Er setzte mich auf die verwitterte, hölzerne Bank, die an die Hauswand gelehnt war, und mahnte mich sitzen zu bleiben. »Du weißt, die Bienen werden wütend, wenn man ihnen den Honig wegnimmt.«

»So wütend wie der Großvater?«, fragte ich.

Er sah mich an, setzte sich neben mich und hob mich auf sein Knie. »In all den Jahren, in denen ich jetzt auf dieser Welt bin, ist mir schon viel untergekommen, das kannst du mir glauben«, sagte er und sah mich ernst an. »Bald wirst du vier Jahre alt«, fuhr er fort, und seine abgearbeitete Hand hielt mich liebevoll umfangen. »Aber es ist, als wäre es gestern gewesen, weil es keiner vergessen kann, und sie reden auch nicht darüber.« Eine Weile war es still, und er atmete schwer. »Dein Vater hat einen Unfall gehabt, einen schweren Unfall, daher hat er die Narben am Hals.« Wieder schwieg er eine Weile, bevor er fortfuhr: »Er war lange im Krankenhaus in der Stadt, viele Monate, und deine Mutter war mit der Arbeit alleine. Da hat der Onkel Alois ihr geholfen. Er war oft bei ihr im Haus.« Johannes seufzte. »Ja, und deine Mutter war in Hoffnung und hatte so schnell einen so dicken Bauch, einen viel zu dicken Bauch, und dann ist deine Großmutter gestorben, und kurz darauf bist du geboren, und du warst so winzig klein, so schwach. Keiner hat es für möglich gehalten, dass du am Leben bleibst. Selbst die Hebamme nicht.« Er seufzte noch einmal schwer, wischte sich mit einer Handbewegung den Schweiß von der Stirn und sagte: »Gott vergebe ihnen, was sie getan haben, und er stehe ihnen bei, allen miteinander, aber ganz besonders dir, mein Mäderl, du bist so klein und so schwach, und du kannst doch nichts dafür, nein, du bist unschuldig und musst das Schicksal tragen.«

Dann setzte er mich wieder auf die Bank zurück und machte sich daran, ein wenig Honig zu schleudern. Dass die Großmutter gestorben war, bevor ich geboren wurde, wusste ich schon. Der Großvater erwähnte diesen Umstand häufig. Während ich mit meinem Zeigefinger die tiefen Ritzen der Holzbank nachzeichnete, flog ein Marienkäfer auf meine Hand. Ich hob sie hoch, und er krabbelte an meinem kleinen Finger entlang bis zum Fingernagel. Als es nicht mehr weiter ging, breitete er seine Flügel aus und flog davon. »Du bist doch ein Glückskind!«, sagte der Johannes, als er das Käferchen sah, holte das Brot aus der Tasche, strich eine große Portion Honig auf die Brotscheibe und gab sie mir in die Hand.

»Iss, Kind«, sagte er, »damit du groß und stark wirst! Nach all der Mühe, die wir aufgewendet haben, um dich durchzubringen.« Ich verstand nicht wirklich, was er sagte, aber ich spürte, dass er es gut mit mir meinte, aus ganzem Herzen, dass er mich lieb hatte und dass diese Liebe im Gegensatz zu der des Vaters und der Mutter Bestand hatte. Sie hing von nichts ab. Sie war immer da. Und um dieser Liebe willen aß ich das Honigbrot, das mir gar nicht schmeckte. Er aß den Anschnitt und wartete, bis ich aufgegessen hatte, bevor wir zurückgingen. Ich hüpfte, mich an seiner Hand festhaltend, neben ihm her. Als wir zurückkamen, wurde Johannes von der ungeduldigen Stimme meines Vaters gerufen, und ich ging allein ins Haus.

Vorsichtig lugte ich durchs Schlüsselloch in die Bauernstube. Agathe saß vor dem aufgeschlagenen Lesebuch am Tisch. Ihr schönes blondes Haar war zu zwei dicken Zöpfen geflochten; überhaupt war alles dick und wohlgerundet an ihr. Von den Hängebacken bis zu den Beinen. Ihre blauen Augen waren auf das Buch gerichtet, und der Zeigefinger der rechten Hand rutschte die Zeile entlang, allerdings immer dieselbe. »T-o-n-i«, sagte sie, zum wiederholten Male, jeden Buchstaben einzeln betonend. »Fasse die Buchstaben zu einem Wort zusammen!«, gebot die strenge Stimme des Großvaters neben ihr.

»T-o-n-i«, sagte sie wieder mit weinerlicher Stimme. »Es ist nicht zu glauben, irgendwann müsstest sogar du es begreifen«, jammerte die Stimme des Großvaters. Seine Geduld war ganz offensichtlich erschöpft. »Noch einmal!«, sagte er barsch. »T-o-n-i«, schluchzte Agathe in das Buch hinein.

Ich zog es vor, draußen zu bleiben, und setzte mich in »meinen Winkel« unter den Stufen der Veranda. Dort war es so niedrig, dass außer mir nur Hasso, der kleinere von den beiden Hunden, Platz hatte. Ich hatte seine Hundedecke in den Winkel gezogen, und wir saßen manchmal gemeinsam darauf. Dorthin verkroch ich mich, wenn ich nirgendwo willkommen war.

Dort hatte ich auch den ständig wiederkehrenden Wachtraum. Es war ein Traum, aber es war auch wahr, richtig wahr, es war geschehen, es war mir geschehen. Aber ich sah immer nur ein kleines Stück davon. Immer dasselbe Stück. Ich sah deutlich einen Teil von einem dunkelgrünen Kinderwagen, der auf dem Rücksitz eines Autos stand. Ich sah immer nur denselben kleinen Teil davon durch die Heckscheibe des Autos. Der Kinderwagen stand so, dass ich das Kind, das darin lag, nicht sehen konnte, das Dach des Kinderwagens war halb hoch gezogen, und dieses halb hoch gezogene Dach war alles, was ich sehen konnte. Ich wusste aber, dass ich da hineingehörte. Ich musste unbedingt in diesen Kinderwagen hineingelegt werden, ich gehörte da hinein, aber ich war auf dem Arm von jemandem, der mich krampfhaft festhielt, und ich schrie aus Leibeskräften. Und das Auto fuhr weg, immer weiter fort und war plötzlich ganz verschwunden, und ich schrie weiter und immer weiter.

KAPITEL 2

Wunschgedanken

Im September, kurz vor der Weinlese, sollte ich endlich in den Kindergarten gehen dürfen. Ich freute mich schon sehr darauf. Warum, wusste ich selbst nicht so genau. Wahrscheinlich, weil mir meine Mutter viel Gutes über den Kindergarten erzählte, um mich darauf vorzubereiten.

An einem Montagmorgen war es dann so weit. Mutter zog ihr hübsches rotes Jackenkleid mit den großen, weißen Knöpfen und der weißen Rose am Revers an, schlüpfte in die weißen Stöckelschuhe, die mir so gut gefielen, und setzte den Florentinerhut auf. Alles für mich, für meinen ersten Tag im Kindergarten. Ich war sehr stolz auf sie. Sie war klein, schlank, hatte eine schmale Taille und eine ausgesprochen weibliche Figur. Ihre Haut war eher dunkel, auch im Winter war sie deutlich braun, und ihre dunklen Augen und das schwarze Haar unterstrichen den Typ. Das leicht herzförmig geschnittene Gesicht wurde von den großen Augen beherrscht. Die Lippen waren von kräftigem Rot, auch ohne Lippenstift. Sie liebte es zu lachen. Allerdings immer seltener.

Ich stand neben ihr in ihrem Schlafzimmer vor dem großen Spiegel und betrachtete uns beide. Sie hatte mir das rote Samtkleid mit dem weißen Spitzenkragen und der großen Schleife im Rücken angezogen. Die weiße Strumpfhose kratzte auf der Haut, und die weißen Lackschuhe waren unbequem. Im Moment versuchte sie verzweifelt und gleichzeitig vergeblich, meine rotblonden Locken zu glätten. Mein Haar, das nach der Mode der Zeit zu einem Pagenkopf geschnitten war, kräuselte sich in zahlreichen Löckchen um den Kopf, was immer sie auch anstellte, um es zu glätten. Sie versuchte es mit Zuckerwasser. Es half nur solange die Haare nass waren; sobald sie trockneten, kräuselten sie sich wieder. Schließlich band sie mir die Schleife so fest ins Haar, dass es weh tat. »Aua!«, schrie ich. »Für die Schönheit muss man leiden«, sagte sie, nahm mich an der Hand, und wir gingen.

Mein Vater fuhr uns zu dem etwa einen Kilometer entfernten Kindergarten, der zum nächsten größeren Dorf gehörte. Das Gebäude war früher als Dorfschule genutzt worden, in der alle Klassenstufen in einem einzigen Raum unterrichtet worden waren. Vor einigen Jahren war die Schule in die Stadt verlegt und das Gebäude zum Kindergarten umfunktioniert worden. Dort waren die anderen Eltern mit ihren Kindern versammelt. Ich war sehr aufgeregt. Wir stiegen aus und gingen auf die Gruppe zu. Plötzlich drehte sich mein Vater um, ging zurück zum Auto und fuhr davon. Ich sah zu meiner Mutter auf, die völlig verdutzt dastand und ihm hinterherstarrte.

»O Gott«, sagte sie leise, packte mich fest an der Hand und wir gingen hinein. Der Raum, den wir betraten, war hell und freundlich. Durch drei große Fenster fiel das Sonnenlicht in reicher Fülle herein und ließ die bunten Drachen, die in den Fenstern hingen, in ihrer Farbenvielfalt erstrahlen. An der Wand unterhalb der Fenster waren hölzerne Haken in Form von verschiedenen Tieren und Blumen angebracht, wovon keiner dem anderen glich. Darunter stand eine lange Bank, unter der in großen Abständen Hausschuhe aufgereiht waren.

Vor uns war eine lange Schlange von Müttern, Vätern und Kindern. Langsam kamen wir vorwärts und standen schließlich vor einer Art Schreibtisch, hinter dem eine Dame ungefähr im Alter meiner Mutter saß. Sie lächelte mir freundlich zu, und ich verbarg mich ein bisschen hinter meiner Mutter und lächelte verschämt zurück. Sie sagte siegessicher: »Na, wen haben wir denn da? Das ist bestimmt eine kleine Mayerin, der ganze Vater!« Ich spürte, wie meine Mutter stocksteif wurde, sah zu ihr hoch und bemerkte, wie ihre Gesichtsfarbe von Blass in Tiefrot wechselte. »Hinterhütter«, brachte sie schließlich hervor. »Ach so, ja«, beeilte sich die Dame jetzt zuzustimmen, »natürlich, wissen Sie, in dem Alter sehen die kleinen Mäderl alle gleich aus.« Während sie noch sprach, kam eine ältere Dame auf uns zu, die sich bisher mit anderen Eltern im Hintergrund unterhalten hatte. »Ist alles in Ordnung, Roswitha?«, fragte sie im Vorübergehen ihre Kollegin, wandte sich augenblicklich meiner Mutter zu und begrüßte sie ehrerbietig. »Frau Hinterhütter, wie schön, Sie wieder hier begrüßen zu dürfen! Ist das Ihre jüngere Tochter? Na, so ein süßes Mäderl!«, plapperte sie los und tätschelte mir den Kopf.

»Kommen Sie nur weiter, ich erledige die Anmeldung später für Sie.« Damit dirigierte sie uns weg vom Schreibtisch zu den Haken an der Wand. »Welcher gefällt dir denn? Du bist sicher die kleine Eva!« Mir saß der Schrecken noch in den Gliedern, und ich zeigte stumm auf den nächstbesten Haken, der eine Kastanie darstellte. »Sehr schön, Eva!«, lobte die Dame. »Das ist jetzt dein Haken: Hier hängst du jeden Tag deinen Mantel hin, ziehst die Schuhe aus und die Hausschuhe an.« Ich sah, dass Mutters Hand zitterte, als sie meine neuen, himmelblauen Hausschuhe aus der Tasche holte und unter den Kastanienhaken stellte. »Schon haben wir es geschafft, gnädige Frau! Also dann – auf Wiedersehen und die besten Grüße an den Herrn Gemahl und an Agathe!«

Als wir den Kindergarten verließen, standen die anderen Eltern mit ihren Kindern in Gruppen zusammen und plauderten. Wir gingen an ihnen vorbei, und meine Mutter erwiderte nur flüchtig den Gruß derer, an denen wir direkt vorbeikamen. Ich hatte das Gefühl, als sähen sie uns alle nach und als tuschelten sie über uns, und ich war sicher, dass auch Mutter sich nicht besonders wohl in ihrer Haut fühlte. Wir mussten den ganzen weiten Weg zu Fuß nach Hause gehen. Die Lackschuhe drückten mich, und ich sagte: »Mama, ich kann nicht mehr«, und blieb stehen. »Ich auch nicht«, antwortete sie, »aber es hilft uns keiner. Komm, sei ein tapferes Mädchen, geh weiter!«

Etwa auf halbem Weg vom Kindergarten zu unserem Haus, zwischen den Dörfern, stand eine Bank vor einem lebensgroßen Kreuz, an dem eine bereits halb verrostete Metalltafel hing, auf die eine Christusfigur gemalt war. Hier setzten wir uns um auszuruhen. Mutter schlüpfte aus den Stöckelschuhen, rieb ihre Füße, inspizierte meine und seufzte. »Was soll jetzt werden?«, fragte sie und sah zum Kreuz hoch. Ich hörte Schritte hinter uns und drehte mich um.

Robin, ein Junge aus unserem Dorf, kam an der Hand seiner Mutter auf die Bank zu. Auch er war heute im Kindergarten angemeldet worden. »Ist es gestattet, Frau Hinterhütter?«, fragte seine Mutter und deutete auf die Bank. »Ja, selbstverständlich«, antwortete Mama und rückte ein wenig zur Seite, um Platz zu machen. »Der Weg ist weit für die kleinen Kinder«, fuhr Robins Mutter fort, »besonders im Winter.«

»Ja, daran habe ich noch gar nicht gedacht«, gab meine Mutter erschrocken zurück. »Mein Schwiegervater wird nicht mehr so oft mit dem Auto fahren wollen, es strengt ihn in letzter Zeit doch sehr an, er ist nicht mehr der Jüngste.« Erstaunt sah ich sie an. »Würden Sie die Evi etwa zu Fuß in den Kindergarten gehen lassen?«, fragte Robins Mutter ungläubig. »Darauf wird es wohl hinauslaufen«, antwortete Mama.

Robin zupfte mich am Ärmel: »Schau, da ist eine Blindschleiche.« Ich drehte mich um und folgte ihm. Robin war größer als ich, mit kräftigen Armen und Beinen. Sein Haar war hellblond und seine Stupsnase voller Sommersprossen, die sein Gesicht fast völlig bedeckten. Er hatte einen breiten Mund und kleine, blaue Augen. Zur Feier des Tages trug er ein blauweiß kariertes Hemd zur kurzen Lederhose, die knapp oberhalb seiner aufgeschürften Knie endete.

Er hob die Blindschleiche auf und hielt sie mir entgegen. »Traust du dich, sie anzugreifen?«, fragte er mich schlitzäugig. »Klar!«, tönte ich forscher, als mir zu Mute war, und er legte sie mir mit den Worten »Lass sie ja nicht fallen!« in die Hand. Ich hätte sie gerne fallen lassen, wollte mir aber keine Blöße geben und hielt sie fest. Er nahm sie mir augenblicklich mit den Worten »Gib sie mir wieder, du erdrückst sie ja« aus der Hand. »Kommt, Kinder!«, rief meine Mutter, und wir hüpften hinter unseren Müttern nach Hause. Ich hatte die drückenden Schuhe ganz vergessen. »Also, ich hole dich morgen früh ab!«, rief mir Robin nach, als sich der Weg gabelte und wir uns trennten. Ich sah zu meiner Mutter auf, und da sie keine Einwände zu haben schien, nickte ich ihm zu und winkte.

Mein Weg zum Kindergarten und später zum Schulbus führte am Haus von Onkel Alois Mayer und seiner Frau, der Tante Rosel, vorbei, das in der Mitte des Dorfes, direkt gegenüber dem Weiher, gelegen war. Es war ein großes, weißes Gebäude, das mitsamt dem riesigen Grundstück und allen Nebengebäuden von einer hohen, grauen Mauer umgeben war. Als Einlass in den Innenhof diente ein rund geschwungenes, schmiedeeisernes Doppelflügeltor, in das eine kleinere Eingangstür eingelassen war. Von der Straße aus konnte man durch das Tor hindurch zwei große Fenster erkennen, von denen eines zur Küche gehörte.

Agathe und ich nannten die beiden »Onkel« und »Tante«, weil es unsere Eltern so wollten, obwohl wir nicht mit ihnen verwandt waren. Sie waren Freunde unserer Eltern – Onkel Alois und unser Vater waren schon seit ihrer Kindheit befreundet und waren auch gemeinsam zur Schule gegangen. Ich mochte Onkel Alois gern. Tante Rosel mochte ich nicht, was auf Gegenseitigkeit beruhte. Sie hatte den Spitznamen »die Neugierige«. Ich hörte einmal, wie eine Nachbarin zu meiner Mutter sagte: »Sie hat ja nichts zu tun, als andere Leute auszuspionieren, sie hat ja nicht einmal ein Kind.« Onkel Alois hielt immer Ausschau nach mir, wenn ich auf meinem Nachhauseweg vom Kindergarten bei ihm vorbeikam, winkte mir und fragte mich, was ich an jenem Tag im Kindergarten gemacht hatte. Die Tante Rosel sah das nicht so gern und rief ihn oft ins Haus, wenn sie mich kommen sah, aber das machte dem Onkel Alois nichts aus, er wartete trotzdem auf mich.

An einem Freitag im Oktober, zur Zeit der Weinlese, ging ich wie gewohnt mit Robin vom Kindergarten nach Hause, und Onkel Alois fragte mich, ob es im Kindergarten »schön« gewesen sei. »Mhm«, gab ich zur Antwort. »Gehst du am Nachmittag mit in den Weingarten?«, fragte er. »Ich bin auch dort, dann sehen wir uns heute noch.« Seine Augen lachten wie immer. Sein ganzes Gesicht schien nur aus diesen braunen Augen zu bestehen, die ständig lachten, auch wenn er keine Miene verzog. Er verbreitete stets gute Laune um sich, wenn er auftauchte. Onkel Alois war groß und hatte eine kräftige Statur. Seine Haut war hell und sein Haar lag, obwohl es kurz geschnitten war, in rotblonden Locken um seinen Kopf. Er hatte eine schön geformte Nase und ein kleines Grübchen im Kinn, das sein fröhliches Aussehen unterstrich.

Ich lachte schweigend zurück und lief nach Hause.

Selbstverständlich würde ich mit in den Weingarten fahren, ich wollte Onkel Alois gerne sehen. Er war immer freundlich zu mir, besonders wenn die Tante Rosel nicht in der Nähe war.

Nachmittags fuhren wir alle zusammen mit einigen Lesehelfern in den Weingarten. Der kleine grüne Traktor zog mühsam den Anhänger, auf dem zwei riesige Bottiche standen, die mit Trauben gefüllt werden sollten. Der Weg führte erst steil bergauf und ging dann in eine Hochebene über, die in ihrer ganzen Ausdehnung von Weinbergen eingenommen wurde.

Ich fuhr gerne auf dem Anhänger mit, auf dem die Lesehelfer saßen, weil ich dort hinten einen größeren Abstand zu Papa hatte, der besonders mir gegenüber sehr schnell jähzornig wurde. Er hatte nicht gewollt, dass ich mitkam. »Sie muss nicht überall dabei sein!«, hatte er gewettert, aber ich hatte mich geweigert, beim Großvater zu bleiben, und auch meine Mutter schien es lieber zu sehen, wenn ich in ihrer Nähe war. Zur Zeit der Weinlese wurde jede Hand gebraucht, man konnte die Magd nicht zum Kinderhüten zu Hause lassen.

Die Mägde hielten es nicht sehr lange bei uns aus, und keine von ihnen hat einen bleibenden Eindruck bei mir hinterlassen. Es wurde auch nicht mehr von ihnen gesprochen. Als ich bereits erwachsen war, fragte ein Besucher nach der Magd, die zu der Zeit bei uns im Hause war, als ich geboren wurde, und mein Vater sagte: »Ja, die Mimi ist sehr fleißig gewesen.« Das war alles. Das Thema wurde sofort gewechselt.

An jenem Herbsttag hatte der Wille des Großvaters, der mich auch nicht »hüten« wollte, den Ausschlag gegeben, ich hatte mitkommen dürfen.

Hocherfreut stellte ich fest, dass Onkel Alois schon da war, aber leider nicht allein, sondern in Begleitung der Tante Rosel.

Sein Weinberg grenzte, lediglich durch eine etwas breitere Furche markiert, an den unseren. Mein Lieblingsplatz war die Weingartenhütte, die aus unbearbeitet aneinander gefügten Holzbrettern bestand und an der eine an Scharnieren befestigte Tür mit einem Holzriegel als Schloss angebracht war. Wenige, mit roten Ziegeln gedeckte Holzverstrebungen bildeten das Dach. Es hatte ein Fenster, das aus einer einfachen, etwa postkartengroßen Glasscheibe bestand, die schon ziemlich trüb war. Die Hütte war so klein, dass selbst meine Mutter nur in gebückter Haltung eintreten konnte. Als Einrichtung gab es einen Tisch, den man an die Wand klappen und dort mit einem Haken befestigen konnte, und auf beiden Seiten gehobelte Holzbänke. Während meine Mutter die mitgebrachte Jausentasche in der Hütte verstaute, deren Holz durch Wind und Wetter grau und verwittert war, schaute ich nach, ob das Vogelhäuschen, das Johannes gebaut hatte und das wir gemeinsam an der Rückseite angebracht hatten, bewohnt war. Welche Freude erfüllte mich, als ich sah, dass tatsächlich Vögel darin gebrütet hatten! Ich musste es sofort Johannes und Onkel Alois erzählen! Flink schlüpfte ich unter einer Reihe von Drähten hindurch, die die einzelnen Weinstöcke miteinander verbanden, und fand Onkel Alois.

Langsam schlenderte ich neben ihm die langen Reihen der Weinstöcke entlang, in denen er die Trauben abschnitt. Während ich ihm meine Entdeckung schilderte, sah ich abwechselnd ihm und den Vögeln zu oder spielte mit meinen Schürzenbändern. Von Zeit zu Zeit hielt er mir eine Traube hin und sagte: »Koste einmal, die ist besonders süß!« Das missfiel der Tante Rosel, und sie begann ein Gespräch mit Onkel Alois, um unsere Unterhaltung zu unterbrechen. Er gab geduldig Antwort auf die Fragen der Tante und wandte sich dann wieder mir zu. Ich rollte einige Weinblätter ineinander und war zufrieden. Bis zu dem Augenblick, als Papas mächtige, zornige Stimme ertönte, die mich zur Jause rief. Er war so zornig über meine Abwesenheit, besser gesagt über meine Anwesenheit bei Onkel Alois, dass er mir eine schallende Ohrfeige gab, als ich herbeigelaufen kam. Angeblich, weil ich zu spät zur Jause kam. Alle schwiegen, und die Stimmung war gedrückt. Ich wollte nichts essen, ich weinte die Tränen meiner Kränkung still in mich hinein. Nach der Jause sagte Agathe zu mir, dass Papa nur meinetwegen so wütend sei; wenn ich nicht dabei sei, sei er ganz nett. Ich solle besser zu Hause bleiben.

Schluchzend lief ich den langen Weg allein nach Hause und setzte mich in den Winkel unter die Verandastufen neben den Hund, der seine Schnauze auf meine Füße legte, während ich ihn streichelte. »Weißt du, wo der grüne Kinderwagen ist?«, fragte ich den Hund. Er sah mich an und leckte an meiner von den Trauben klebrigen Hand.

Kurz bevor es dunkel wurde, hatte mich Johannes aus meinem Versteck geholt und zu Mama in die Küche gebracht. Er hatte sie lange schweigend angesehen und war dann, ohne auf das Abendessen zu warten, nach Hause gegangen.

Am Abend wurden wir Kinder gebadet. Agathe war bereits fertig und saß mit ihrem Teddy neben dem Papa auf der Eckbank. Mama trug mich, in das große, blaue Badetuch gewickelt, in die Bauernstube, als zwischen Papa und ihr wie so oft in den vergangenen Tagen ein Streit ausbrach, der immer heftiger wurde. »Du kannst zum Mayer gehen«, schrie er sie an, »und die da« – wobei er den Zeigefinger seiner rechten Hand anklagend gegen mich ausstreckte – »kannst du gleich mitnehmen!« Mir wurde kalt, und ich vermied es, ihn anzusehen. Gleichzeitig wurde mir bewusst, dass er nur von mir gesprochen hatte; Agathe, die neben ihm saß, war von dieser Ausweisung nicht betroffen. Und da wünschte ich mir von ganzem Herzen, dass der Onkel Alois mein Vater wäre und dass ich bei ihm wohnen dürfte.

KAPITEL 3

Entdeckung im Pferdestall

Johannes liebte alle Tiere, ganz besonders die Pferde, und unter ihnen war ihm Niko, Großvaters Reitpferd, der Liebste. Niko erkannte Johannes schon von weitem; wenn er das Tor aufgemacht hatte und den Schotterweg zum Pferdestall entlang ging, wieherte er vor Freude, warf den Kopf hoch und lehnte sich so weit über die Mauer seiner Box, wie es ihm möglich war. Er wusste, dass ihm Johannes immer etwas mitbrachte, einen Apfel, eine Karotte oder ein Stück Brot. Dann tätschelte Johannes seinen Hals und sprach mit ihm. »Na, wie geht es dir denn, mein Lieber, mein Guter, mein Freund?«, sagte er zu ihm, und es störte ihn nicht, wenn ihm jemand dabei zuhörte. Niko war ein ausgesprochen schönes Pferd, ein Fuchs mit einem weißen Fleck auf der Stirn und seidig glänzendem Fell.

Ich liebte Niko auch, und Johannes setzte mich oft auf seinen Rücken, während er ihn striegelte. Manchmal ritten wir zusammen aus, der Johannes und ich, wenn er herausfinden sollte, ob die Wildschweine einen Schaden in den Feldern angerichtet hatten oder ob die Weizenfelder am Wald entlang schon zur Ernte reif waren. Allerdings taten wir das nicht von zu Hause aus, weil es Papa und dem Großvater missfiel, dass ich ständig an Johannes »klebte«. Während Johannes das Pferd sattelte, lief ich zu seinem Haus, kletterte auf den alten Baumstamm, der ihm zum Holzhacken diente, und er hob mich von dort aus auf das Pferd. So entgingen wir beide dem Zorn der Herren Hinterhütter. Meistens. Manchmal hatten wir Pech und wurden gesehen.

Zum Beispiel von der Tante Rosel, die, aus welchen Gründen auch immer, auf dem Waldweg unterwegs gewesen war und uns gesehen hatte. Selbstverständlich war sie sofort zu uns nach Hause gegangen, um Bericht zu erstatten. Als ich in die Küche kam, war sie gerade dabei, den »wilden Ritt« in allen Einzelheiten zu schildern.

Tante Rosel war nicht größer als meine Mutter, dafür aber doppelt so dick. Ihr etwas derbes Gesicht, das vor Aufregung gerötet war, konnte man nicht gerade als besonders hübsch bezeichnen. Es hatte, von der kleinen, spitzen Nase abgesehen, keine Konturen. Die Augen waren tief liegend und hatten einen wässrig blauen Farbton, die Ohren winzig und der Mund schmal. Einen Hals sah man nicht. Der Kopf schien direkt auf den feisten Schultern aufzusitzen. Von den Schultern abwärts sah ihr Körper wie eine einförmige Masse aus, und wenn sie sich in Bewegung setzte, wackelten die Hängebacken in ihrem Gesicht durch die Erschütterung. »Wenn sie ihm herunterfällt, ist sie mausetot!«, echauffierte sie sich gerade. Sie sprach sehr laut. »Na, so was«, versuchte Mama sie zu beschwichtigen, »ich bin sicher, dass der Johannes alleine fortgeritten ist.«

»Du musst halt besser auf sie aufpassen, Heidi!«, bemerkte die Rosel schnippisch. Ich hatte den Eindruck, dass sie gerne wollte, dass die Männer, die im Jagdzimmer auf der gegenüberliegenden Seite des Flurs saßen, sie hörten. Das erreichte sie an diesem Tag Gott sei Dank nicht. Die Männer debattierten lautstark über Politik. Mama war froh darüber. Tante Rosel stichelte gern und tat so, als mache sie sich um mein Leben und meine Gesundheit Sorgen. In Wahrheit wollte sie den Haussegen, der bei uns ohnehin ständig schief hing, noch weiter kippen lassen. Wenn sie es dann geschafft hatte, dass bei uns wieder einmal der große Streit im Gange war, ging sie zufrieden nach Hause. Dann hatte sie etwas von der Bitterkeit ihres eigenen Lebens bei uns zurückgelassen.

In diesem Winter wurde der Großvater krank. Ernsthaft krank. Er lag im Bett und konnte nicht mehr aufstehen. Es wurde eine Ausziehcouch gekauft, die man auf Rädern bewegen konnte, und in der Bauernstube aufgestellt, damit er tagsüber unter uns sein konnte. Allerdings war es ihm hier oft zu laut, und er beschwerte sich, wenn wir Kinder im Spiel kreischten oder uns zankten. Besonders meine Stimme schien ihn zu reizen. Wie meine ganze Anwesenheit.

Es war Winter und im Winkel war es kalt. Aber ich fand eine neue Bleibe: den Pferdestall. Johannes legte neben Niko einige Strohballen aufeinander, breitete die Pferdedecke darüber und setzte mich darauf. »Hier hast du deine Ruhe, Kind!«, sagte er und setzte sich zu mir. »Du musst nur immer die Stalltür gut zumachen, bis der Riegel einschnappt, dann bleibt es schön warm.«

Er erzählte mir von dem Pferd, das sein Vater mit in den Krieg genommen hatte und das nicht mehr zurückgekommen war. »Der Vater nicht und das Pferd auch nicht«, sagte er, und ich spürte, dass er weit weg war, so weit, dass ich ihm dorthin nicht folgen konnte.

Ich musste eingeschlafen sein, denn es dämmerte schon, als mich ein Geräusch weckte, das von der gegenüberliegenden Seite des Pferdestalls zu kommen schien. Aus der Sattelkammer, in der das Pferdegeschirr aufbewahrt wurde. Es waren Stimmen. Flüsternde Stimmen. Mein Herz pochte und ich lauschte gespannt. Da hörte ich sie wieder: »Du kitzelst mich!«, kicherte die eine Stimme, und ich erkannte die warme, weiche Stimme meiner Mutter.

»Du hast gesagt, dass du das gern hast!«, hörte ich die andere Stimme, sie war mir wohl bekannt: Es war die Stimme von Onkel Alois. Ich wagte kaum zu atmen. »Wir sehen uns so selten«, flüsterte er. »Ich habe oft solche Sehnsucht nach dir, dass ich es kaum aushalten kann.«

»Seit der Großvater krank ist, habe ich überhaupt keine Minute mehr für mich allein«, flüsterte sie zurück. Dann war es eine lange Weile still. »Ich gehe jetzt lieber wieder«, flüsterte Mama. »Sonst fällt es auf, wenn ich so lange weg bin.«

»Bitte bleib noch fünf Minuten bei mir, lass mich dich noch fünf Minuten halten!«, hörte ich ihn antworten. Es wurde wieder still. Schließlich hörte ich das Quietschen der Stalltür. Eines der Pferde scheuerte sich an der Wand, und ein anderes schnaubte und schlug mit dem Huf gegen die hölzerne Trennwand seiner Box, was sich wie ein Donnerschlag anhörte.

Ich stand auf, tätschelte Niko an der Flanke und sagte ihm Gute Nacht, so wie Johannes es immer tat. Dann trat ich hinaus in die Kälte. Es war stockdunkel, und ich fürchtete mich. Schnell rannte ich den kurzen Weg vom Stall zum Haus und versuchte, unbemerkt ins Bett zu schlüpfen. »Ich sag der Mama, dass du noch gar nicht ausgezogen bist!«, klang Agathes Stimme zur mir herüber. Ich zischte ihr »Alte Petze!« zu, was sie mit »Dumme Kuh!« quittierte, und als ich gerade »Selber!« sagte, wurde es hell im Zimmer. »Streitet nicht, Kinder, schlaft schön!«, sagte Mama, die kurz den Kopf hereingesteckt hatte und dann gleich wieder verschwand.

Kurz vor Weihnachten fiel der erste Schnee. Robin und ich waren gute Freunde geworden und stapften zusammen in den Kindergarten, wobei er täglich einen Umweg machte, um mich von unserem abseits gelegenen Hause abzuholen. Der Schnee lag etwa zwanzig Zentimeter hoch, und Mutter wollte mich an diesem Morgen nicht mit in den Kindergarten gehen lassen, weil sie Bedenken hatte, dass der weite Weg durch den tiefen Schnee zu beschwerlich für mich sein könnte. Ich protestierte lautstark, ich wollte unbedingt mitgehen. Johannes war mit den anderen Männern zum Holzschlagen in den Wald gegangen, und ohne ihn war es zu Hause unerträglich.

Schließlich gab sie nach, und wir gingen. »Heute kommt mein Onkel Hubert zu Besuch, und er bringt seinen Freund mit, und der ist Missionar«, erzählte mir Robin unterwegs. »Was ist das, ein ›Missionar‹?«, fragte ich. »Ein ›Missionar‹ ist ein Missionar«, antwortete er. Er wusste es offensichtlich auch nicht. »Wenn du willst, kannst du kommen und ihn dir ansehen«, lud er mich ein. »Ja, ich komme!«, sagte ich, da ich unbedingt den Missionar sehen wollte.

Robin wohnte mit seiner Familie in einem alten Fachwerkhaus, das auf der uns gegenüberliegenden Seite des Dorfes stand. Der Weg zum Haus führte durch einen langen Vorgarten, dessen Gemüse- und Blumenbeete jetzt vom Schnee bedeckt waren, und ich musste den Griff der schweren, alten Eichentür mit beiden Händen nach unten drücken, dass sie aufsprang und ich eintreten konnte. Die Tür, die den Flur vom Wohn- und Esszimmer trennte, war offen.

Ich blieb dort stehen. Der schwarze Kater hatte sich mit mir ins Haus geschlichen und rieb sich an meinen Beinen. Ich kraulte ihn hinter den Ohren, und er schnurrte zufrieden. Keiner schien mein Kommen bemerkt zu haben.

Die ganze Familie – Vater, Mutter, Robin und seine drei Schwestern – saß zusammen mit dem Onkel Hubert und noch einem Mann, der der geheimnisvolle Missionar sein musste, um den offenen Kamin im Wohnzimmer, in dem das mit trockenem Birkenholz gespeiste Feuer prasselnd Funken sprühte.

Ich war ein bisschen enttäuscht. Der Missionar sah genau so aus wie andere Männer auch. Er war noch jung, klein, hager und schon ziemlich kahlköpfig. Ein schmaler Kranz von dunkelblondem Haar legte sich um seinen Kopf. Die Stirn war hoch und das Gesicht knochig. Zwei wache, grüne Augen saßen unter eng stehenden, im Gegensatz zum Haupthaar dichten Augenbrauen. Die Nase war leicht nach unten gebogen und der Mund so breit, dass mich die ganze Erscheinung an die Kasperfigur im Kindergarten erinnerte. Unschlüssig stand ich in der Tür, als Robins Mutter mich erblickte.

»Oh, wir haben Besuch bekommen! Komm nur herein, Evi!«, hieß sie mich willkommen. Ich hängte meinen Mantel an die Garderobe und setzte mich an den Tisch. Alle Blicke waren auf ein Fotoalbum gerichtet, das der Missionar vor sich liegen hatte und dessen Bilder er erläuterte. »Das ist unsere Schule!«, erklärte er stolz, obwohl auf dem Foto nur ein auf einige Stützen gebautes Dach zu sehen war, das mit einer Art Stroh gedeckt zu sein schien. Die Fotos waren schwarzweiß. Trotzdem konnte man genau erkennen, dass alle Kinder schwarz waren. »Wo genau liegt die Station?«, fragte Robins Vater gerade. »In Rhodesien. Das ist ganz unten, im Süden von Afrika«, erläuterte der Missionar.

»Afrika« – das Wort schien mich irgendwie zu treffen. »Afrika«, sagte ich laut und lauschte dem Klang des Wortes. »Ja, in Afrika«, wandte sich der Missionar jetzt an mich und drehte das Album ein wenig, damit ich die Bilder besser sehen konnte. Es waren viele Kinder auf dem Foto. Zum Teil trugen sie Stoffstreifen, die sie um sich gewickelt hatten.

»Frieren sie nicht?«, fragte ich beim Anblick dieser leichten Bekleidung. »Nein, es ist sehr heiß in Afrika«, antwortete der Missionar. »Sind das alles Mädchen?«, fragte ich weiter. »Nein, das ist eine gemischte Schule. Es gibt nur diese eine«, war die Antwort. »Sind alle Kinder schwarz in Afrika?«, wollte ich wissen. »Ja, alle«, lachte der Missionar. »So schwarz wie ihre Eltern.«

»Jetzt bist du neugierig genug gewesen!«, unterbrach mich Robins Vater. »Jetzt wollen wir die Geschichte von da ab weiterhören, wo du sie unterbrochen hast, Eduard«, wandte er sich an den Missionar. Ich hätte noch gerne gefragt, ob es nicht doch ein einziges Kind in Afrika gab, das nicht schwarz war, aber ich traute mich nicht mehr zu fragen. Das Machtwort war schon gesprochen.

Am Tag vor Weihnachten war mein Vater schon früh am Morgen mit einigen anderen Männern auf die Jagd gegangen. Agathe war bei einer Schulfreundin zum Geburtstag eingeladen, und Johannes war in die Stadt gefahren, um seine Schwester zu besuchen. Mama hantierte mit roten Wangen in der Küche. Die Küche war direkt neben der Bauernstube und nur wenig kleiner. An der Wand gegenüber dem Fenster stand ein großer Holzfeuerofen, neben dem ein Elektroherd installiert war. Rechts von der Herdseite gab es einen riesigen offenen Wandschrank, in dem allerlei Küchengeräte, Töpfe usw. in Fächern untergebracht waren, die teilweise mit Schiebetüren versehen waren. Unter dem Fenster befanden sich zwei tiefe, steinerne Spülbecken. Auf der dem Wandschrank gegenüberliegenden Seite, neben der Tür zur Bauernstube, stand ein lang gestreckter Tisch, auf dem die Küchenwaage ihren Platz hatte, und darüber hing das Nudelbrett neben der Gugelhupfform am Haken.

Meine Mutter war dabei, Weihnachtsplätzchen zu backen. Aus der Teigrolle, die vor ihr lag, schnitt sie mit dem Messer kleine Stücke ab, drehte sie geschickt zwischen ihren Fingern und legte sie in halbrunden Bögen auf das Blech. Selbst der Großvater schien in Vorweihnachtsstimmung zu sein. »Es riecht schon gut nach Vanillekipferln, Heidi!«, rief er von seinem Ruhelager aus in die Küche. »Ja, Vater, die ersten werden bald fertig sein. Ich bringe Ihnen gleich ein paar zum Kosten!«, antwortete Mama und nahm das erste Blech aus dem Backofen. Die heißen Kipferl wurden in einer Vanillezuckermischung gewendet, und ihr Duft durchzog das Haus. »Ich will eines kosten«, sagte ich und griff in die Schüssel. »Finger weg!«, lachte sie. »Du weißt doch, dass nur die zerbrochenen Kipferl zum Probieren sind.« Sie gab mir trotzdem ein paar auf eine Untertasse, und ich ließ sie mir schmecken.

Danach verzog ich mich zu meinem Freund Niko in den Pferdestall. »Der Johannes hat gesagt, dass du auch ein Weihnachtsgeschenk bekommst«, erzählte ich ihm. »Weißt du, was ich mir wünsche? Eine Negerpuppe, eine echte, richtige Negerpuppe. Glaubst du, dass mir das Christkind eine bringen wird?« Niko spitzte die Ohren, und die Stalltür sprang mit dem üblichen Quietschen auf.

Ich ließ mich auf den Boden gleiten und sah zwischen Nikos Beinen hindurch, dass Onkel Alois, dicht gefolgt von Mama, hereingekommen war. Sie gingen zielstrebig in die Sattelkammer, und dieses Mal konnte ich sehen, dass sie sich auf die Holzbank setzten, die im Sommer vor dem Pferdestall stand, und einander an den Händen hielten. »Die Rosel ist in der Stadt und macht Weihnachtseinkäufe«, flüsterte Onkel Alois. »Diese Heimlichtuerei macht mich krank!«, antwortete Mama. Langsam schlich ich zur Tür und stahl mich hinaus. Als ich sie von draußen vorsichtig und geräuschlos zugezogen hatte und hinter dem Mauervorsprung hervortrat, in den die Tür eingelassen war, stockte mir der Atem. Nur wenige Meter von mir entfernt stand mein Vater, noch im Jägeranzug, am Fenster des Pferdestalles und starrte gebannt hindurch. Da drinnen, direkt unter dem Fenster, saß Mama mit Onkel Alois. Vater war so sehr in den Anblick vertieft, dass er mich gar nicht wahrnahm. Ich verbarg mich hinter dem Mauervorsprung und wagte nicht, mich zu bewegen. Von Zeit zu Zeit streckte ich den Kopf vor, um nachzusehen, ob er noch da war.

Er stand wie angewurzelt an ein und derselben Stelle und schien seinen Blick nicht von dem Fenster wenden zu können. Lange, sehr lange standen wir so. Ich fror und fing an, mit den Zähnen zu klappern. Nichts bewegte sich. Ich trat leise von einem Fuß auf den anderen, um der beißenden Kälte Widerstand zu leisten. Nichts geschah. Endlich, endlich hörte ich das Geräusch seiner sich in die andere Richtung entfernenden Stiefel und lugte um die Ecke. Er ging sehr langsam und nach vorne gebeugt in Richtung Keller. Ich konnte nicht anders: Ich folgte ihm. Vor der Kellertür blieb ich stehen und lauschte hinein. Nichts. Kein Geräusch. Die Tür war nur angelehnt. Ich fasste Mut und öffnete sie einen Spalt, schlüpfte hinein und blieb stehen.

Im Vorraum des Kellers gab es ein einziges, mit Spinnweben verhangenes, kleines Fenster, durch das das Tageslicht nur sehr gedämpft hereinfiel. In diesem Raum wurden alle Gerätschaften, die zum Keltern von Wein benötigt werden, aufbewahrt. Es dauerte eine Weile, bis sich meine Augen an die Dunkelheit gewöhnt hatten. Ich sah, dass die Tür, die in den Keller hinunterführte, offen war und auf einem der Fässer eine schwach flackernde Kerze stand.

Ich schlich zur Tür und konnte jetzt am Ende des langen, stetig nach unten führenden, schmalen Kellerganges deutlich die Gestalt meines Vaters erkennen, der auf einem Sessel mit dem Rücken zur Tür saß. Er war etwa zehn Meter von mir entfernt, mit einem Höhenunterschied von mehr als einem Meter, und schien so klein wie ich zu sein. Seine Arme waren auf seine Knie und sein Kopf auf seine Hände gestützt. Die Kerze stand auf dem Fass neben ihm, und er schien zu zittern. Langsam setzte ich einen Fuß vor den anderen, bis ich hinter ihm stand, und wagte noch einen Schritt: Da stand ich an seiner Seite. Er gab einen Laut von sich, der einem unterdrückten Schluchzen ähnelte. Ich hätte gerne meine Hand auf sein Knie gelegt, aber ich traute mich nicht. So blieb ich neben ihm stehen.

Schließlich nahm er die Hände vom Gesicht und sah mich an. »Ausgerechnet du stehst hier bei mir.« sagte er, und es war mehr Frage als Feststellung. »Wir holen jetzt den Wein aus dem Fass«, sprach er weiter und erhob sich langsam, mühsam von seinem Platz. Die Beine schienen ihm anfangs nicht so recht gehorchen zu wollen. Er nahm den gläsernen Weinheber vom Haken an der Wand, öffnete ein Fass, sog mit seiner Atemluft den Wein in den Weinheber und hielt die Öffnung mit dem Finger zu. Während der Weinheber auf seiner linken Schulter ruhte, verschloss er das Fass wieder, nahm eine Flasche vom Regal oberhalb der Weinfässer und füllte sie mit dem Wein aus dem Heber. Mit der Kerze in der einen und der Flasche Wein in der anderen Hand machte er sich, dicht von mir gefolgt, auf den Weg nach oben.

Als wir im Gänsemarsch in die Küche kamen, sah mich Mama streng an und sagte: »Wo bist du denn wieder den ganzen Nachmittag gewesen? Ich habe dich überall gesucht!« Da sah der Vater sie durchdringend an und antwortete an meiner Stelle: »Das sollte sie heute lieber dich fragen!« Mama lief rot an und ballte beide Hände zu Fäusten. »Ich gehe jetzt die Kinder baden«, brachte sie schließlich hervor, nahm mich an der Hand und führte mich ins Badezimmer.

KAPITEL 4

Verwandtenbesuche

Am Heiligen Abend war der Großvater noch einmal aufgestanden und saß mit uns im Wohnzimmer. So ehrfurchtsvoll wie wir Kinder bestaunte er den großen Christbaum, eine Blautanne, die der Vater aus dem Wald geholt und die das Christkind, wie ich damals noch glaubte, wunderschön geschmückt hatte. Bunte Glaskugeln und Glocken hingen daran, silberne und goldene Ketten schmiegten sich von den obersten bis zu den untersten Zweigenden am Baum entlang, die Spitze wurde von einem goldenen Stern gekrönt und viele weiße Wachskerzen, deren Licht sich in den Glaskugeln brach und den ganzen Raum in einen warmen Goldton tauchte, steckten an den Zweigen. Außerdem hingen zahlreiche Schokoladenfiguren, die später geplündert werden durften, am Baum.

Das Christkind hatte kein Einsehen gehabt, und ich bekam meine Negerpuppe nicht. Ich war sehr enttäuscht. Widerwillig legte ich meine Hände auf den Schiebegriff des Puppenwagens, der statt der gewünschten Negerpuppe unter dem Christbaum stand, um mich damit fotografieren zu lassen. Agathe hatte einen hübschen, beigefarbenen Teddy bekommen, dessen Kopf sich drehte, wenn man die Beine bewegte, und dessen Arme sich auf den Rücken drehen ließen, was ihm ein eigenartiges Aussehen verlieh. Es war ein besonders schöner Bär. Er hatte braune Augen und trug einen Matrosenanzug. Außerdem hatte er zum Anzug passende, blaue

Schnürstiefel an den Füßen, die man richtig auf- und zubinden konnte, und eine kecke Matrosenmütze auf dem Kopf.

Einige Tage nach Weihnachten untersuchte ich diesen Teddy, um herauszufinden, wie der Mechanismus funktionierte, der die Beine nach vorne brachte und die Drehbewegung des Kopfes ausführte. Das Ergebnis dieser Untersuchung war ein nicht mehr ganz an der richtigen Stelle sitzendes linkes Auge und ein losgelöster rechter Fuß des Bären. Außerdem ließ sich die runde Apparatur, die in seinem Bauch steckte und ihn »Mama« sagen ließ, jetzt einfach herausnehmen und wieder einsetzen. Ja und sie sagte jetzt auch nicht mehr »Mama«, sondern gab einen Laut von sich, der eher einem »Auaaaaa« ähnelte. Johannes konnte zwar den Fuß wieder befestigen und den Gehmechanismus in Ordnung bringen, das verrutschte Auge und der »Sprachfehler« blieben.

Als Agathe die Schändung ihres Teddys entdeckte, erhob sie ein solches Geschrei, dass alle herbeigerannt kamen. Dann entlud sich ein Gewitter über meinem Haupt, das es in sich hatte, und alle meine Schandtaten wurden aufgelistet. Im Sommer hatte ich die Backformen, die zum Spielen im Sandkasten gedacht waren, darin vergraben. Alle. Erst als im Herbst der Sand entfernt wurde, kamen sie wieder zum Vorschein. Auch die Waren, die zum Kaufladen gehörten, hatte ich versteckt. Ich schien alles vergraben und verstecken zu wollen.

Agathe, das gehorsame Musterkind, wurde mir als Vorbild hingestellt, und insgeheim war ich froh, dass ich anders war.

Kurz darauf starb der Großvater. Ich sehe uns alle in der Leichenhalle um seinen offenen Sarg stehen und das Licht der zahlreich brennenden Kerzen sein blasses Gesicht beleuchten. Er sah aus, als schliefe er. Aber so, als würde er nicht mehr aufwachen. Sein Haar war wie immer streng nach hinten gekämmt, und er hatte einen schwarzen Anzug an. Zum ersten Mal sah ich Tränen in den Augen meines Vaters schimmern. Er ließ sie aber nicht heraus, er kämpfte sie zurück.

Nach Großvaters Tod änderte sich unser Leben. Wir bekamen neue »Verwandte«. Onkel Alois besuchte uns jeden Sonntagvormittag nach der Messe, die von keinem von uns versäumt werden durfte, und blieb bis zum Mittagessen. Dieser Besuch dauerte in der Regel von halb elf Uhr bis zwölf Uhr.

In dieser Zeit war mein Vater meist außer Haus, oder wenn er da war, hielt er sich nicht im Haus auf. Meist waren meine Mutter, Onkel Alois und ich in der Küche zusammen. Mama kochte, und Onkel Alois fragte mich, was ich im Kindergarten gebastelt hätte. Außerdem verbrachten Tante Rosel und Onkel Alois das Osterfest mit uns.

Vor Ostern nahm mich Onkel Alois zu sich nach Hause mit und ging mit mir ins Zimmer seiner kranken Mutter. Sie saß in einem hohen, mit grünem Samt bespannten Lehnstuhl, dessen Kopfteil mit einem weißen Spitzentuch bedeckt war, und betrachtete mich lange durch ihre dicke Brille, hinter der man die Augen kaum erkennen konnte. Ihre kleine, runde Gestalt schien in dem Stuhl zu versinken, und der nach vorne gebeugte Kopf berührte beinahe ihre Brust. Das dünne graue Haar war im Nacken zu einem Knoten zusammengefasst. In dem faltigen Gesicht erhob sich eine kleine, spitze Nase, und die blauen Lippen bebten. In der rechten Hand hielt sie einen Stock, der zu der kleinen Person nicht recht zu passen schien, und die linke umklammerte die Armlehne. Sie hatte ein blaues Wollkleid an, das ihr bis weit über die Knie reichte, und ihre Füße steckten in schwarzen, knöchelhohen, gefütterten Hausschuhen.

Onkel Alois schob mich bis knapp vor den Lehnstuhl und blieb hinter mir stehen. »So, so, haben sie dich also tatsächlich durchgebracht«, sagte sie, nachdem sie mich ausgiebig betrachtet hatte. »Deine Finger waren so dünn wie Maiglöckchenstängel«, fuhr sie fort und streckte ihre Hand nach mir aus. Sie nahm meine Hand in die ihre und tastete an meinen Fingern entlang, als wollte sie sich vergewissern, dass sie tatsächlich dicker geworden waren. Ich bin nicht sicher, ob sie mich sehen konnte. »Ja und ein Temperament hast du auch. Schon mit zwei Jahren hast du uns den nächsten Schrecken eingejagt und bist weiter als einen Kilometer mit dem Dreirad gefahren. Bis mitten auf die Hauptverkehrsstraße. Wenn dich der Müller damals nicht im letzten Moment mitsamt dem Dreirad vor einem Auto weggetragen hätte, wärst du schon tot.« Unsicher hob ich den Blick und sah Onkel Alois an. »Na ja, mit Gottes Hilfe«, seufzte sie und setzte sich im Lehnstuhl zurecht. »Hättest du dir nur etwas Gescheites erheiratet, Alois, dann hättest du jetzt auch ein paar Kinder herumlaufen! Ach, ach, ach«, jammerte sie auf einmal, und Onkel Alois sagte: »Ist gut, Mutter«, nahm mich an der Hand und führte mich hinaus. »Sie ist krank, weißt du«, sagte er mehr zu sich selbst und seufzte so wie Johannes, wenn er keine Luft bekam, als wir nach Hause gingen.

Der diesem Frühling folgende Sommer war heiß und trocken. Immer wieder sprach Onkel Alois davon, dass wir alle zusammen seine Schwester, die mit ihrem Mann in einem anderen Bundesland wohnte, besuchen sollten. Sie hätte uns schon so oft eingeladen und würde sich freuen, wenn wir kommen könnten. Ihr Mann betrieb eine Autoreparaturwerkstatt und eine Tankstelle. Vater war von dieser Idee nicht begeistert, stimmte aber schließlich zu. Wir fuhren mit zwei Autos. Vater mit seinem neuen Auto voran, und Onkel Alois mit seinem älteren, gepflegten, frisch polierten Wagen hinterher, wobei es immer Sticheleien gab, wessen Fahrzeug aus welchem Grund besser, schneller, edler usw. sei.

»Hat die Lena auch Kinder?«, fragte Agathe während der Fahrt. »Nein«, antwortete Mama, »leider nicht«. »Warum nicht?«, fragte Agathe weiter. »Ich glaube, weil sie nicht ganz gesund ist«, war die vorsichtige Antwort meiner Mutter. »Ich dachte, sie ist unfruchtbar, so wie die Rosel«, mischte sich Vater ein. »Ja, so ist es«, bestätigte Mama. »Was bedeutet ›unfruchtbar‹?«, fragte Agathe wieder. »Das ist, wenn man keine Kinder bekommen kann. Und es kann eine Frau, aber auch ein Mann unfruchtbar sein«, versuchte Mama zu erklären. »Ihr Bruder jedenfalls ist nicht unfruchtbar. Das steht fest!«, sagte Vater spitz und fuhr so schnell, dass die Reifen in der Kurve quietschten und wir Onkel Alois' Auto kurzfristig aus dem Blickfeld verloren. »Du bringst uns noch alle um!«, sagte Mama erschrocken und hielt sich am Türgriff fest. Der Rest der Fahrt verlief schweigend.

Schließlich hielten wir vor einem eher unscheinbaren, grauen Gebäude, das etwas außerhalb einer Stadt gelegen war. Die Lena war eine große, füllige Frau mit rundem Gesicht, deutlich hervorstehenden, grünbraunen Augen, einer breiten Nase und einem schmalen Mund. Sie hätte eher die Schwester von der Tante Rosel als die Schwester von Onkel Alois sein können. Das dünne, blonde, gekräuselte Haar war geflochten um den Kopf gesteckt, was ihr ein lächerliches Aussehen verlieh. Obwohl Sonntag war, trug sie eine karierte Wickelschürze und ein Paar ausgetretene, braune Pantoffeln, mit denen sie auf Onkel Alois zuschlurfte.

Hinter ihr trat ein kleiner, vergleichsweise dünner Mann aus dem Haus, der im Gegensatz zu ihr seinen Sonntagsstaat angelegt hatte. Sein schmales Gesicht lachte uns entgegen. Er hatte dunkles, volles Haar, große, braune Augen, buschige Augenbrauen, eine Stupsnase und einen vollen Mund, dessen Unterlippe leicht vorgeschoben war. Nach der allgemeinen Begrüßung und Vorstellung wurden wir ins Haus gebeten.

Lena fragte uns, was wir trinken wollten. Einen Saft hätte sie anzubieten. Oder ob uns ein Eis lieber wäre? Agathe hatte auf der Fahrt über Halsschmerzen geklagt, für sie gab es von vornherein kein Eis. Ich wollte gerne ein Eis haben. Lena ging mit uns zur Eistruhe, zeigte auf die bunte Karte oberhalb der Truhe, auf der alle Sorten abgebildet waren, und fragte, was ich wollte. »Ich möchte bitte so einen roten Lutscher haben«, sagte ich. Daraufhin nahm die Lena den Lutscher mit den Worten »Das macht acht Schilling!« aus der Truhe und hielt Mama erwartungsvoll die Hand entgegen. Meine Mutter wurde blass, holte ihre braune Geldbörse aus der Tasche und suchte verlegen die Münzen zusammen. Ich sah zu Vater auf, der seinen Blick auf Onkel Alois gerichtet hatte. Ich folgte seinem Blick und sah Onkel Alois an, der seine Hände auf dem Rücken verschränkt hatte und vom Hals aufwärts bis zu den Haaren dunkelrot angelaufen war. Mama legte mit zitternden Fingern das Geld auf die Eistruhe und steckte ihre Börse wieder ein. Lena hielt mir das Eis entgegen, aber ich wollte es nicht mehr haben. Mama nahm es ihr aus der Hand, wickelte es aus und gab es mir. Mein Hals war wie zugeschnürt, ich hätte es am liebsten fallen lassen. Onkel Alois sah zu Boden. Er schämte sich. Eine gedrückte Stimmung lag in der Luft und alle schwiegen. Wir standen da, während das anstößige Eis langsam über meine Finger auf den Boden tropfte.

Vater hatte genug von dem Besuch und änderte das Ausflugsziel: »Nicht weit von hier gibt es einen Stausee. Am besten nutzen wir das schöne Wetter und gehen mit den Kindern hin!«, bestimmte er, und das taten wir dann auch. Es wurde ein schöner Nachmittag für uns Kinder. Einer der äußerst seltenen Augenblicke, in denen mein Vater sich uns Kindern zuwandte, lachte und spielte. Der Mayer-Clan saß wie ein Schwarm Krähen abseits im Gras und tuschelte. Mama saß allein zwischen den Fronten und sah uns beim Spielen zu. Auf der Heimfahrt sagte Papa schmunzelnd zu Mama: »Siehst du, Heidi, von den richtig reichen Leuten kannst du das Sparen lernen.« Sie gab keine Antwort.

Onkel Alois und Tante Rosel verbrachten von dieser Zeit an alle Feste bei uns im Haus, und auch die Geburts- und Namenstage wurden gemeinsam gefeiert, was zuerst nur meinem Vater und der Tante Rosel, nach und nach jedoch uns allen sämtliche Feste verdarb. Ganz besonders dann, wenn sich Mama und Onkel Alois wieder häufig im Pferdestall und auch anderswo trafen. An solchen Tagen kam die Tante Rosel mit zornrotem Gesicht und bedenklich wogender Körpermaße zu uns gestürmt und rief schon von weitem: »Ist der Alois bei euch?« Worauf mein Vater manchmal nur »Die Heidi fehlt auch.« zur Antwort gab. Dann kaute er an den Fingernägeln, knirschte mit den Zähnen und zog sich in den Keller zurück. Manchmal tat er auch etwas Anderes, etwas, das er nicht getan hätte, wenn die Rosel nicht mit jener Botschaft vorbeigekommen wäre. Er schlug ein Pferd, das sich nicht sofort seinem Willen beugte, oder er holte eines der Jagdgewehre und schoss mit der ihm eigenen Treffsicherheit Vögel von den Dächern des Anwesens.

Eines Nachmittags, als die Rosel wieder in der üblichen

Verfassung herein- und gleich darauf wieder hinausgestürmt war, holte er sich ein Gewehr und begann wieder, auf Vögel zu zielen. Einige Vögel saßen auf dem Dach der Garage, unter dem auch der Sandkasten aufgestellt war, in dem ich spielte. Etwa acht Meter von der Stelle entfernt, an der mein Vater stand. Ich hatte ein großes Loch im Sandkasten gegraben, eine Puppe hineingelegt und war damit beschäftigt, den Sand auf die Puppe zu schaufeln, als ich eine eisige Kälte in meinem Rücken spürte. Ich drehte mich um und sah, dass das Gewehr nicht nach oben, auf das Dach, auf dem die Sperlinge saßen, sondern nach unten, auf mich, gerichtet war. Ich sah genau in den Gewehrlauf hinein. »Robert!«, rief Johannes plötzlich von der Tür des Pferdestalls zu ihm hinüber und noch einmal ganz laut: »Robert!« Da setzte der Vater das Gewehr ab, wischte sich den Schweiß von der Stirn und ging wortlos in den Keller.

Johannes winkte mich zu sich in den Pferdestall. Aber er sprach nicht mit mir, er schwieg die ganze Zeit und ging ruhelos von einem Tier zum nächsten. Das machte mir Angst. Ich schlich hinter ihm her und sah zu ihm auf. Er schien es nicht zu bemerken, bis ich ihn am Rockärmel zupfte. Er blieb stehen, hob mich auf seinen Arm und setzte sich mit mir auf die Bank. »Sie haben dich nicht verdient, Kind, keiner von ihnen!«, sagte er. »Gott allein weiß, warum sie dich haben dürfen.« Ich schlief in seinen Armen ein, und er trug mich in mein Bett, als die Mutter endlich nach Hause gekommen war.

KAPITEL 5

Am Anfang war die Lüge

Nach diesem Vorfall kam Johannes nicht mehr zu uns auf den Hof. Ich vermisste ihn so sehr, dass ich krank wurde. Erst bekam ich eine schwere Grippe und anschließend Keuchhusten. Otto, unser Hausarzt, der auch ein Freund von Papa und Onkel Alois war, hatte große Bedenken wegen meines Gesundheitszustandes. »Sie erholt sich nicht; sie wird immer schwächer«, sagte er zu meiner Mutter. »Ich kann es nicht mehr verantworten: Ich muss sie ins Krankenhaus schicken.«

»Nein, nein, unter keinen Umständen!«, wehrte sich Mama, und sie setzte sich durch. Sie kochte Suppen und Grießbrei und flößte mir alle paar Stunden etwas davon ein, bis ich mich wieder zu erholen begann. Während ich krank war, nahm mich Mama auch dann auf den Arm, wenn Papa dabei war. Sie setzte mich auf ihren Schoß und drückte mich an sich, was sie sonst nur »heimlich« gemacht hatte – wenn es niemand sah, vor allem Papa nicht. Meine schwere Krankheit verschaffte ihr vor allem vor sich selbst das Recht, meine Mutter zu sein und es vor aller Welt offen zeigen zu dürfen. Die Krisennacht, in der ich sehr hohes Fieber hatte und wirre Worte stammelte, verbrachte sie an meinem Bett und bekämpfte das Fieber mit allen Hausmitteln, von denen sie jemals gehört hatte.

Als Otto mich nach sechs Wochen wieder aufstehen ließ, konnte ich mich kaum auf meinen Beinen halten. Vom Kinderzimmer schaffte ich es gerade bis in die Küche. »Was willst du denn essen?«, fragte Mama, und ich wünschte mir Mohnknödel. Während ich zusah, wie sie eifrig kochte, kam die Tante Rosel herein, sah mich an und bemerkte, dass ich erbarmungswürdig aussähe. Mama knetete den Teig und warf der Rosel einen bösen Blick zu. »Wie kannst du so etwas sagen? Es geht ihr schon viel besser! Sie ist heute zum ersten Mal aufgestanden.«

»Ich habe es nicht so gemeint«, beeilte sich die Rosel zu sagen. Aber Mama lenkte nicht ein, sie war tief getroffen und sagte nichts mehr. Nach einer Weile stand die Rosel auf, verabschiedete sich und ging unter dem Vorwand, etwas auf dem Herd vergessen zu haben. Die Mohnknödel, die Mama mir mit viel Staubzucker auf meinem Teller anrichtete, schienen vor meinen Augen noch zu wachsen, und mehr als die Hälfte davon konnte ich nicht essen.

Nach dem Essen stand ich auf und ging bis zur Kastanie. Der Weg kam mir furchtbar weit vor, und ich blieb ein paar Mal stehen, um mich auszuruhen. Ich atmete schwer. Von der Kastanie aus konnte man in der Ferne das Dach von Johannes' Haus sehen. Ich stand lange da und sah hinüber, während ich wartete, dass er wie früher hinter einem der Obstbäume auftauchen würde, langsam näher käme, dabei immer wieder stehen bliebe, um Atem zu schöpfen. Aber er kam nicht. Er kam nie mehr wieder.

Seine Krankheit sei schlimmer geworden, hatte mir Mama während meiner Genesungszeit erzählt, deshalb sei er zu seiner Schwester in die Stadt gezogen. Wenig später war er gestorben. Mama erzählte mir von seinem Tod erst zu Allerheiligen, als wir auf dem Friedhof waren und das Grab des Großvaters besuchten. Sie ging mit mir zu dem Grab von Johannes, und ich starrte auf den Grabstein. Nein, hier war er bestimmt nicht, das wusste ich ganz genau! Ich sah auf zum

Himmel, so wie er es gerne getan hatte. Da oben war er, irgendwo, da war ich ganz sicher!

Die Zeit verrann im Wechsel der Jahreszeiten, und wieder stand ich im Schlafzimmer meiner Mutter, während sie sich wie immer vergeblich bemühte, mein krauses Haar mit Zuckerwasser zu bändigen. Mein erster Schultag stand bevor. Ich saß im dunkelblauen Matrosenkleid mit dem großen, weißen Kragen vor ihrem Frisiertisch und bemühte mich, nicht zu oft »Aua!« zu sagen, was mir angesichts der Tortur, die sie mit meinem Haar anstellte, schwer fiel. Schließlich gab sie auf, warf nochmals einen Blick in den Spiegel auf ihre tadellose Erscheinung im schwarzweißen Pepitakostüm, rückte den weißen Hut zurecht, und wir gingen. Die Schule befand sich in der Stadt, die ich mit dem Schulautobus erreichen würde. Papa fuhr uns im Auto hin, allerdings nicht bis zur Schule, sondern nur bis zum Marktplatz. Von dort aus gingen wir zu Fuß. Wieder standen Mütter, Väter und Kinder vor dem mit einem großen Garten umgebenen, schönen, alten Gebäude in Gruppen beieinander.

Wir gingen an ihnen vorbei in die Aula, wo alle Kinder von einer Lehrerin begrüßt und ihrer Klasse zugeteilt wurden. Es gab vier erste Klassen in meinem Jahrgang. Als wir an der Reihe waren, gab mir die Lehrerin die Hand, lächelte mir zu, und ich gab ihr dieses Lächeln zurück, was sich als Fehler herausstellen sollte. »Na, das Gesicht kommt mir bekannt vor. Haben wir da nicht ein kleines Fräulein Mayer?«

»Eva Hinterhütter«, sagte meine Mutter streng und fügte sofort die Frage »Welche Klasse, bitte?« hinzu. »Eins a«, antwortete die Lehrerin nach einem Blick auf ihre Liste und sah mich noch einmal prüfend an. »Danke!«, hörte ich meine Mutter sagen, während sie mich in Richtung Treppenaufgang bugsierte. In dem uns zugewiesenen Klassenzimmer standen schon einige andere Mütter und Väter mit ihren Kindern. Der Raum war sehr hoch, mit vier großen Fenstern an einer Wand und einem Parkettboden, der stark nach Wachs roch.

In drei Reihen waren Doppeltische mit je zwei passenden Stühlen aufgestellt. Hinter den Tischen stand ein Schrank an der Wand, der von der Größe des Raumes erdrückt zu werden schien und nicht so richtig zu den übrigen Einrichtungsgegenständen passen wollte. Gegenüber an der Stirnwand thronte auf einem Podest ein großer Schreibtisch mit einem Sessel dahinter, und hinter diesem Schreibtisch hing ein schlichtes Kreuz an einem Nagel. Daneben war eine schwarze Tafel angebracht, die fast die gesamte Wandfläche einnahm. Ein winziges Waschbecken wölbte sich in der Ecke, und darunter hatte der Papierkorb seinen Platz. Alles war so neu, so geordnet und schien darauf zu warten, endlich in Gebrauch genommen zu werden.

Die Lehrerin passte zur Einrichtung. Alles an der kleinen, schmalen Gestalt mit den großen, abstehenden Ohren war korrekt: vom peinlich genau hochgesteckten, dunkelbraunen Haar über die blank geputzten Brillengläser, in denen sich das Klassenzimmer spiegelte, abwärts über die weiße Bluse mit dem hohen Kragen, unter dem die Perlenkette hervorlugte, und den grauen Rock bis zu den blank geputzten, eher flachen, schwarzen Schuhen. Sie war etwa im Alter meiner Mutter, hätte aber aufgrund ihrer Erscheinung jeden Alters zwischen 25 und 45 sein können. Sie war kühl und distanziert. – Sie gefiel mir.

Ich liebte diese Schule, weil sie feste Regeln hatte. Ich liebte es zu lernen, und von dem Augenblick an, als ich das Lesen erlernt hatte, war mir eine Welt erschlossen, die ich im Sturm eroberte. Es stellte sich heraus, dass der Schrank hinter den Schulbänken einen Schatz beherbergte; denn darin verbarg sich die Bibliothek für die »Ersten Leser«, und wer fehlerfrei aus dem Lesebuch vorlesen konnte, durfte sich ein Buch ausleihen. Ich war unter den Ersten, die das durften, und trug »mein« Buch im Triumph nach Hause. Es war ein warmer Vorfrühlingstag, und nach den Hausaufgaben nahm ich das Buch in den Arm, spazierte damit zur Kastanie, setzte mich mit überkreuzten Beinen hinter den Stamm mit Blick auf das Dach von Johannes' Haus und las. Die Geschichte, die darin beschrieben war, handelte vom Leben einer kleinen Spinne.

Ich konnte nicht aufhören, bis ich das ganze Buch gelesen und mir wegen der Kälte, die ich gar nicht spürte, eine ernsthafte Halsentzündung geholt hatte. Als Patientin im Bett las ich das Buch ein zweites und ein drittes Mal.

Während ich krank war, besuchte uns Tante Zitha und fragte mich, was ich mir zu Ostern wünschte. »Eine Negerpuppe«, sagte ich. »Warum willst du denn immer noch ausgerechnet eine Negerpuppe?«, fragte sie mich und setzte sich auf mein Bett. Mehr als ein Schulterzucken hatte ich als Antwort nicht zu bieten, aber ich blieb bei meinem Wunsch. »Willst du nicht lieber einen Teddy haben, so einen wie Agathe?«, versuchte es Mama noch einmal, die an der Fußseite des Bettes stand und die Decke glatt zu streichen versuchte. Aber ich schüttelte den Kopf und wiederholte, dass ich eine richtige Negerpuppe haben wollte. Sonst nichts. Gar nichts.

Und schließlich bekam ich sie! Sie saß in meinem Osternest aus Moos, das im Garten hinter den Pfingstrosensträuchern versteckt war. Sie war etwa 20 Zentimeter hoch, kakaobraun, hatte feine Glieder, schwarzes Haar, in dem eine rote Blume steckte, goldene Ohrringe, dunkelbraune Augen, über denen sich richtige Augenlider mit schwarzen Wimpern schlossen, wenn man sie flach hinlegte, ein rotes Samtkleid und weiße Schuhe, die mit einer goldfarbenen Schleife zugebunden waren. Außerdem hatte sie wie Agathes Teddy eine Apparatur im Bauch, die, zum Aussehen der Puppe völlig unpassend, den Schrei eines neugeborenen Babys nachahmte.

Ich hatte keine Augen für die Haarschleifen und Süßigkeiten, die noch im Osternest lagen. Ich nahm sie in die Arme, küsste sie und streichelte ihr Haar. »Elisabeth«, sagte ich, »endlich bist du da, Elisabeth!« Ich rannte mit der Puppe zu meiner Mutter, streckte sie ihr entgegen, und sie nahm sie zögernd in die Hand und drehte sie unschlüssig hin und her. »Hast du schon einen Namen für sie?«, fragte sie schließlich und gab sie mir zurück. »Das ist meine Elisabeth!«, verkündete ich stolz. Mama legte ihr Gesicht in beide Hände, murmelte etwas von »nach dem Braten schauen« und ging in Richtung Haus.

Am Nachmittag kamen Onkel Alois und Tante Rosel zu Besuch, und wir saßen in der Bauernstube und aßen Schokoladentorte. Ich saß an meinem Platz in der Ecke und spielte mit Elisabeth. Ich zog sie aus und wieder an, sprach mit ihr, legte sie hin und hob sie wieder auf. Wenn ich sie hinlegte, gab sie den Babyschrei von sich, der plötzlich zum Stein des Anstoßes wurde. »Leg die Puppe jetzt weg!«, herrschte mich Mama mitten aus ihrer Unterhaltung an. »Ich kann das Geschrei nicht mehr hören.«

»Ja«, pflichtete Onkel Alois ihr bei, »das geht einem durch und durch!«

»Es klingt so echt«, sagte Papa. »Ach, hört doch endlich auf!«, mischte sich Tante Rosel ein. Ich nahm Elisabeth schützend in meine Arme und ging mit ihr in den Pferdestall. Ich stellte sie Niko vor und sprach ihr Trost zu. »Mach dir nichts daraus, Elisabeth! Mit mir schimpfen sie auch immer.

Aber ich hab dich lieb!« Ich setzte sie auf meinen Schoß und erzählte ihr alles, was sie über mich wissen musste. Von Johannes, von meiner Mädchenschule und von Robin, der in eine »Bubenschule« ging, was wir beide nicht verstanden. Wir wollten so gerne in der Schule zusammensitzen, wie wir das im Kindergarten getan hatten.

Nach einer Weile nahm ich Elisabeth und ging mit ihr zur Kastanie. »Komm, setzen wir uns hierher! Heute ist es nicht kalt«, sagte ich zu ihr. Aber kaum hatte ich mich hingesetzt, als ich Mamas Stimme nach mir rufen hörte. Schnell erhob ich mich und lief zum Haus zurück. Sie stand mit Onkel Alois auf der Veranda. »Sag uns doch, Eva«, bat mich Mama, während sie mich liebevoll an der Hand nahm, »wie du gerade auf den Namen Elisabeth gekommen bist.« Das wusste ich selbst nicht; ich zuckte nur mit den Schultern. »Warum hast du sie denn nicht anders genannt?«, versuchte Onkel Alois jetzt den Grund für die Namenswahl in Erfahrung zu bringen. Auch seine Stimme hatte einen wärmeren Tonfall als sonst. »So halt«, sagte ich schließlich und drückte die Puppe fest an mich; nur für den Fall, dass einer von beiden sie nehmen wollte.

»Na ja«, seufzte Mama, ließ meine Hand wieder los und sah Onkel Alois an. Er legte die Fingerspitzen seiner Hände aneinander und pfiff eine Melodie vor sich hin. Verwirrt ging ich in die Bauernstube, wo Papa gerade die Karten für ein Spiel mischte und mit Tante Rosel über die Regeln des Kartenspiels diskutierte. Sie liebte diese Diskussionen, sie liebte überhaupt jede Art von Auseinandersetzung, die sie unvermittelt mit einem schallenden Gelächter beendete, wenn sie nicht mehr weiterwusste. Nein, hier wollte ich auch nicht bleiben! Schließlich setzte ich mich mit Elisabeth auf das breite Fensterbrett im Kinderzimmer und sah hinaus; ich wartete auf etwas, wusste aber nicht, worauf.

Elisabeth war aus meinem Leben nicht mehr wegzudenken. Sie schlief in meinem Bett; saß beim Essen neben mir auf der Eckbank, auf dem Tisch, wenn ich Hausaufgaben machte; las mit mir Bücher; begleitete mich fast überallhin – nur in die Schule durfte sie nicht mitkommen. Kurz nach Ostern schrieben wir unseren ersten Aufsatz. Jeder sollte darüber schreiben, was ihm am Osterfest besonders gut gefallen hat. Ich beschrieb den Augenblick, als ich meine heiß ersehnte Negerpuppe Elisabeth in meinem Osternest fand. Jedes Mädchen musste mit dem Heft in der Hand nach vorne zur Lehrerin kommen, und sie las sich die wenigen Zeilen durch, lobte oder gab Ratschläge, wie man dies oder jenes besser beschreiben könnte. Wir hatten Zeit und lasen, während wir warteten, bis wir an der Reihe waren, die Aufsätze der anderen Kinder durch. So fand ich heraus, dass sich meiner interessanter anhörte als die der meisten anderen Mädchen. Die Lehrerin bestätigte meine Annahme, lobte mich und ließ ein paar Aufsätze, auch meinen, der Klasse vorlesen.

Mein Zeugnis fiel sehr gut aus, nur die Schrift wurde mit einer Zwei bewertet, was mich nicht störte. Die Geduld, so lange zu üben, bis alle Schlingen unter dem Buchstaben »g« gleich groß waren, besaß ich nicht, und ich sah auch keinen Sinn darin, was schwerer wog. Aber dieses Zeugnis bescherte mir die Aufmerksamkeit des Vaters, etwas, das ich, im positiven Sinn, sonst nicht für mich in Anspruch nehmen konnte. Er sah sich das Zeugnis an, sagte: »Sehr schön!«, und strich mir sogar übers Haar. Ich war überglücklich. Gute Schulnoten wurden für mich zum Maß der Beachtung, sie sicherten meine Existenzberechtigung in der Familie.

KAPITEL 6

Sophie

Unter den Saisonhelfern, die regelmäßig bei uns arbeiteten, gab es eine Frau, die im Dorf wohnte und oft in der Küche aushalf, wenn geschlachtet wurde oder ein Fest bevorstand. Sie hatte eine Tochter namens Sophie, die etwa drei Jahre jünger war als ich und die sie fast zu jeder Arbeit mitbrachte. Sophie war ein zartes Mädchen mit ernsten grauen Augen und kurzen blonden Haaren. Ihre Mutter hatte eine Vorliebe für dunkelblaue Trägerröcke mit weißen Blusen darunter, die Sophie in allen Stoffarten besaß und in die sie sich Tag für Tag mit einer stoischen Ruhe zwängen ließ. Sie war ihrem Alter weit voraus und nahm ihre Umgebung sehr bewusst wahr. Ich mochte sie gerne. Wir spielten oft zusammen, obwohl mein Vater das nicht gerne sah. Er sah es auch nicht gerne, dass ihre Mutter das Kind ständig mitschleppte, aber ihre Mutter war eine selbstbewusste Frau und ließ sich von seinen diesbezüglichen Bemerkungen nicht aus der Ruhe bringen.

Sophie hatte eine Puppe, die sie aussprechen ließ, was sie selbst dachte, und ich ließ Elisabeth meine Meinung kundgeben. So begannen wir unsere Freundschaft. Wir ließen die Puppen die Wahrheit sagen, die sonst tabu war. Ich erfuhr durch ihre Puppe, was ihre Mutter von meinem Vater dachte, und ich ließ ihr durch Elisabeth mitteilen, wie die Gegebenheiten im umgekehrten Fall standen. Sophie war kränklich und durfte selten allein mit mir unterwegs sein. Nach und nach erkämpfte ich, dass wir im Winter gemeinsam zum Schlittenfahren gingen und im Sommer ins Freibad. Agathe passte diese Freundschaft überhaupt nicht. Sie selbst hatte keine Freundin, der sie sich näher anschließen konnte oder wollte. Sie hing nach wie vor an Mutters Schürzenzipfel und war das brave, folgsame Kind.

Sie foppte mich mit der Feststellung, dass es gar keine richtige Freundschaft zwischen Sophie und mir geben könne, weil Sophie zu jung für mich sei und noch nicht einmal zur Schule gehe. Trotzdem waren wir unzertrennlich. Wir verbrachten viele Nachmittage zusammen, und als sie schließlich in die Schule kam, lasen wir zusammen. Jede in einem anderen Buch. Wir wollten zusammen sein. Das war alles.

Dieses Zusammensein durften wir etwa drei Jahre lang genießen. Dann wurde ihre Mutter krank. Sehr krank. Es stellte sich heraus, dass sie nicht mehr geheilt werden konnte, und die Aufenthalte im Krankenhaus wurden immer länger. Anfangs kam eine Schwester von Sophies Mutter zu ihr nach Hause, um sich um den Haushalt und um Sophie zu kümmern.

An einem Abend im Juni, kurz vor den großen Ferien, saßen wir um den Tisch, und meine Mutter erzählte vom Krankenbesuch bei Sophies Mutter. »Ich glaube, es wird nicht mehr lange dauern«, begann sie, und ich wusste sofort, dass sie vom Tod sprach. »Ich habe ihr versprochen, dass wir Sophie zu uns nehmen, bis sie – bis es so weit ist.« Ich freute mich so sehr, dass ich aufsprang und die Arme um sie legte. Vater freute sich nicht. »Hm, hm, hm, den verwöhnten Fratz«, maulte er. Ich ließ sie los und sah ihn an. Er blickte zu Boden. Schließlich stand er auf und ging.

Einige Tage später war der vorletzte Schultag. Der Tag, an

dem Sophie zu uns kommen sollte. Ich freute mich so sehr auf die Ferien mit Sophie, dass ich wie im Traum nach Hause tanzte und vor mich hin summte. Als ich meine Schultasche in der Veranda abstellte, merkte ich sofort, dass etwas nicht stimmte. Sophie war nicht da. Mama erwartete mich in der Küche und sagte: »Ihre Tante hat Sophie gleich zu sich nach Hause mitgenommen. Später wäre sie ohnehin zu ihr gezogen. Da ist es doch besser, wenn sie gleich mitgeht.« Die Enttäuschung, die diese Nachricht damals bei mir auslöste, kann ich nicht in Worte fassen. Sie war weg, weit weg, in einer anderen Stadt, und ich durfte mich nicht einmal von ihr verabschieden! Ich ließ mich auf die Bank fallen und heulte los. Die Enttäuschung, die so schwer war, dass ich sie kaum zu tragen vermochte, brach in Tränen aus mir hervor.

»Es ist besser so«, sagte Mama noch einmal. Da sprang ich auf und rannte hinaus zum Kastanienbaum. Ich schlang meine Arme um seinen Stamm und schluchzte in seine Rinde. Nach einer Weile hörte ich Agathe nach mir rufen: »Eva, es gibt Essen! Eeessen!« Ich wollte nicht essen, und ich wollte mich nicht finden lassen. Irgendwie fassten meine Füße in der Rinde Tritt, und ich kletterte auf den Baum und versteckte mich in der Krone. Als ich keine Stimmen mehr hörte, sah ich nach unten und stellte fest, dass ich sehr hoch oben war. Ich untersuchte den Baum und fand eine Astgabel, die so flach war, dass ich mich bequem darauf legen konnte. Es war die Richtung, in der Johannes' Haus stand, und von hier oben konnte ich es in voller Größe sehen. Ganz deutlich.

Ich sah hinüber und sprach mit ihm. »Alle gehen weg von mir«, klagte ich zu seinem Haus hinüber. »Alle, die ich lieb habe, gehen fort von hier, aber mich nimmt keiner mit. Ich will auch fort von hier!«

In diesem Sommer radelte ich oft ins Freibad und vervollkommnete meine Schwimm- und Tauchkünste. Ich wollte es unbedingt mit den Jungen aufnehmen und schaffte es schließlich. Ich stand in dem Ruf, ein »verpatzter Bub« und ein »unzähmbarer Wildfang« zu sein. Was mich nicht weiter störte. Außerdem hatte die Tauchkunst den Vorteil, dass ich Agathes Blicken entschwinden konnte, wenn sie schon nach zwei Stunden nach Hause wollte und auf der Suche nach mir war. Ich wollte nicht nach Hause. Zu Hause klagte sie der Mutter die Ohren voll, dass ich nicht hatte gehen wollen. Schließlich wurde es der Mutter zu dumm, und ich wurde von der Pflicht entbunden, mit Agathe zusammen nach Hause gehen zu müssen. – Ein Riesenerfolg für mich. Ein Stück Freiheit!

Im Herbst hatte mein Vater einen komplizierten Beinbruch, dessen Ursache ein äußerst mysteriöser Unfall war, an dem ein Mann aus dem Dorf beteiligt gewesen war und über den im Dorf und in der Stadt viel gemunkelt wurde. Bei der entsprechenden Gerichtsverhandlung wurde der Mann einige Monate später zur Bezahlung des »Gesamtschadens« verurteilt, was nicht jeder als gerecht empfunden haben mochte. Aber solche Gedanken wurden nur hinter vorgehaltener Hand ausgesprochen. Der amtierende Richter war ein Freund meines Vaters und von Onkel Alois, so wie Otto, der Hausarzt, auch. Tatsache war, dass Vater mit einem bis zum Oberschenkel eingegipsten Bein im Krankenhaus lag.

Onkel Alois half Mama bei den anstehenden Arbeiten und war noch öfter als sonst bei uns zu Besuch. Die Tante Rosel versuchte ebenfalls, möglichst oft bei uns zu sein, wenn auch aus anderen Gründen. Sie wurde immer mürrischer. Mama und Onkel Alois verbrachten viel Zeit im Weingarten und im Presshaus, um die Weinlese zu bewältigen. Die beiden waren trotz der vielen Arbeit stets guter Laune, und Onkel Alois pfiff Lieder vor sich hin, während Mama lächelte und ihm seine Lieblingsgerichte kochte. Manchmal kam Tante Rosel, um ihren Zorn darüber kundzutun, dass bei ihr zu Hause auch viel Arbeit wartete, die sie nun ganz allein zu bewältigen hätte. Mir war klar, dass sie nicht ganz Unrecht hatte. Außerdem wollte ich den Vater gerne sehen, den wir nur am Wochenende besuchen gingen. Er fehlte mir trotz allem.

Also fragte ich eines Tages eine Mitschülerin, die in der Nähe des Krankenhauses wohnte, ob sie mir den Weg dorthin von der Schule aus zeigen könnte. Nach einer guten halben Stunde waren wir vor dem Hauptgebäude angekommen. Das große, alte, graue Gebäude mit den vielen Fenstern und dem eigenartigen Geruch wirkte fremd und abweisend auf mich. Am liebsten wäre ich wieder weggegangen. Aber nun war ich schon einmal da und wollte nicht aufgeben. Den Weg zum Wartezimmer kannte ich bereits. Damals galten feste Besuchszeiten und bis zum Beginn hatte man im Wartezimmer zu warten. Es war fast voll.

Ich setzte mich auf einen einzelnen Stuhl, nahm die Schultasche auf meinen Schoß und sah mich um. Der Raum war beigefarben getüncht und bis auf zwei alte, monströse, weiß lackierte Bänke an den Wänden und vier ähnliche Stühle, deren braune Lederbezüge mit goldfarbenen Nieten befestigt waren, leer. Einige Leute flüsterten miteinander, andere sahen teilnahmslos vor sich hin. Bis die große Tür von innen aufgestoßen wurde und ein Arzt hereinkam.

Er sah mich an und fragte mich, wer ich sei. Stockend stellte ich mich vor. Der Mann war groß und kräftig, hatte abstehende Ohren und kerzengerade nach oben stehendes, dunkles Haar. »So, so, du bist also die kleine Hinterhütter«, lachten mich seine braunen Augen an. »Du willst den Papa besuchen, nicht wahr?«

»Ja«, sagte ich und schwieg wieder. »In welche Klasse gehst du denn schon?«, fragte er weiter. »In die dritte«, antwortete ich. Jegliches Gespräch im Wartezimmer war inzwischen verstummt und alle Blicke auf uns gerichtet. Mir war nicht ganz wohl dabei. Den Doktor schien die Aufmerksamkeit nicht zu stören. Er sah mich unverwandt an, als würde er mein Aussehen einer eingehenden Prüfung unterziehen, und ich bemerkte, dass er Sommersprossen hatte, fast so viele wie Robin.

»Was habt ihr denn heute in der Schule gemacht?«, setzte er die Unterhaltung fort. »Ein Diktat«, gab ich zur Antwort. »Und habt ihr es schon zurückbekommen?«

»Ja!«, strahlte ich siegessicher. »Und was hast du bekommen?«, schmunzelte er, wohl wissend, dass meine Antwort positiv ausfallen würde. »Eine Eins!«, erwiderte ich stolz. »Bekommst du vom Papa etwas dafür?«, fragte er, so, als wäre das selbstverständlich. Ich wollte ihn nicht enttäuschen und sagte: »Jaa.«

»So ist es recht!«, hörte ich ihn erwidern, denn ich wagte nicht mehr, zu ihm aufzuschauen, weil ich ihn angeschwindelt hatte. »Da bekommst du heute von mir auch etwas«, sagte er und fischte einen Schilling aus den Tiefen der Tasche seines weißen Arztkittels, der ein wenig um den Bauch zu spannen schien, und drückte ihn mir in die Hand. »Danke!«, sagte ich und schloss meine Hand darum. In diesem Moment wurde die Tür geöffnet, und die Besucher strömten hindurch, in alle Richtungen davon. Unschlüssig sah ich ihnen nach. Ich kannte den Weg von hier aus zum Krankenzimmer nicht. Der Doktor fing meinen Blick auf und winkte eine vorübereilende Schwester herbei. »Bringen Sie bitte das Kind auf Zimmer 116«, sagte er. »Das ist die Tochter von Herrn Hinterhütter«, fügte er hinzu, strich mir übers Haar und ging weg.

Die Schwester war über den Auftrag nicht gerade erfreut und murmelte etwas von Kindern unter zwölf Jahren, die ohne Begleitung von Erwachsenen keine Besuche machen dürften. Aber die Vorschriften seien wohl nicht für alle gültig. Schließlich blieb sie vor einer Tür stehen, schob mich hinein und verschwand.

Da stand ich allein in dem Krankenzimmer, und es roch furchtbar. Am liebsten wäre ich wieder weggegangen und drehte mich schon nach der Tür um, als ich eine Stimme hörte: »Ja, wen haben wir denn da? Einen kleinen Engel!« Die Stimme kam aus den Tiefen eines weißen Kissens. Nicht weit von mir stand ein Bett, und darin lag ein alter Mann mit schütterem, schlohweißem Haar und sah mich aus dunklen Augen, die in tiefen Höhlen versunken zu sein schienen, freundlich an. Mehr als der Kopf und zwei Arme waren nicht zu sehen. Ich blickte ihn an, und alle Fluchtgedanken verschwanden. »Du musst dem Robert sein Mäderl sein«, sprach er weiter und drehte den Kopf auf die andere Seite. »Robert, du hast Besuch bekommen! Du bist ein Glückspilz.« Ich folgte seinem Blick und wagte es jetzt, weiterzugehen, zu dem zweiten Bett, das ans Fenster gerückt war – anders als bei unserem letzten Besuch in diesem Zimmer, als nur Vaters Bett allein hier gestanden hatte.

Als ich neben Vaters Bett stand, fühlte ich, dass er überrascht war. »Ausgerechnet du kommst ganz alleine her zu mir«, sagte er, und es war wieder dieser fragende Ton in seiner Stimme, wie damals im Keller, als er den Kopf aus den Händen erhoben hatte. »Ja, ich bin's«, gab ich zur Antwort. »Nimm dir einen Sessel«, fuhr er fort, und ich rückte den Sessel an sein Bett.

Dann war es wieder still im Zimmer. So still, dass man den Straßenlärm von draußen deutlich hören konnte. Ich ließ meinen Blick über das Bett schweifen. Es schien etwas zu groß für seine Gestalt zu sein, die sich darin zart ausnahm. Über seinem Kopf hing der Triangel zum Festhalten, und darüber war eine Tafel mit seinem Namen angebracht. Das Bett war aus Metall; es hatte mehrere Stäbe als Querverstrebung, die weiß gestrichen waren.

Vater lag flach auf dem Rücken, bis zum Hals zugedeckt, und seine Hand lag auf der weißen Bettdecke. Diese Hand kam mir plötzlich so hilflos vor, als ich sie regungslos auf der Decke liegen sah; und es war nicht nur die Hand, die hilflos wirkte. Der starke Vater schien so schwach zu sein, dass er meiner Hilfe bedurfte. Ich legte meine Hand neben seine auf die Decke; wagte aber nicht, sie zu berühren. Was würde er sagen, wenn ich es täte? Ob sie warm war?

Ich ließ meine Hand neben seiner liegen und sah in sein Gesicht. Eine Träne bahnte sich ganz langsam ihren Weg unterhalb der Schläfe entlang und versickerte schließlich im Kopfkissen. Er wischte ihre Spuren mit einer unbeholfenen Geste weg und murmelte: »Das sind die Augentropfen.« Da fiel mir die Unterhaltung mit dem Doktor wieder ein, und ich sagte: »Wir haben heute ein Diktat gemacht, und ich habe wieder einen Einser bekommen.« Das machte ihm sicher Freude. »Du bist tüchtig gewesen! Mach nur so weiter!«, sagte er, und scherzhaft fügte er hinzu: »Jetzt bist du drei Tage brav gewesen, heute ist der letzte.« An dieser Stelle mischte sich sein Bettnachbar ins Gespräch ein und widersprach ihm. Das gefiel mir nicht, denn ich wollte gerne allein mit Vater sprechen. Ich wartete darauf, dass er mich fragen würde, wie es zu Hause war und welche Neuigkeiten ich ihm von dort mitbrachte. Aber er fragte nicht.

Ich sah wieder auf seine Hand, die immer noch regungslos

auf der Bettdecke lag, und dann in sein Gesicht. Nichts war in seinem Gesicht zu erkennen.

Still blieb ich sitzen und wartete. Nach einer Weile ging die Tür auf und zwei Schwestern kamen herein.

Eine davon kam lächelnd auf mich zu und sagte: »Ja, wen haben wir denn da? Hast du deinen Vater besucht? Das ist aber schön, da freut er sich bestimmt sehr! Wie heißt du denn?« Ich nannte meinen Namen. Da sagte Vater plötzlich: »Du musst jetzt nach Hause fahren, Eva, es ist schon Nachmittag. Du versäumst sonst den Bus.«

Etwas enttäuscht stand ich auf und sagte von weitem: »Also dann, bis Sonntag«, weil die andere der beiden Schwestern sich gerade an seinem Bett zu schaffen machte, nahm meine Schultasche und ging. Vor dem Krankenzimmer blieb ich unschlüssig stehen, denn ich wusste nicht, wohin ich mich wenden sollte. Endlich kam eine der Schwestern heraus und erkannte mein Problem. »Geh nur den Gang entlang bis zum Zimmer 122, dann links zwei Stockwerke die Treppe hinunter und geradeaus: Da ist der Ausgang.«

»Danke«, sagte ich und setze mich in Bewegung.

»Zimmer 122«, ging es mir durch den Kopf. Was war nur mit Zimmer 122? Schlagartig fiel es mir wieder ein, und ein Schauer durchfuhr mich. Sophies Mutter war vor ein paar Monaten im Zimmer 122 gestorben. Ich blieb stehen und sah mir die Tür genau an. Nichts verriet, dass der Tod dahinter lauerte.

Gerne hätte ich einen Blick hineingeworfen, nur einen ganz kurzen, aber ich traute mich nicht. Sophie, die kleine Sophie mit den ernsten Augen – wo sie jetzt wohl war? Bei der Tante, das wusste ich. Wie es ihr dort wohl ging? Ich hätte gerne gewusst, wie es ihr ging; ob es dort jemanden gab, für den sie ihre Puppe sprechen lassen konnte. Ob sie eine neue Freundin gefunden hatte? Ein kleiner Eifersuchtsstich ging bei diesem Gedanken durch mein Herz. Ich wollte ihre beste Freundin bleiben. Diesen Platz in ihrem Herzen wollte ich mit niemandem teilen müssen.

Auf dem Rückweg verirrte ich mich immer wieder, bevor ich endlich zum Marktplatz gefunden hatte, und nach endlosem Warten kam auch ein Bus, der in die richtige Richtung fuhr. Als ich endlich zu Hause ankam, erwartete mich ein doppeltes Donnerwetter. Agathe hatte am Nachmittag nicht weggehen dürfen, bevor ich nicht nach Hause gekommen war; also hatte ich ihr den Nachmittag verdorben. Und als Mama aus dem Weingarten kam, packte sie mich an den Schultern und schüttelte mich. »Was fällt dir ein, jetzt erst nach Hause zu kommen! Denkst du, ich hätte nicht schon genug andere Sorgen?«, schrie sie mich an. Ich wusste, dass sie Recht hatte und schwieg. Niemand wollte wissen, wo ich gewesen war. Ich sagte es ihnen nicht. Nur Elisabeth erfuhr die Geschichte, später, als ich im Bett war und den Nachmittag noch einmal in Gedanken durchlebte.

KAPITEL 7

Annäherung

Kurz vor Weihnachten wurde Vater aus dem Krankenhaus entlassen. Er wirkte in sich gekehrt und wortkarg. Er antwortete kaum auf die Fragen, die ihm Mutter stellte, und sie begann sich um ihn zu sorgen. Diese Sorge brachte die beiden einander wieder näher und bescherte mir eine Zeit der Ruhe und Zugehörigkeit zu meinem »Zuhause«. Es war eine wunderbare Zeit. Mutter begann mit der Unterstützung des Vaters, den Wohntrakt des Hauses umzugestalten. Neue Wände wurden eingezogen, ein zweites, hochmodernes Badezimmer entstand, und die Bauernstube verwandelte sich in ein geschmackvoll eingerichtetes Esszimmer mit einem offenen Kamin, der sowohl vom Esszimmer als auch vom dahinter liegenden Wohnzimmer aus beheizt werden konnte.

Der Kamin war auf der Esszimmerseite von einer Ofenbank umgeben, die zu meinem Lieblingsplatz im Hause wurde.

Tante Rosel ließ kein gutes Haar an den hellen Möbeln und den bunten Dekostoffen, die meine Mutter für die neue Einrichtung ausgesucht hatte. Die Tante war der Meinung, dass der Charakter des Hauses verändert und zwar »verschandelt« worden sei. »Das ist der Neid«, sagte meine Mutter ruhig und freute sich an der schönen Umgebung, in der sie sich wohl zu fühlen schien.

Es war, als hätte sie die Erinnerung an den Großvater durch die Umgestaltung der Wohnräume verblassen lassen.

Sein Platz am Esstisch, der bis dahin frei geblieben war, existierte nicht mehr, weil der ganze schwere Esstisch durch einen kleineren, runden Tisch, der zu einem Oval ausgezogen werden konnte, ersetzt worden war.

Auch Vater erholte sich zusehends in der neuen Umgebung, und wir Kinder genossen die Zeit, die er mit uns verbrachte. Er wandte sich uns zu und spielte manchmal sogar Karten mit uns. In dieser Zeit durfte ich die liebenswürdige, großherzige Seite meines Vaters kennen lernen, die Seite an ihm, deretwegen ihn viele Menschen schätzten. Eine seiner besonderen Gaben war seine Großzügigkeit, er schenkte sehr gerne. Mutter sagte einmal im Spaß: »Ich muss aufpassen, dass du nicht alles verschenkst und uns am Ende nichts mehr übrig bleibt.« Dieses glückliche Familienleben durften wir nur etwa ein halbes Jahr genießen. Obwohl Onkel Alois wie gewöhnlich jeden Sonntagvormittag bei uns verbrachte und die Feste gemeinsam gefeiert wurden, gab es keine Unstimmigkeiten. Bis zum Sommer.

An einem heißen Julinachmittag zu Beginn der Ferien saß ich auf den Verandastufen und streichelte den Hund, als Tante Rosel im Laufschritt durch das Tor kam und zornentflammt von weitem schrie: »Ist der Alois bei euch?« Vater war gerade aus der Stadt zurückgekehrt und kam, den Autoschlüssel von einer Hand in die andere jonglierend, auf das Haus zu. Wie vom Donner getroffen, blieb er einige Meter vor der Veranda stehen, und ich konnte deutlich erkennen, wie sich sein Gesichtsausdruck veränderte.

Zuerst war es Überraschung, dann ein Nicht-glauben-Wollen und schließlich Wut. Sein zorniger Blick traf mich mit voller Wucht, und er schleuderte mir »Wo ist die Mama?« entgegen, als wäre ich dafür verantwortlich, auf sie aufzupassen und trüge ganz allein Schuld daran, dass sie nicht da war. »Ich weiß es nicht«, gab ich kleinlaut von mir und stand auf, um notfalls die Flucht ergreifen zu können. Die Flucht vor dem Zorn. Aber er schüttelte nur den Kopf und ging ins Haus. Die Rosel warf mir ebenfalls einen tödlichen Blick zu und verschwand wieder.

Ich wusste, was das bedeutete: Die gute Zeit war vorbei. Ich ging zur Kastanie, kletterte in die Krone, setzte mich bequem zurecht und sah zu Johannes' Haus hinüber, das noch immer leer stand und langsam verfiel, und sprach mit ihm. Ich schloss die Augen und lauschte der Erinnerung an seine Stimme und sah ihn vor mir, wie er Honig schleuderte. Nach einer langen Weile trug der Wind ein paar Lautfetzen zu mir herüber, und ich wusste, dass Mama nach Hause gekommen und der Streit im Gange war. Ich wartete, bis ich die kleine Glocke der Kapelle hörte, die um etwa sieben Uhr läutete, wenn der Glöckner nicht gerade betrunken war, was gelegentlich vorkam. Lustlos trottete ich zum Haus zurück.

Unschlüssig stand ich auf den Stufen der Veranda, als die Tür von innen aufging. Agathe stürmte heraus und schrie mich an: »Nie bist du da, wenn man dich braucht! Mama ist krank, du musst mir helfen!« Damit ging sie zurück ins Haus, und ich folgte ihr in die Küche. Sie war dabei, Abendessen zu kochen, und schöpfte gerade Grießnockerlsuppe in einen Teller. Vater war nicht zu sehen und zu hören. Agathe ging mit dem Teller zu Mama ins Schlafzimmer, und ich trottete hinterher. Mama lag verheult und aufgelöst im Bett und schluchzte erschöpft vor sich hin. »Du musst etwas essen!«, sagte Agathe bestimmt und stellte den Teller auf ihren Nachttisch. Mama schüttelte den Kopf und schluchzte weiter. Auf dem Nachttisch lag eine rote Tablettenschachtel.

Diese Tabletten waren mir inzwischen wohl bekannt. Ich hasste sie. Otto hatte sie Mama verschrieben. Sie versetzten sie in einen Zustand der Gleichgültigkeit; sie war nicht mehr sie selbst, wenn sie eine davon genommen hatte. Sie war zwar körperlich, aber nicht geistig anwesend. Als ich noch in den Kindergarten ging, nahm sie nur selten eine. Etwa ab meinem Schuleintritt griff sie immer häufiger danach, und seit jenem Tag im Juli gehörte der Griff zur roten Schachtel zum täglichen Ritual. Die Aufschrift auf der Schachtel änderte sich bald. Sie brauchte immer stärkere Tabletten, um ihren Alltag zu bewältigen. Hilfe hatte sie nicht. Ich hörte einmal, wie sie zu ihrer Schwester sagte: »Wenn die Erinnerungen zu stark sind, wenn ich sie wieder vor mir sehe, brauche ich die Tabletten, sonst breche ich zusammen.« Die Erinnerungen. – Welche Erinnerungen?

Sie gehörten zu den im wahrsten Sinne des Wortes hinter Stahltüren verschlossenen Tabu-Themen, an die nicht gerührt werden durfte. Antwort auf diese Frage hätte ich im feuer- und wasserfesten Safe finden können, der in die Wand des Elternschlafzimmers eingelassen war, dessen Geheimnisse jedoch niemand außer dem Vater selbst bis ins letzte Detail kannte. Den dazugehörigen Schlüssel hütete er wie seinen Augapfel und nahm ihn überallhin mit, sogar zur Toilette. Der Inhalt dieses Safes hatte mit Mama und Onkel Alois zu tun, auf irgendeine Weise, dessen war ich mir sicher. Er beinhaltete aber noch etwas, das keiner sehen durfte.

In dem Safe standen verschiedene bunte Schachteln mit Fotos. Im vergangenen Winter, während der Faschingsferien, hatte Vater uns zum ersten Mal Fotos aus seiner eigenen Jugendzeit gezeigt, die er in einer besonderen Schachtel verwahrte. Als er die Schachtel in den Safe zurückstellte, ließ er die Tür einen Moment lang offen, und ich sah noch eine bunte Schachtel daneben stehen, nach der ich die Hand ausstreckte. Da traf mich ein harter Schlag auf meinen Handrücken. Erschrocken sah ich auf. Vater war äußerst aufgeregt, und Schweißperlen sammelten sich auf seiner Stirn. Schnell schlug er die Safetür zu, schloss ab und vergewisserte sich, dass sie auch richtig verschlossen war; dann hängte er das Bild darüber, das bezeichnenderweise einen großen grauen Felsen darstellte, und schob mich vor sich her aus dem Zimmer.

Die Zeiten waren für mich unsicher geworden. Ich musste wieder täglich neu ergründen, ob ich gerade willkommen war oder nicht. Manchmal war es besser, wenn ich mich nach der Schule nicht im Esszimmer blicken ließ, sondern gleich in meinem Zimmer verschwand. Ich gewöhnte mir an, auf der Hut zu sein, meine Mitbewohner genau zu beobachten und mein Verhalten darauf abzustimmen, was mir endgültig die Unbeschwertheit nahm, die ich vorübergehend genossen hatte.

Der Winter hielt bereits im November Einzug. Es hatte geregnet, der Regen war fest gefroren und hatte die Straßen in Eisbahnen verwandelt. Darauf fiel der erste Schnee. Auf dem Weg zum Schulbus schlitterten wir die vereisten Wege entlang, rutschten auf den Schultaschen einen Hang hinunter und purzelten übereinander. Es war ein Riesenspaß, der für mich mit einem Gipsbein endete.

Der Gips war schwer, und es war mühsam, damit herumzulaufen. Trotzdem sollte ich jeden Tag ein Stück gehen, zumindest bis zu den Weinkellern, schlug Mama vor. Also versuchte ich es. Der erste Keller, den ich auf meinem Weg erreichte, war der unserer nächsten Nachbarn und der letzte in der Reihe der von Onkel Alois. Onkel Alois hatte die Gewohnheit, jeden Tag in seinem Keller »nach dem Rechten«

zu sehen und Nachschub für seine Kunden zu holen. Auch an jenem Tag war er dort.

Ich wollte gerade umdrehen, als er seinen Kopf aus der Tür streckte und mich einlud, bei ihm im Keller ein bisschen zu rasten, bevor ich mich mit dem schweren Gips wieder auf den Heimweg machte. Gerne nahm ich die Einladung an. Ich war erstaunt, dass es im Kellerstüberl angenehm warm war. Er musste den Holzofen, den er »Kanonenofen« nannte, schon vor mindestens einer Stunde angeheizt haben, denn so lange dauerte es, bis sich der Raum erwärmte. Auf dem Tisch stand eine Kerze, die Onkel Alois' Schatten an der Wand tanzen ließ, als er die Tür schloss. Elektrisches Licht gab es nicht. »Setz dich«, lud er mich ein und schenkte mir einen »Gespritzten« in ein Glas. Es war eher ein »Getaufter«, also zehn Prozent Wein und neunzig Prozent Mineralwasser, anstatt halb und halb. Aber das störte mich nicht. Er setzte sich mir gegenüber auf die Bank und lächelte mich an.

»Was macht der verunglückte Fuß?«, begann er die Unterhaltung und fragte immer weiter. Als ich merkte, dass er mir aufmerksam zuhörte und sich wirklich dafür interessierte, was ich ihm erzählte, fuhr ich gerne fort, ihm zu berichten. »Jetzt muss ich gehen«, sagte ich schließlich und stand auf. »Kommst du morgen wieder vorbei?«, fragte er und fügte schnell hinzu: »Ich bringe eine Jause für uns mit.« Der Gedanke gefiel mir. »Ja«, sagte ich und ging.

In den darauf folgenden Tagen trafen wir uns jeden Tag etwa zur selben Stunde im Weinkeller. Onkel Alois hatte immer schon eingeheizt und die Jause vorbereitet, die aus Brotscheiben, Würstchen und Essiggurken bestand. Wir saßen uns im Kerzenschein gegenüber und lernten einander besser kennen. Er erzählte mir von seiner Familie, von seiner Jugend, von seinen Geschwistern, von seiner Schulzeit. Vor meinen Augen entstand das Bild eines schüchternen Jungen, der gerne ein Lausejunge gewesen wäre. Alles, was ich über ihn weiß, erfuhr ich in diesen Gesprächen in seinem Weinkeller.

Ganz am Rande streifte er die Zeit, die er als Soldat im Krieg verbracht hatte, aber er tat es so, dass es mich nicht erschrecken konnte. Überhaupt hatte ich den Eindruck, als wollte er mir nur Gutes erzählen, als wollte er mir weismachen, dass alles gut und schön war. Seine Augen aber berichteten von einer großen Trauer, die er in sich verschlossen zu haben schien. Ich liebte es, während unserer Gespräche in seinen Augen zu lesen, die in einer eigenen Sprache mit mir kommunizierten. Sie konnten leuchten wie ein Stern am Himmel, und sie konnten weinen, ohne dass man einer Träne gewahr wurde. Ich hatte das Gefühl, dass er einsam war, sehr einsam mit seinen Gedanken.

Nur eine kurze Zeitspanne durften wir unsere traute Zweisamkeit im Weinkeller genießen. Dann schickte uns die Tante Rosel einen Spion. Einen Mann aus ihrer Nachbarschaft, der gerne trank. Ihm erzählte sie, dass ihr Mann jeden Tag im Keller wäre und dass er ihn dort besuchen könnte. Das tat der Mann dann auch. Er war bereits da, wenn ich kam, und blieb, bis ich gegangen war. Wir waren nie mehr allein im Weinkeller, und ich ging einfach nicht mehr hin. Die Enttäuschung saß bei uns beiden tief. Die Tante Rosel hatte es uns gründlich verdorben. Und trotzdem konnte uns niemand mehr wegnehmen, was wir uns erobert hatten: Wir waren einander näher gekommen und wussten mehr voneinander als zuvor. Diese Verbundenheit blieb uns erhalten, und wir konnten sie mit einem Blick wiederherstellen, wenn es die Situation zuließ.

Weihnachten verbrachten wir wieder zusammen, und es gab die üblichen Machtkämpfe. Onkel Alois hatte Wein mitgebracht und wollte gerne, dass wir ihn probierten. Vater lehnte das rigoros ab, nur sein eigener Wein war gut, alles andere taugte nichts. Schweigen breitete sich aus, und nur mühsam brachte Mama das Gespräch wieder in Gang. Dieser Weihnachtsabend machte mir bewusst, dass Onkel Alois und Tante Rosel bei ihren Besuchen in unserem Haus von meinem Vater einiges zu schlucken hatten, und ich begann mich zu fragen, warum sie das auf sich nahmen und den Abend nicht in aller Ruhe zu zweit bei sich zu Hause verbrachten.

Vor den Faschingsferien gab es Halbjahreszeugnisse. Ich heimste das übliche Lob ein und freute mich. Am Zeugnistag kam Onkel Alois gegen Abend vorbei und fragte, wie meines ausgefallen sei. Ich holte es stolz herbei, als Vater gerade zur Tür hereinkam und mich missmutig ansah, wobei mir unklar war, was ich jetzt schon wieder verbrochen haben könnte. »Meine Schulnoten waren nicht so berühmt«, lachte Mama leichthin, »von mir hat sie das nicht.«

»Ich war auch ein guter Schüler«, sagte Onkel Alois und strahlte sie an. »Das wird ja immer besser!«, donnerte Vater plötzlich los, der den Vorzug für sich in Anspruch nahm, dass ich in dieser Hinsicht nach ihm geraten sei, nur nach ihm allein. Alle schwiegen betroffen, und Onkel Alois verabschiedete sich schnell.

Aber damit war es für Vater noch nicht getan. »Kommt einfach daher und behauptet, dass er auch ein guter Schüler war!«, schimpfte er weiter, als Onkel Alois bereits gegangen war. »Die beiden waren Schulkameraden«, ging es mir durch den Kopf, »einer schwindelt hier offensichtlich.« Solche Gedanken hätte ich ohnehin nicht aussprechen dürfen, also schwieg ich. Wie so oft, wenn ich lieber nachgefragt hätte.

KAPITEL 8

Die Brieffreundin

Schon zu der Zeit, als Großvater noch lebte, wurde mir deutlich gemacht, dass Agathe das Anwesen später betreiben würde und ich deshalb eine fleißige Schülerin werden müsste, weil meine Ausbildung gleichzeitig mein Heirats- bzw. Erbgut wäre. Agathe wurde in diesem Sinne erzogen, und auch ich folgte dem vorgegebenen Weg widerspruchslos.

Im Teenageralter entwickelte Agathe jedoch ihren eigenen Berufswunsch, der sich bis zum Ende der Schulzeit festigte. Sie wollte sich unbedingt zur MTA – Medizinisch-Technischen Assistentin – ausbilden lassen, wobei sie ganz konkret als Wunschziel die Arbeit in einem Krankenhauslabor anstrebte, was ihr von den Eltern einfach verwehrt wurde. Interessant war, dass auch Mama eine große Kraftanstrengung unternahm, um Agathe von der Wichtigkeit der Übernahme des elterlichen Betriebes zu überzeugen, was natürlich fehlschlug. Aber Mama trug diese Entscheidung eisern mit, obwohl sie sehen musste, wie sehr Agathe litt.

Als eine Freundin Agathes nach dem gemeinsamen Schulabschluss mit der Ausbildung zur MTA begann, die sie selbst nicht absolvieren durfte, weinte sie ihren Kummer nächtelang still in sich hinein. Das unterdrückte Schluchzen unter der Bettdecke gehörte lange Zeit zum letzten Geräusch, das ich vor dem Einschlafen wahrnahm. Sie lieh sich die Fachbücher und beschäftigte sich abends vor dem Zubettgehen mit den Grundzügen der Blutgruppenserologie, was von den Eltern mit deutlicher Missbilligung geahndet wurde. Ich versuchte ihr zuzureden, dass sie sich gegen die Eltern durchsetzen sollte; wenn sie nur mehr kämpfte, würden sie am Ende doch nachgeben müssen. Aber sie schüttelte den Kopf, als wüsste sie, dass es zwecklos war. Sie fügte sich und wurde immer stiller, in sich gekehrter, zog sich schließlich auch von der Freundin zurück, die den ersehnten Beruf ergreifen durfte und lebte in ihrer eigenen Welt, zu der niemand Zutritt hatte.

Ich habe niemals eine richtige geschwisterliche Beziehung zu Agathe gehabt, dazu waren wir zu verschieden, und auch die Art unserer Erziehung spaltete uns eher, als dass sie uns vereinte. Aber von dieser Zeit an begann auch der dünne Faden des Einverständnisses, des gemeinsamen Wissens um Dinge, die um uns vorgingen, zu reißen, der uns doch auf irgendeine Art miteinander verbunden hatte.

Im Gegensatz zu meinen Mitschülerinnen freute ich mich nicht auf meine bevorstehende Firmung. Beim Kauf des blauen Kleides eröffnete mir Mama, dass die Tante Rosel meine Firmpatin sein würde, was ich auf keinen Fall akzeptieren wollte. Ich schwieg zu allem, auch zu dem Kleid. Es passte, also wurde es gekauft. Am Abend kamen Tante Rosel und Onkel Alois zu Besuch. Onkel Alois versuchte mir die Sache schmackhaft zu machen, indem er mir erzählte, dass auch er dann Gelegenheit hätte, sich einen neuen Anzug zu kaufen, sein Auto zu schmücken, kurz, ein richtiges Fest zu feiern. Ich hatte niemals auch nur eine gute Erfahrung mit »Feste feiern« gemacht und blieb stumm. Es half nichts.

Am Tag der Firmung gab es den üblichen Streit zwischen Vater und Mutter, der jedes Fest, an dem ich beteiligt war, begleitete. Am liebsten wäre ich zu Hause geblieben. Schließlich war es Zeit, zur Kirche aufzubrechen, und Onkel Alois fuhr mit seinem polierten, geschmückten Wagen in unseren Hof herein; schließlich war seine Frau meine Patin, und er würde den Firmling chauffieren. Tante Rosel saß mit ihrem riesigen Hut neben ihm, und alle begrüßten einander. Dann geschah es.

Vater riss die Hintertür seines ungeschmückten Wagens auf und herrschte mich an: »Steig ein!« Ich wagte nicht, zu widersprechen und stieg ein. Onkel Alois fuhr ohne Firmling hinterher. Mama heulte, und ich ballte meine Hände zu Fäusten. Nach der Kirche ging die Show weiter. Vater hatte viel schneller als Onkel Alois einen gasgefüllten Ballon gekauft, der damals zur Firmung gehörte. Ich fand ihn albern und wollte keinen haben. Auch die Uhr hatte er mir schon vor dem Essen überreicht und damit Onkel Alois jede Chance genommen, mich zu beschenken. Vater war der einzige, der rundum zufrieden war, er hatte sich blindwütig gerächt. Ich hatte Recht behalten. Es herrschte das große Schweigen, und jeder versuchte seinen Ärger mit dem Essen hinunterzuschlucken. Meiner wollte nicht unten bleiben. Ich musste mich nach dem Essen übergeben und hatte nur einen Wunsch: nach Hause, raus aus diesem Kleid, weg von diesen Menschen! Am Abend ging ich allein zu Johannes' Haus, setzte mich auf die Überreste der Gartenbank, rief seinen Namen zum Himmel hinauf und weinte bitterlich.

Mama tröstete sich mit ihren Tabletten, und Agathe vergrub sich in die medizinische Fachliteratur ihres Traumberufes, den sie niemals ergreifen würde. Was Papa tat, interessierte mich einfach nicht mehr. Ich schrieb Tagebuch. Detailliert hielt ich die Ereignisse fest, und als ich das Geschriebene las, war ich selbst erstaunt, wie präzise alles wiedergegeben war. Mein jahrelang geschärfter Beobachtungssinn erwies sich hier als nützlich.

Ein paar Monate später, an einem warmen Oktobernachmittag, saß ich am Esszimmertisch und schrieb Englisch-Vokabeln aus dem Buch ab. Die neue Lektion beschäftigte sich mit dem englischen Parlament. Ein eindeutig langweiliges Thema für einen knapp 14 Jahre alten Teenager.

Plötzlich schlug der Hund an, drohend und ausdauernd. Ich horchte auf. Es musste ein Fremder angekommen sein, denn im Dorf kannte jeder jeden, und alle unsere Kunden, Bekannten, Verwandten und Freunde kamen und gingen durch das große Tor, ohne dass es den Hund kümmerte. Dankbar, meine Tätigkeit unterbrechen zu können, lief ich zum Tor. Der Hund bellte immer noch. Ich hieß ihn schweigen und öffnete einen Flügel. Vor mir stand ein großer, schmaler, älterer Mann mit einer zu großen Brille im Gesicht und einem großen, grünen Rucksack auf dem Rücken.

Er sah mich einen Moment lang prüfend an und fragte dann: »Ist jemand zu Hause?« Der Hund begann wieder zu bellen. »Mein Name ist Banz«, sagte er laut, um das Bellen des Hundes zu übertönen, und fragte weiter: »Ist deine Mutter nicht da?« Ich fasste den Hund am Halsband, ließ den Mann eintreten und ging voraus. Herr Banz folgte mir zögernd. Der Hund hörte nicht auf zu bellen, was ungewöhnlich war. Was war nur mit ihm los? Ich musste ihn ständig ermahnen, ruhig zu sein. Was war nur in das Tier gefahren?

Als wir in den Flur kamen, hörte ich meine Mutter in der Küche mit Geschirr klappern. »Was ist denn los?«, fragte sie mich über die Pfanne hinweg, die sie gerade abtrocknete. »Was hat denn der Hund?« In diesem Augenblick trat der fremde Mann dicht hinter mir durch die Küchentür. Und da geschah es. Sie richtete den Blick auf ihn. Einen Wimpernschlag lang schien sie zu erstarren, dann machte sie einen Satz rückwärts, zitterte plötzlich am ganzen Körper, fing sich sofort wieder, presste beide Fäuste gegen das Gesicht, ließ die Arme mit den noch geballten Fäusten sinken und sagte dann mit übertrieben lauter Stimme: »Wir haben keine Zeit, gehen Sie!«

Der Mann schien die Sprache verloren zu haben, er stand da wie ein auf frischer Tat ertappter Dieb und rang mühsam nach Worten. »Hören Sie mich einen Augenblick an«, brachte er schließlich mit gepresster Stimme hervor. Inzwischen hatte sich Mama gefasst und wischte sich ihre Hände an der Schürze ab. Sie warf mir einen Blick zu, der mir zu gehen bedeutete. Wortlos verließ ich die Küche. Der Hund folgte mir.

Draußen setzte ich mich auf die unterste Stufe der Veranda und überlegte, was das eben Geschehene zu bedeuten hatte. Der Hund setzte sich zu mir und legte seine Schnauze auf mein Knie. »Kennst du den Mann?«, fragte ich, während ich ihn hinter den Ohren kraulte. Wohl kaum. Asti war erst eineinhalb Jahre alt und niemals weiter weggekommen als bis zur äußeren Umzäunung des Anwesens. Selbst der Tierarzt machte Hausbesuche. Nach einer geraumen Weile ging die Tür auf, und Mutter holte Vater herbei, der im Weinkeller beschäftigt war. Unwillig trottete er hinter ihr her und warf mir einen mürrischen Blick zu, als er an mir vorbeikam. »Hast du nichts zu lernen?«, herrschte er mich an, bevor er die Tür hinter sich ins Schloss warf. Ich wusste, dass er keine Antwort erwartete, und fuhr fort, Asti zu streicheln.

Die Zeit schlich dahin. Sie schienen mich vergessen zu haben. Schließlich wurde mir die Warterei zu dumm, und ich ging hinein. Irgendwann musste ich die Hausaufgaben fertig bekommen. Welch erstaunliches Bild bot sich mir: Mutter saß entspannt am Esszimmertisch und lächelte mir entgegen. Herr Banz zeigte ebenfalls einen zufriedenen Gesichtsausdruck und nippte an einem Glas Wein.

Selbst Vater, der vorhin noch so griesgrämig gewesen war, rauchte genüsslich eine Zigarette und sprach mit dem Besucher. Auf dem Tisch lagen Süßigkeiten, die mir fremd waren, und verschiedene bunte Kugelschreiber und Malstifte. »Setz dich«, sagte Mama. Auch Herr Banz wandte sich jetzt an mich: »Ich habe Stifte mitgebracht; ich hoffe, du kannst sie brauchen.« Ich setzte mich an meinen Platz vor die Schulsachen und fühlte mich äußerst unbehaglich. »Wie ich sehe, lernst du Englisch. Das ist gut, das ist sehr wichtig«, fuhr er fort. Alle sahen mich erwartungsvoll an. »Ich habe nämlich eine Überraschung für dich.« Herrn Banz schien diese Überraschung wesentlich mehr Freude zu bereiten als mir. »Du bekommst eine Brieffreundin in Afrika.« Ich sah ihn an und wusste nicht, wie ich reagieren sollte. Die Frage »Warum?«, lag mir auf der Zunge, aber ich schluckte sie hinunter und nickte stattdessen. »Du kannst doch schon einen Brief in Englisch schreiben, nicht wahr?«, fuhr Herr Banz im Brustton der Überzeugung fort. Ich wusste nicht einmal, wo in etwa das Land in Afrika lag, von dem er sprach, ging es mir durch den Kopf, und ein englisches Wörterbuch besaß ich auch nicht. Wieder sprach ich meine Gedanken nicht aus. Ich spürte instinktiv, dass keiner der Anwesenden das hören wollte.

»Bald schon«, tönte Herr Banz weiter, »wirst du einen Brief von deiner neuen Brieffreundin bekommen. Die Adresse steht auf der Rückseite. Du brauchst sie nur genau abzuschreiben. Es ist alles ganz einfach.« Damit hatte er seinen Vortrag beendet und erhob sich. Mutter begleitete ihn hinaus. In der Tür drehte er sich noch einmal um, zwinkerte mir zu und fragte: »Was soll ich dir denn nächstes Mal mitbringen?«

»Eine Schaukel«, antwortete ich, ohne zu überlegen, und mit einem Nicken war er durch die Tür entschwunden. Ich hätte ihm gerne noch einige Fragen, gestellt, die unbeantwortet blieben. Zum Beispiel: »Wie heißt sie?«, »Wie alt ist sie?« und »Ist sie schwarz?«

Seufzend nahm ich einen der neuen Stifte zur Hand und setzte meine Hausaufgaben an der Stelle fort, an der ich sie vor etwa zwei Stunden unterbrochen hatte.

Herr Banz hielt Wort und brachte die Schaukel kurz darauf an einem Vormittag, während ich in der Schule war. Diese aus einem einfachen Sitzbrett und zwei Seilen bestehende Schaukel, die an einem Querbalken befestigt wurde, der das Dach des Pferdestalls mit dem des Gesindehauses verband, erkor ich sofort zu meinem neuen Lieblingsplatz.

Ich hatte den Vorfall anlässlich des Besuches von Herrn Banz schon fast vergessen, als ich kurz vor Weihnachten einen blauen Luftpostbrief auf dem Küchentisch fand, der an eine Miss Eva H. gerichtet war. Zweifelsohne an mich. Ich drehte ihn um. Absender war eine Miss Helen E. G., und eine extra deutlich geschriebene Adresse stand darunter. Ich nahm ihn von einer Hand in die andere, und eine unbändige Freude erfüllte mein Herz.

Auf der Schaukel sitzend, las ich Helens Brief zum x-ten Male und konnte noch immer nicht alles übersetzen, was darin stand. In Ermangelung eines Wörterbuches versuchte ich aus dem Kontext herauszulesen, was gemeint war. Meine wenigen Jahre Schulenglisch reichten nicht aus, um die der sprudelnden Feder eines Teenagers entsprungenen Erzählungen hundertprozentig zu verstehen. Während ich hin und her wippte, fasste ich einen Entschluss. Ich würde nur zu den Passagen in Helens Brief Stellung nehmen, die ich verstanden hatte und ansonsten von mir erzählen. So müsste es gehen.

Ich wollte auf keinen Fall jemanden fragen; das war mein Brief, ich wollte nicht, dass jemand außer mir ihn las. Ich trug diesen Brief immer bei mir, er befand sich im Geheimfach meiner Schultasche. Selbstverständlich beantwortete ich den Brief. Ich schrieb über meine Schule – darüber hatte ich die meisten Vokabeln parat –, über meine sportlichen Aktivitäten und darüber, dass ich Bücher über alles liebte und gerne Gedichte las, die sich fast von selbst in meinem Gedächtnis verankerten.

Auf meinem Schulweg lag ein Tabaktrafik, ein kleiner Laden, in dem es hauptsächlich die gängigsten Zigarettenmarken, Zigarren, Tabak, Pfeifen, Feuerzeuge, Streichhölzer usw., aber auch farbenfrohe Ansichtskarten und Briefmarken, manchmal sogar besonders schöne Sondermarken, zu kaufen gab. In diese Trafik trat ich eines Tages auf dem Heimweg mit meinem Antwortbrief an Helen in der Hand, den ich in etwas holprigem Englisch verfasst hatte und fragte nach Marken für Afrika.

Die Trafikantin, eine kleine, rundliche Dame in den Fünfzigern, rückte ihre goldumrandete Brille zurecht und sah mich an, als hätte ich sie nach Briefmarken zur Versendung auf den Mond gefragt. »Das weiß ich jetzt auch nicht. Am besten gehst du zur Post«, schlug sie schließlich vor. Also machte ich mich auf den Weg, genauer auf einen Umweg von ca. zwei Kilometern. Als ich das Gebäude erreichte, stellte ich fest, dass es geschlossen war. Bis 14.30 Uhr. Ich setzte mich auf die Treppe und wartete. Es war kalt, und vereinzelt tanzten Schneeflocken vom Himmel.

Nach einer Ewigkeit öffnete sich die Tür, und ich legte meinen Brief wortlos auf einen der Schalter. Der lange, hagere Postbeamte sah mich vorwurfsvoll an und begann zu suchen. Nach einer geraumen Weile fragte er diskret einen Kollegen. Dann suchten sie zusammen. Schließlich einigten sie sich auf einen bestimmten Betrag. Eine ganze Reihe von Marken wurde auf den Brief geklebt, und ich verließ selig das Postgebäude.

Herr Banz kam ein drittes Mal zu uns nach Hause und hörte zufrieden zu, als ich ihm von unserem Briefwechsel erzählte. Er nickte zu jedem einzelnen Wort, als wäre er es, der die Brieffreundin bekommen hätte. Seltsamerweise war er bei seinem zweiten und dritten Besuch ein gern gesehener Gast bei uns im Hause. Die Geschenke, die er mitbrachte, waren üppiger als die bei uns üblichen Geburtstagsgeschenke. Allerdings war der dritte Besuch sein letzter. Er starb nur wenige Tage danach.

Nach seinem Tod fragte ich meine Mutter, woher sie Herrn Banz kenne. Sie wurde sehr nervös und sagte schließlich, dass er vor dem Krieg in diesem Hause Knecht gewesen sei. Ich wusste, dass sie nicht die Wahrheit sprach. Wenn er vor dem Krieg hier Knecht gewesen war, konnte sie ihn nicht gekannt haben. Sie hatte ihren Mann und damit dieses Haus erst kennen gelernt, als der Krieg schon viele Jahre vorüber war. Und dass sie ihn kannte, und zwar sehr gut, und dass sie keine gute Erinnerung an diese Bekanntschaft hatte, das konnte ich deutlich aus ihrem Verhalten bei seinem ersten Besuch ersehen. Es hatte keinen Zweck, weitere Fragen zu stellen. Sie würde mir nicht antworten, zumindest nicht aufrichtig.

Es war ein kalter Februartag, und es schneite dicke Flocken. An solchen Tagen liebte ich den langen Weg vom Schulbus zum Haus. Ich liebte es, die Schneesterne in der Handfläche aufzufangen und zuzusehen, wie sie langsam auf meinem roten Wollhandschuh zerschmolzen. Asti begrüßte mich stürmisch, als ich durch das Tor trat, und ich warf einige Schneebälle für ihn, die er in der Luft auffing und einfach auffraß. Dieses Spiel liebten wir beide sehr, und gewöhnlich hörten wir erst damit auf, wenn meine Handschuhe völlig durchnässt waren und ich zu sehr fror, um weiterzumachen. In der Küche lag neben dem Poststapel wieder ein blauer Luftpostbrief für mich. Ich pfefferte die Schultasche in den Flur, setzte mich auf die Ofenbank im Esszimmer und öffnete den Brief.

Ein Foto von Helen steckte in dem Umschlag, und noch während ich es herauszog, stellte ich fest, dass sie nicht schwarz war. Bis zu diesem Augenblick hatte ich keine Gewissheit über diesen Punkt gehabt, obwohl ich annahm, dass sie eine Weiße sei, als ich ihren ersten Brief gelesen hatte, in dem sie sich selbst beschrieben hatte. Das Bild zeigte ein schlankes, braun gebranntes Mädchen mit langem Haar, das in einem roten Badeanzug am Rande eines Swimmingpools saß. Der Pool war von einer Menge großer, blühender Blumen umgeben, die mir fremd waren. »Wir haben beide die gleichen Haare«, dachte ich. Mein Haar war von derselben Farbe und reichte mir etwas über die Schultern. Ich konnte mich an dem Bild nicht satt sehen. Schließlich sagte Mama: »Deck jetzt den Tisch, Evi, das Essen ist fertig.« Ich blieb sitzen und sah weiterhin auf das Foto. Sie kam auf mich zu und fragte: »Was hast du denn da?«

»Helen hat mir ein Foto geschickt«, sagte ich, ohne aufzublicken.

»Aha«, hörte ich sie sagen, »na, dann lass mich das Mäderl einmal anschauen.« Mit diesen Worten nahm sie mir das Foto aus der Hand und sah es sich an. »Ja, freilich«, sagte sie plötzlich mit völlig veränderter Stimme, und Tränen schossen ihr in die Augen. Sie setzte sich neben mich und weinte. »Als die Freuden verteilt wurden, bin ich nicht dabei gewesen«, schluchzte sie. Vorsichtig nahm ich ihr das Bild aus der Hand und steckte es zurück in den Umschlag. Ich war vollkommen irritiert und wusste nicht, was ich tun sollte. Also tat ich nichts und blieb sitzen. Ich saß neben meiner schluchzenden Mutter auf der Ofenbank und fühlte mich schuldig. Ich wusste nur nicht genau, weswegen.

Schließlich schob ich den Brief in meine Hosentasche und begann den Tisch zu decken. Aber sie beruhigte sich nicht. Als wir um den Tisch saßen, weinte sie weiter in ihren Teller hinein, und ich konnte den Anblick nicht ertragen. Vater sah mich strafend an, ohne Fragen zu stellen, er ahnte offensichtlich die Zusammenhänge. Zwischen den beiden fand eine wortlose Kommunikation statt, von der ich ausgeschlossen war. Bedrückt schlich ich mich nach dem Essen davon, um in Ruhe meinen Brief zu lesen.

Aus Helens Brief las ich die Freude über meine Antwort und die Frage, wo in etwa das Dorf lag; in dem ich lebte. Es war zu klein, um auf einer Landkarte aufgeführt zu sein. Außerdem die Bitte um Übersendung eines Fotos von mir und die Erklärung, dass das mitgesandte Foto kürzlich bei ihr zu Hause am Swimmingpool aufgenommen worden sei. Sie hätten jetzt Sommer, und es sei sehr heiß. Sie berichtete über die Fächer, die in ihrer Schule unterrichtet wurden, über die Klassengröße und ihren Schulweg.

Weiterhin schrieb sie über eine Verwandte aus Europa, die gerade bei ihnen zu Besuch sei und die kurz zuvor in Österreich gewesen sei, und zwar in der Stadt, in der ich zur Schule ging. Sie schrieb über die drei Mädchen, mit denen sie in der Schule zusammensaß und mit denen sie gut befreundet war.

Ich faltete den Brief zusammen und betrachtete wieder das Foto. Ob sie jetzt gerade wieder am Swimmingpool saß? Ob das ihr Lieblingsplatz war, an dem sie las, träumte, Briefe schrieb? Ich versuchte es mir vorzustellen. Sommer, sie hatte jetzt Sommer. Ich schob den Gedanken eine Weile in meinem Kopf hin und her, konnte es mir aber trotzdem nicht so richtig vorstellen.

KAPITEL 9

Kontaktabbruch

Agathe fügte sich langsam in die ihr aufgezwungene Rolle und arbeitete sich in das alltägliche Geschäftsleben ein, wobei ihr die Zusammenarbeit mit dem Vater, der keine Geduld hatte und alles besser wusste, am meisten zu schaffen machte. Sie besuchte eine Fachschule für Betriebswirtschaft, die ihr zumindest zeitweise eine Erholungsphase von zu Hause gewährte. Wenn sie dann zurückkam, begann der Kampf von Neuem. Besonders die Tatsache, dass er sie mit Vorliebe vor den Kunden kritisierte, verdross sie nach und nach, und auch der spärliche Rest ihrer Lebensfreude schien dahinzuschwinden.

Ich wurde in eine Ganztagsschule geschickt, die in dem Ruf stand, dass nur die Ehrgeizigsten eine Chance hätten, dort zu bestehen und die mich inklusive Fahrtzeiten täglich etwa elf Stunden von zu Hause fern hielt und mich so sehr beschäftigte, dass mir für andere Aktivitäten fast keine Zeit mehr blieb. Auch am Samstagvormittag hatte ich Unterricht. Trotzdem schaffte ich es irgendwie, Zeit für mein neues Hobby, das Tanzen, zu finden. Ich hatte es mit der pflichtgemäßen Absolvierung der Tanzschule entdeckt.

Es machte mir Spaß, Tänze einzuüben, die wir dann als Schauprogramm, z. B. als Mitternachtseinlage oder als Eröffnungstanz bei Bällen, zeigten. Ich liebte es, Bälle zu besuchen, ganz besonders Maskenbälle, die zu der Zeit in Mode waren. Die Liebe zum Tanz brachte Agathe und mich einander wieder näher. Wir nähten zusammen Kostüme für die Maskenbälle und erzählten uns, welchen der Tanzpartner wir anlässlich dieses oder jenes Balles umgarnen wollten.

Die blauen Luftpostbriefe trafen regelmäßig ein. Manchmal wusste ich schon auf dem Nachhauseweg von der Schule, dass ein Brief gekommen war. An solchen Tagen beschleunigte ich meinen Schritt und schlenderte nicht wie üblich mit den Mädchen plaudernd, die einen Bus in dieselbe Richtung nahmen, sondern rannte, um den ersten Bus zu erreichen und möglichst früh zu Hause zu sein. Dann ließ ich die Schultasche in der Veranda fallen, stürzte in die Küche, holte den Brief und zog mich auf die Schaukel zurück, um ihn in Ruhe zu lesen.

Kurz vor Weihnachten, fast genau ein Jahr nach Beginn unseres Briefwechsels, traf ein dicker Umschlag ein. Es war ein Geschenk für mich darin. Ein aus Holz geschnitzter Anhänger in Form eines Elefanten. Ich legte das Lederbändchen, an dem er befestigt war, um meinen Hals und betrachtete mich im Spiegel. Ich bekam eine Ahnung davon, dass dieser Gegenstand mit Afrika zu tun hatte. Mit dem Land der *black people,* von denen in Helens Briefen bis jetzt noch nicht die Rede gewesen war.

Ich würde sie in meinem nächsten Brief danach fragen. Ihre Briefe eröffneten mir den Zugang in eine andere Welt. Und in ihre Welt. Auch Helen war eine Langschläferin und liebte es, im Bett zu lesen. Sie machte gerade einen Tanzkurs und freute sich auf ihre großen Ferien, die zu Weihnachten begannen.

Ende Januar kam ein Brief, in dem sie ihre Ferienreise auf die Insel Mauritius beschrieb. Ich versuchte mir den weißen Strand mit dem feinen Sand auf Mauritius vorzustellen, den sie so genau beschrieben hatte, während ich frierend auf der

Schaukel saß, den Brief von einer Hand in die andere nahm und in die jeweils freie hauchte, um sie ein wenig anzuwärmen. Ich sah den Sperlingen zu, die sich vor dem Vogelhäuschen um die Brotkrümel zankten, während die Schneeflocken unentwegt vom Himmel tanzten und träumte von dem weißen Strand im Sonnenschein, von Palmen, von farbenfrohen Blumen und vom Meer, das ich noch nie gesehen hatte.

In den Sommerferien im Juli nahm ich zum ersten Mal einen Ferienjob an. Einen typischen Büro-Job. Ich wollte vor allem der angespannten Atmosphäre zu Hause entfliehen und mich dem Zugriff meines Vaters entziehen, der der Meinung war, dass ich im heimischen Betrieb helfen sollte, was unter seiner Regie unerträglich war. Ich hatte im Laufe der Jahre gelernt, mich nicht mehr demütigen zu lassen und aus der Schusslinie zu treten.

In den Büroablauf hatte ich mich im Handumdrehen integriert und erledigte die mir zugedachte Arbeit, die hauptsächlich im Einsortieren von Lochkarten nach Nummern bestand. In der Mittagspause saß ich mit den anderen zusammen um einen Schreibtisch.

Bei einer solchen Gelegenheit nahm ich das Foto von Helen aus der Handtasche und sah es mir an. Das war mir zur Gewohnheit geworden. Eine Kollegin sah mir über die Schulter und fragte: »Bist du das? Da bist du aber braun! Es ist sicher ein Urlaubsfoto.«

»Ja«, sagte ich, und plötzlich wurde mir klar, dass ich es auch so meinte. Ich erschrak. Was war los mit mir, war ich auf dem Wege, eine Lügnerin zu werden? Warum hatte ich das gesagt? Verwirrt steckte ich das Bild zurück in meine Handtasche, stand auf und wandte mich meiner Arbeit zu.

Gegen Ende der Ferien schrieb ich einen Brief an Helen und berichtete von meiner Tätigkeit. Zur gleichen Zeit erhielt ich einen ausführlichen Brief von ihr, den ich wie gewöhnlich auf der Schaukel sitzend las. Sie schrieb, dass das laufende Schuljahr ihr letztes sei und dass sie etwa in einem Dreivierteljahr zusammen mit ihren Eltern erst nach Amerika fliegen und anschließend nach Europa kommen und selbstverständlich auch Österreich besuchen würde. Dabei würde sie gerne mich und meine Familie kennen lernen. Vielleicht könne ich ihnen Österreich zeigen und sie ein bisschen herumführen?

Ich hielt inne und dachte darüber nach, warum mich der Gedanke zwar erfreute, aber gleichzeitig erschreckte. Wäre es nicht wunderbar, sie endlich persönlich kennen zu lernen; hatte ich mir nicht genau das schon oft gewünscht? Ja, natürlich. Aber. – Welches Aber?

Ich ritt in den Wald zu dem Jägerstand, von dem aus Johannes immer nach Wildschweinen Ausschau gehalten hatte und dachte nach. Wovor hatte ich Angst? Warum wollte ich nicht, dass sie mich besuchte? Mir fiel die Szene wieder ein, als meine Mutter das Foto gesehen hatte. Weder meine Mutter noch mein Vater waren der englischen Sprache wirklich mächtig. Keiner aus Helens Familie sprach ein Wort Deutsch.

Doch das war nicht das Problem, nein, es gab einen Grund, der wesentlich schwerer wog: Mir wurde bewusst, dass ich in dem Haus, in dem ich lebte, nur geduldet war, dass ich nicht dorthin und nicht richtig zur Familie gehörte. Zu oft hatte ich gehört, wie mein Vater in all den Jahren immer wieder im Streit zu meiner Mutter gesagt hatte: »Du kannst gehen, und die« – dabei streckte er stets den Zeigefinger seiner rechten Hand nach mir aus – »kannst du mitnehmen!«

»Ihre Ausbildung ist ihr Erbgut«, klang es mir in den Ohren. Wie oft hatte ich diese Worte schon gehört? Zu oft, viel zu oft. Aber so richtig bewusst, wie ernst sie tatsächlich gemeint waren und welche Bedeutung sie für mein Leben hatten, wurde mir das erst an jenem Tag im Wald.

Was würde geschehen, wenn Helen nun käme, um mich zu besuchen, mitsamt ihren Eltern? Würde Vater die Familie überhaupt willkommen heißen? Was wäre, wenn er sie nicht empfangen, schlimmer noch des Hauses verweisen würde? Unsere Freundschaft würde einen irreparablen Schaden nehmen, wie ein Sprung in einem Spiegel. Nichts würde jemals mehr so sein wie zuvor. Nein, ich wollte unsere kostbare Freundschaft bewahren. Ich musste Helen und ihre Familie vor dieser Demütigung schützen. Selbst wenn meine Mutter anderer Meinung wäre, wusste ich doch zu genau, dass sie sich diesbezüglich nicht durchsetzen würde.

Eine Lösung musste gefunden werden. Helen und ihre Familie würden bald nach Europa kommen. Das konnte ich nicht verhindern. Aber ich konnte das Zusammentreffen verhindern. Ich würde den Kontakt einfach abbrechen. Das war die einzige Möglichkeit, die ich sah, um eine Katastrophe abzuwenden. Gleichzeitig machte mich der Gedanke traurig. Bald würden die blauen Luftpostbriefe ausbleiben. Im Gegensatz zu Helen hatte ich noch zwei Jahre bis zur Matura. Das Schulsystem in unseren Heimatländern ist unterschiedlich. Diese beiden Jahre musste ich noch in diesem Haus durchhalten, denn ich wollte studieren. Nein, ich hatte nicht die Absicht, mein Leben als kleine Verkäuferin zu fristen, weil mein Vater meine Anwesenheit in seinem Haus immer öfter nicht ertragen konnte.

Ich hielt an meiner Entscheidung fest. Auf ihre Briefe antwortete ich nicht mehr. Es kamen immer mehr Briefe mit der immer dringlicheren Bitte, mich doch zu melden. Ihre Abreise aus Afrika stand kurz bevor. Sie schrieb, dass sie ihr Abitur mit guten Noten bestanden hätte und die Vorbereitungen für die Abreise treffen würde. Gedankenverloren vor mich hinschaukelnd, las ich ihre verzweifelten Briefe und wusste nicht, was ich tun sollte; ich fühlte mich ohnmächtig. Aber ich gab kein Lebenszeichen von mir. Schließlich bemerkte auch meine Mutter, dass ich nicht mehr auf Helens Briefe antwortete, und sie war sehr betrübt. »Wenn ich Englisch könnte, würde ich ihr selbst antworten!«, sagte sie eines Tages aufgebracht, als wieder ein Brief gekommen war. »Gott sei Dank kannst du das nicht!«, dachte ich bei mir und nahm den Brief an mich.

Es war der letzte vor ihrer Abreise. Sie beschrieb den geplanten Reiseverlauf und wie traurig sie sei, dass sie den Kontakt zu mir verloren hatte. Ich streichelte den Brief und dachte: »Wenn sie nur wüsste, wie traurig ich bin!«

Zu der Zeit, als Helen in Europa war, wurde ich krank. Es begann mit starken Kopfschmerzen, Nasenbluten und einem ständigen Schwindelgefühl, so als würde ich jeden Augenblick hinfallen. Ich war »aus dem Gleichgewicht« gekommen. Keiner der zahlreichen Ärzte, die Mama mit mir konsultierte, fand einen medizinisch feststellbaren Grund für diese körperlichen Symptome. Durch die Krankheit versäumte ich viele Schulstunden, und meine Versetzung stand auf Messers Schneide. Gerade noch kam ich in die nächste Klasse und rappelte mich langsam wieder hoch. Körperlich und psychisch. Wenn ich vorwärts kommen wollte, musste ich kämpfen! Ich arbeitete wieder für die Schule, und das Leben ging weiter – ohne die geliebten blauen Luftpostbriefe von Helen.

Die familiäre Situation spitzte sich indessen aus den altbekannten Gründen wieder einmal zu, wie aus meinem Tagebucheintrag vom 17. Mai, etwa ein Jahr vor meiner Matura, hervorgeht:

Ich möchte so gerne weg aus dieser schrecklichen Umgebung, aus diesem fluchbeladenen Haus, aus dieser Familie, die keine ist. Ständig bin ich alleine zu Hause. Mama lebt mehr oder weniger bei den Mayers. Sie findet immer einen Grund, warum sie »auf einen Sprung« dorthin muss. Einfallslose, billige Ausreden. Wenn sie nicht bei Mayers ist, geht sie vormittags um ca. 10.00 Uhr weg und kommt nachmittags gegen 17.00 Uhr zurück. Sie hat wieder einmal eine intensive Phase der ständigen Affäre mit »Onkel Alois«. Was in ihrem eigenen Haus vor sich geht, interessiert sie nicht. Ihre Sorge gilt im Augenblick ihrer Figur. Sie ist endgültig aus der Realität geflüchtet. Obwohl es die reine Wahrheit ist, würde mir diese Feststellung, wenn ich sie aussprechen würde, trotz meines Alters eine Ohrfeige einbringen. Vater ist in der Zeit nach den Kriegsjahren stehen geblieben. Das war wohl die beste Zeit seines Lebens. Er versteht die Welt, in der er heute lebt, nicht wirklich, und er will es auch gar nicht. Er ist starrköpfig und herrschsüchtig. Nur sein Wort hat Gewicht. Sein Haus, sein Anwesen, seine Weingärten, seine Wälder, seine Felder, sein Geld, sein, sein, sein.

Um es positiv zu sehen: Er ist stolz auf mich, aber ausschließlich wegen meiner guten Schulerfolge. Was wäre ich in seinen Augen wert, wenn ich sie nicht vorzuweisen hätte? Nichts. Er spricht niemals mit mir, nur über mich. In meiner Anwesenheit trägt er eine säuerliche Miene zur Schau, die signalisiert, dass er nicht angesprochen werden möchte. Agathe ist ziemlich unsicher in ihrem Verhalten. Sie stimmt lieber zu als zu widersprechen. Sie hat den Kontakt zur Außenwelt zu der Zeit aufgegeben, als sie ihren Berufswunsch begraben musste, um unter Vaters cholerischer Regie in die Betriebsführung mit einzusteigen. Sie weiß nicht mehr, woran sie sich orientieren soll, was sie mit dem aufgezwungenen Leben anfangen soll. Aber auch diese Worte dürfte ich ihr gegenüber nicht aussprechen, sie würde sie als Verleumdung empfinden. So weit die schlechten Seiten der Familie, die wir gar nicht sind. Wir sind vier Menschen, die unter demselben Dach wohnen und sich dabei ständig unwohl fühlen.

Eine permanente Spannung wie kurz vor einem Augustgewitter lauert ständig drohend über unseren Köpfen, und der kleinste Anstoß löst sofort eine Katastrophe aus. Ich selbst habe mein Leben außerhalb dieser Familie. Meine Schule, meine Freundinnen, mein Hobby – das Tanzen. Und ich weiß, was ich will. Ich will studieren und woanders wohnen.

Trotz dieser negativen, aber durchaus realistischen Einschätzung meiner Lebenssituation war ich ein fröhliches, lebenslustiges Mädchen, verbreitete in meiner Umgebung gute Laune und liebte es, meine Mitmenschen mit diversen Streichen auf Trab zu halten. In den Häusern meiner Freundinnen war ich ein gern gesehener Gast und kam nur noch zum Schlafen »nach Hause«.

Meine Mutter war durch die jahrelange Einnahme von immer stärkeren Psychopharmaka ihrer Eigenverantwortung und Selbstbestimmung beraubt. Ihre Hemmschwelle war im Laufe der Jahre immer niedriger geworden. Es interessierte sie nicht mehr, ob ihr Ehemann oder jemand anderes ihre Beziehung zu Onkel Alois verurteilte und ob »die Leute« darüber »klatschten« oder nicht. Die beiden setzten sich darüber hinweg. Der einzige Unterschied zu früheren Zeiten war der, dass der Ort des Geschehens gewechselt hatte.

Früher war Onkel Alois zu uns gekommen, jetzt ging Mama zu ihm nach Hause. Die Räumlichkeiten boten hier und dort diverse Möglichkeiten, zumindest für eine Weile unentdeckt zu bleiben.

In dieser Zeit erlebte ich das, was meine erste Liebe hätte werden können. Bis dahin hatte ich mich mit meinen Tanzpartnern geneckt, von denen mich keiner wirklich interessierte. Bis ich Simon traf. Er gehörte nicht zu meiner Clique, setzte sich aber trotzdem manchmal zu uns, wenn er uns im Café traf, wo wir beispielsweise in einer unterrichtsfreien Stunde einen »kleinen Braunen« tranken. Seine Gegenwart schien mich irgendwie nervös zu machen.

Entweder rannte ich auf dem Weg zur Toilette gegen die Tür oder stieß gegen die Tasse, dass der Kaffee über den Rand schwappte und eine Überschwemmung in der Untertasse verursachte. Simon verstand es, während er mit den anderen Mädchen scherzte die Sitzordnung so einzurichten, dass er mir gegenüber zu sitzen kam. Bei diesen Unterhaltungen hörte er meist zu und fand so heraus, dass wir beispielsweise vorhatten, schwimmen zu gehen, wobei er dann ebenfalls scheinbar zufällig im Freibad auftauchte.

Dort hatten wir Gelegenheit, uns zu unterhalten und näher kennen zu lernen. Wobei ich sein Interesse anfangs keinesfalls auf mich bezog. Er fragte mich nach meinen Vorlieben und hatte meine Aufmerksamkeit endgültig erlangt, als ich merkte, dass auch er sich für Literatur interessierte und gerne Gedichte auswendig lernte. Außerdem liebte er Musik und spielte Klavier. Erst als alle anderen schwimmen gegangen waren und wir beide allein auf der Wiese zurückgeblieben waren, fiel mir unsere Zweisamkeit auf. »Endlich sind wir alleine!«, sagte er und strahlte mich an. Ich sah ihn mir zum ersten Mal genauer an. Simon war groß, schlank und hatte dichtes, schwarzes Haar, das nicht ganz kurz geschnitten war, was es noch voller aussehen ließ. Seine Augen waren graugrün, wobei der Grünton überwog. Er hatte lange schwarze Wimpern und schön geschwungene, volle Lippen. Ich strahlte schweigend zurück.

Wir trafen uns oft im Freibad und unterhielten uns. Unsere Gespräche waren niemals oberflächlich, und der Gesprächsstoff ging uns nicht aus. Ich fühlte mich sehr wohl in seiner Gegenwart, und wir saßen oft stundenlang zusammen und tauschten unsere Gedanken aus. Oder schwiegen aneinander gelehnt, die Gegenwart des anderen genießend. Es war eine wunderschöne Zeit.

Bis zu jenem Tag, als ich zusammen mit meiner Mutter Einkäufe und Besorgungen in der Stadt machten musste und wir aus diesem Grund in die Geschäftsräume von Simons Vater kamen. Simon hatte mich entdeckt, kam die Treppe herunter auf mich zu und begrüßte meine Mutter und mich. Auf diese Weise erfuhr sein Vater, dem er offensichtlich bereits von mir erzählt hatte, wer ich war. Meine Mutter hatte keine Ahnung davon, dass Simon in meinem Leben eine Rolle spielte. Simons Vater schickte das Personal weg und bediente uns so zuvorkommend, dass es mir peinlich war. Ich war sehr erleichtert, dass Simon selbst bedauerte, in wenigen Minuten zu seiner Klavierstunde aufbrechen zu müssen.

Das war der Anfang vom Ende. Zu Hause regte sich meine Mutter schrecklich darüber auf, dass ich ausgerechnet mit diesem »Kerl« herumziehen müsse, als ob es nicht genug andere gäbe. Ich wusste nicht, was daran so falsch sein sollte, und wollte es gerne von ihr erklärt haben. Alles, was ich ihren Ausführungen entnehmen konnte, war die Tatsache, dass er aus einer einflussreichen Familie stamme, einer mächtigeren Familie als unsere es sei. Was sie unter »mächtig« verstand und was das mit Simon und mir zu tun haben sollte, wollte mir nicht einleuchten. »Die« – damit meinte sie seine Familie – könnten vieles in Erfahrung bringen, was »die« überhaupt nichts anginge. Sie sprach in Rätseln, und ich hatte keinen blassen Schimmer, was sie meinen könnte.

Es interessierte mich auch nicht, und ich traf mich weiterhin mit Simon, erzählte ihm aber nichts von der ablehnenden Haltung meiner Mutter ihm bzw. seiner Familie gegenüber. Im umgekehrten Fall schienen die Dinge ganz anders zu liegen. Wenn ich an den Geschäftsräumen vorbeikam und sein Vater mich sah, grüßte er mich ausgesucht freundlich und wechselte ein paar Worte mit mir.

Das ging so lange gut, bis Simon mir einen Brief mit einer Einladung zu einem Rendezvous überbringen ließ, dessen Ort ich bestimmen sollte, und den meine Mutter zufällig zu Gesicht bekam. Sie änderte ihre Taktik und verbot mir den Umgang mit Simon, weil sein Vater angeblich jüdischer Abstammung sei. Was mich keinesfalls störte; ich hatte keine Vorurteile, respektierte und mochte den Mann, und die Sympathie beruhte offensichtlich auf Gegenseitigkeit. Simon selbst war christlich getauft, was wiederum meine Mutter nicht interessierte.

Sie schaffte es aber, dass ich auf den Brief nicht antwortete, und fuhr fort, unsere beginnende Liebe durch ihr ständiges negatives Gerede dermaßen abzuwerten und zu beeinträchtigen, dass ich schließlich Ausreden benutzte, um Simon nicht mehr zu treffen, und es vermied, an den Geschäftsräumen seines Vaters vorbeizugehen.

Stattdessen machte ich einen großen Bogen darum, und wenn eine meiner Freundinnen dort Besorgungen machte, entschuldigte ich mich ebenfalls mit Ausflüchten, um nicht mitkommen zu müssen. Einmal traf ich seinen Vater auf der Straße, und er sah mich fragend an.

Seinem Blick ausweichend, schlug ich die Augen nieder, ging schnell weiter und fühlte mich schuldig. Ich habe meine Gefühle, meine Liebe verraten.

Simon verließ kurz darauf die Gegend, um sein Studium zu beginnen. Ich hatte nicht mehr die Gelegenheit, mit ihm über die Gründe meines Verhaltens zu sprechen, und ich habe ihn niemals wieder gesehen.

KAPITEL 10

Der Ausweg

Maria war eine Schulfreundin von mir, mit der ich jahrelang in derselben Klasse saß, ohne dass wir anfangs viel Notiz voneinander genommen hatten. Auch der obligatorische Firmunterricht, den wir gemeinsam besuchten und die anschließende Firmung brachten uns noch nicht näher. Sie war ein außergewöhnlich hübsches Mädchen mit einem sehr ausgeprägten, eigenen Geschmack. Sie war klein und so schlank, dass sie beinahe mager wirkte. Ihr glattes, schwarzes Haar ließ sie regelmäßig streichholzkurz abschneiden und zog einen schwarzen Kajalstrich um die dunkelbraunen Augen. Ihr Gesicht hatte weiche Züge, die in beeindruckendem Gegensatz zu der strengen Frisur standen. Sie trug mit Vorliebe bunte, ärmellose Rollkragenpullover zu Jeans.

Eines Tages geschah es. Für eine Klassenarbeit wurden wir alle umgesetzt, um Mogeleien auszuschließen, und wir kamen zufällig nebeneinander zu sitzen. Bei dieser Gelegenheit stellten wir fest, dass wir erstens gut zusammen schummelten und zweitens einander sympathisch fanden. Wir befreundeten uns, obwohl wir rein äußerlich sehr verschieden waren. Ich bevorzugte zu diesem Zeitpunkt den »Indienlook«, mit langen Röcken, weiten Blusen, wallendem Haar und langen, klirrenden Ohrgehängen.

Auf ihrer Geburtstagsparty lernte ich zwei junge Männer aus Deutschland kennen, die ein Freund mitgebracht hatte, bei dem sie gerade zu Besuch waren. Ein großer Blonder und ein kleinerer Dunkelhaariger. Bertram und Daniel. Die beiden sangen ein Ständchen im Duett für Maria, und alle Anwesenden stellten fest, dass die beiden singen konnten, sogar gut singen konnten. Der große Blonde sang die erste Stimme und hatte seinen Blick auf mich gerichtet; er schien dieses Lied nur für mich allein zu singen, was mir peinlich war.

Trotzdem sah ich ihn mir genauer an: schlanke Gestalt, schmales Gesicht, braune Augen, kinnlanges, hellblondes Haar, im Jeansstil gekleidet. Später wurden wir einander vorgestellt. Obwohl wir kaum mehr als ein paar höfliche Worte miteinander gewechselt hatten, blieb Bertram in meiner Nähe, was meiner Aufmerksamkeit fast entging, weil so viele andere Freunde anwesend waren, mit denen ich mich unterhielt und tanzte. Aber jedes Mal, wenn ich zum Büfett ging, stand er da und reichte mir einen Teller, er nahm mir wie selbstverständlich das leere Glas aus der Hand und half mir zum Schluss in meinen Mantel.

Am nächsten Tag rief Maria an, um mich zu bitten, sie doch auf der Sightseeingtour durch die Stadt mit den beiden Deutschen zu begleiten. Ich wollte nicht, weil ich – ehrgeizig wie immer – ein Referat vorzubereiten hatte. Aber die drei holten mich einfach von zu Hause ab. Also schlüpfte ich in meinen Mantel, stieg in Daniels Auto, und wir fuhren los.

Wir hatten viel Spaß und beendeten den Tag in einem der vielen Heurigenlokale. Es war voll, und wir quetschten uns zwei und zwei gegenüber zwischen die Touristen. Zu meiner Rechten saß ein junges amerikanisches Ehepaar, das sich wild gestikulierend vorgestellt hatte. Wir tranken würzigen Wein und lauschten den Klängen der ungarischen Geigenspieler, die den Gästen gerade so richtig »einheizten«. Plötzlich spürte ich eine Hand, die meinen Rücken entlangstreichelte. Neben mir saß die Frau und daneben ihr Mann, dessen

Hand im wahrsten Sinne des Wortes hinter dem Rücken seiner Frau meinen Rücken streichelte. Ich setzte mich so dicht wie möglich an den Tisch und entzog ihm damit die Möglichkeit, mich zu erreichen. Bertram saß mir direkt gegenüber und beobachtete schmunzelnd diese Szene. Er hob sein Glas in meine Richtung, und wir tranken einen Schluck auf den Vorfall.

Ein paar Monate später kamen die beiden noch einmal zu Besuch, und wir verbrachten wieder ein paar unbeschwerte Tage zusammen. Wir machten Ausflüge, und es zeichnete sich immer mehr ab, dass Bertram sich in mich verliebt hatte. Die zurückhaltende Art, in der er mir seine Zuneigung zeigte, gefiel mir. Allerdings war ich mir nicht sicher, ob ich diese Zuneigung überhaupt wollte. Seine Gegenwart war angenehm und entspannend. Er liebte es, mir etwas vorzusingen, und ich hörte gerne zu. Nachdem wir eine Woche lang mehr oder weniger jeden Tag gemeinsam verbracht hatten, wurde mir das ständige Zusammensein zu viel. Ich war froh, als er endlich wieder abreisen musste, behielt diesen Gedanken aber für mich.

Indessen rückte die Matura immer näher, und ich vertiefte mich in meine Vorbereitungen.

Auch zur Studienberatung meldete ich mich an und bereitete mich gewissenhaft auf das Gespräch vor. Dort erlitt ich allerdings eine vernichtende Niederlage. Ich hatte mir ausgerechnet, eine staatliche Unterstützung zu bekommen und von meinem Vater finanziell unabhängig studieren zu können. Allerdings war ich nicht darauf vorbereitet, dass die Vermögensverhältnisse der Eltern den Ausschlag für die Gewährung geben würden. Als ich der Dame auf dem Amt meinen Namen nannte, fragte sie mich allen Ernstes, ob ich mich dorthin verirrt hätte.

Es war keine Frage, dass Vater meiner Anwesenheit in seinem Hause im Laufe der letzten Jahre mehr als überdrüssig geworden war. Mutter hatte sich seinem Zugriff entzogen, indem sie für einige Wochen in Kur gegangen war, was ihn wütend machte, und ich musste während dieser Zeit als besondere Zielscheibe seines Unmutes herhalten. Als er herausfand, dass ich Briefe von Bertram bekam, spuckte er Gift und Galle. Ich solle lieber lernen als den »Piefke« im Kopf zu haben, wie er ihn zu nennen pflegte. Agathe lebte ihr zurückgezogenes Leben und bereitete sich völlig lustlos auf die Abschlussprüfung in Betriebsführung vor. Vater ließ sie in Ruhe. Mich nicht. Ich musste täglich seine Sticheleien ertragen.

Ich hielt es zu Hause fast nicht mehr aus und verbrachte viel Zeit bei Maria. Bertram kam wieder zu Besuch, und dieses Mal lud ich Maria und Bertram zu uns nach Hause ein. Wir tranken zusammen Kaffee und spielten Karten. Mama war erstaunt, dass ich es hinter ihrem Rücken fertig gebracht hatte, Bertram kennen zu lernen. Er lud mich ein, ihn zusammen mit Maria in den bevorstehenden kurzen Ferien zu besuchen, bevor wir uns in die letzten Vorbereitungen auf die Matura stürzen müssten. Vater lehnte diesen Vorschlag erwartungsgemäß ab. Erstaunlicherweise fand meine Mutter ihn erwägenswert. Die Möglichkeit, dass ich selbst gar nicht so sicher war, ob ich das eigentlich wollte, zog niemand in Betracht. Alle gingen davon aus, dass ich es wollte.

Vater hatte ein neues Betätigungsfeld gefunden. Er nutzte die Gelegenheit, um in Anwesenheit von Kunden, Besuchern, Freunden, Nachbarn und sogar der Postboten, kundzutun, dass ich mit einem »Piefke« in Briefkontakt stünde, was ihm äußerst missfallen würde. Ich begann, mich aus einem gefährlichen Grund auf die Reise zu freuen: Ich konnte

Vaters Sticheleien entfliehen, zumindest für eine Weile. So bekam die Angelegenheit eine tragische Wendung; ich war nicht mehr frei in meiner Entscheidung, konnte aber auch nicht mehr zurück. Obwohl mir klar war, dass sich die Situation nach meiner Rückkehr noch verschärfen würde, bestieg ich wie geplant mit Maria den Zug. Ich sah nur die nächsten Tage vor mir, viel weiter wollte ich nicht schauen.

Die Tage in Norddeutschland waren mit Aktivitäten ausgefüllt, und ich genoss sie in vollen Zügen, wir waren ständig unterwegs oder irgendwo eingeladen.

Ich wusste nicht warum, aber ab dem Augenblick, als ich zurückgekommen war und mit dem Koffer in der Hand das Haus betrat, fiel mir das Atmen schwer, als hätte sich ein Bleimantel um meine Brust gelegt. Ich sollte Recht behalten. Vaters Attacken gegen mich verstärkten sich in Anzahl und Intensität nach meiner Rückkehr. Jedes menschliche Wesen, das in welcher Eigenschaft auch immer unser Haus betrat, musste sich nun von Vater anhören, dass er mich sofort hinauswerfen würde, falls ich ein Kind bekäme.

Seine Gedanken schienen sich nur noch um diese eine Möglichkeit zu drehen. Das Gefühl, dass er es kaum mehr erwarten konnte, mich endlich los zu werden, wurde für mich zur Gewissheit. Er zeigte deutlich, dass er mich lange genug geduldet hätte, seine Geduld war am Ende. Außerdem wurde mir bewusst, dass er sich inständig wünschte, dass ich endlich schwanger würde, um ihm den Grund für den Hinauswurf zu liefern. Er bettelte förmlich darum. Aber ich hatte nicht vor, ihm diesen Gefallen zu tun. Nein, auf keinen Fall!

Also änderte er seine Strategie: Er strafte mich mit Ignoranz. Es gab mich einfach nicht mehr. Diese Haltung griff allmählich auch auf Agathe und schließlich sogar auf Mama über. Die beiden mussten Vater schließlich den lieben langen Tag ertragen, sie waren beide von ihm abhängig und mussten mit ihm zusammenarbeiten. Sie mussten zumindest einigermaßen mit ihm auskommen. Mama flüchtete wie immer in solchen Situationen zu Mayers. Die Liaison erlebte das soundsovielte Comeback, und Tante Rosel hatte sich offensichtlich in das Unausweichliche gefügt und jeglichen Kampf aufgegeben. Sie sah der Geschichte einfach zu. Agathe fand eine Möglichkeit, es der Mutter gleichzutun: Sie machte einen betriebswirtschaftlichen Fortbildungskurs und verschwand für einige Wochen vom Tatort.

Ich wollte nicht mehr wie immer als Opfer übrig bleiben. Ich las Bertrams liebevolle Briefe und fasste an einem Freitagabend auf dem Heimweg vom Bus einen folgenschweren Entschluss. Ich würde nach dem Abitur Bertram nach Deutschland folgen. Dort wollte ich mit ihm zusammenleben und studieren. Heiraten wollte ich nicht, aber ein Zuhause wollte ich haben, in dem ich willkommen war, wenn ich durch die Tür trat. Ich sehnte mich nach Harmonie. Auf dieses gerade gesetzte Ziel strebte ich von nun an zu.

Schon bei meinem zweiten Besuch bei Bertrams Familie quälten mich erste Zweifel hinsichtlich der Richtigkeit meiner Entscheidung. Insbesondere der große Interessenunterschied machte mir Kopfzerbrechen. Würde ich immer wieder darüber hinwegsehen können? Hatte ich nicht jetzt schon manchmal ein Problem damit, Bertram klar machen zu können, warum ich wie dachte und was ich aus welchem Grund interessant fand? Erschreckte mich nicht immer wieder seine Art der Betrachtung vieler Dinge, die mir völlig fremd war?

Den Weg zurück gab es jedoch nicht mehr. Es gab überhaupt keinen Ausweg. Ich sah keinen, den ich gehen könnte. Welche Alternative hatte ich? Zuzugeben, dass ich einen

Fehler gemacht hatte, und mich von dieser Stunde an dafür beschuldigen, bestrafen, verhöhnen zu lassen? Nein, ich hatte keine Alternative, die mir eine faire Chance bieten würde, also setzte ich den eingeschlagenen Weg fort.

Es gab keine Schwierigkeiten, einen Studienplatz für Französisch und Anglistik in der norddeutschen Großstadt zu bekommen, in der wir leben würden, und ich bereitete alles gut vor. Keine Probleme bei der Umsetzung meiner Pläne. Bis Mutter und Onkel Alois für eine Weile von ihrer rosa Wolke herunterstiegen und sahen, dass sich etwas verändert hatte. Es stellte sich sehr bald heraus, dass sich mein Wunsch, ohne vorherige Heirat nach Deutschland umzuziehen, nicht realisieren ließ. Ich »musste« heiraten.

Darin waren sich alle einig. Wenn auch aus verschiedenen Gründen. Vater wollte sicher sein, dass ich nicht einfach eines Tages zurückkommen und wieder bei ihm Unterschlupf suchen würde. Außerdem sei es »vor den Leuten«, wen immer er damit meinte, besser angesehen, wenn ich »nach Deutschland heiratete«. Mama dachte ähnlich, hatte aber sicher auch den Gedanken, dass, falls ich tatsächlich ein Kind bekäme, eine Heirat besser für mich sei. Und Bertram und seine Eltern sahen der Heirat mit Freude entgegen, weil ich aus ihrer Sicht eine »richtig gute Partie« war, da sie selbst in eher bescheidenen Verhältnissen lebten.

Als der Zeitpunkt der Hochzeit – wenige Wochen nach dem Abitur – näher rückte, kam den Menschen um mich herum zu Bewusstsein, dass ich bald weg sein würde. Sie begannen mich aus verschiedenen Gründen zu hassen bzw. ihren Hass gegen mich zu verstärken. Agathe begann mich zu hassen, weil ich bald entkommen würde, was sie nicht geschafft hatte. Sie würde hier zurückbleiben, und weil ich nicht mehr da war, die Unzufriedenheit des Vaters allein ertragen müssen. Mutter hasste mich, weil ihr bewusst wurde, dass ich in Abwesenheit nicht mehr den Grund für ihre ständigen Aufregungen, Krankheiten, Nervenzusammenbrüche und Depressionen würde abgeben können. Am schlimmsten würde es Vater treffen. Er war daran gewöhnt, sich vor den Augen der Leute über mich aufzuregen, seine Aggressionen an mir auszulassen, ganz besonders dann, wenn meine Mutter ihre Zeit mit Onkel Alois verbrachte. Und nun würde das Prügelkind einfach nicht mehr verfügbar sein!

Erstaunlicherweise schaffte ich es, trotz dieser Umstände eine gute Reifeprüfung abzulegen. Während der letzten Wochen vor dem Abitur wohnte ich allerdings nicht mehr zu Hause, sondern in einem Zimmer in der Nähe der Schule, das die Eltern einer Mitschülerin für ihre Tochter angemietet hatten. Sie hatte mir angeboten, dort zu übernachten, und ich war ihr zutiefst dankbar.

Anlässlich der Vorbereitungen für meine Hochzeit machte ich eine erstaunliche Entdeckung. Ich musste feststellen, dass ich keine Geburtsurkunde besaß. Ich existierte offiziell nicht. Auf dem zuständigen Amt wurde gerätselt, wie ich es bis zu diesem Zeitpunkt ohne das Dokument geschafft hatte, und sie stellten mir eine Geburtsurkunde aus – zur Vervollständigung meiner Papiere für die Verehelichung, da diese Papiere auch in Deutschland vorgelegt werden mussten. Datum: wenige Wochen vor der Heirat.

Als ich das Amt verließ, fiel mir ein, dass ich im Alter von etwa zwölf Jahren eine Kopie meiner Geburtsurkunde für einen Anlass, der im Zusammenhang mit der Schule stand, hätte vorlegen sollen, wobei meine Mutter damals sagte: »Es gibt keine, bis jetzt hat es auch immer ohne funktioniert.« Und noch etwas fiel mir ein: War das der Grund, warum ich Simon nicht mehr hatte treffen dürfen? Wäre seine Familie im Falle einer Heirat über das Fehlen meiner Geburtsurkunde nicht befremdet gewesen? Hatten meine Eltern deshalb Angst vor ihnen gehabt?

Meine Hochzeit – mein letztes Zugeständnis an die »Familie« – wollte ich mir auf keinen Fall, wie ausnahmslos alle anderen Feste in meinem Leben, verderben lassen und bestand darauf, dass die Familie Mayer nicht eingeladen wurde. Das war kein Wunsch, sondern meine Bedingung, um die Hochzeit wie gewünscht ›ablaufen‹ zu lassen. Daraufhin ließ sich meine Mutter in Zusammenarbeit mit ihrem Arzt Otto unter dem Vorwand von dubiosen Schmerzzuständen ins Krankenhaus einweisen und blieb dort, bis die Hochzeit vorüber war. Es störte mich nicht. Schließlich war ich daran gewöhnt, dass sie mich, wenn es darauf ankam, im Stich ließ. Ich heiratete pflichtschuldigst in einem weißen Albtraum, wie es von mir erwartet wurde.

Wenige Tage nach der Hochzeit verließ ich Österreich mit Bertram. Wir machten eine kurze Hochzeitsreise und bezogen anschließend eine eigene kleine Wohnung. Ich genoss das Bewusstsein, einen festen Platz zu haben, einen Ort, wo ich hingehörte, wo ich erwartet wurde, wo ich willkommen war. Was für andere eine Selbstverständlichkeit war, betrachtete ich als Geschenk. Doch sehr bald schon wurde meine Freude getrübt. Nach der Rückkehr von der Hochzeitsreise, im Spätsommer, begann Bertram, Anspielungen darauf zu machen, dass »hier«, also in Deutschland, alles teuer sei. Er machte mir äußerst umständlich, aber unmissverständlich klar, dass er allein nicht für unser beider Lebensunterhalt würde aufkommen können. Ob ich mir nicht doch anstatt des Studienplatzes lieber eine Arbeitsstelle suchen könnte? Schließlich hätte ich neben der allgemeinen Hochschulreife auch eine abgeschlossene Berufsausbildung vorzuweisen, und ein Studium sei seiner Meinung nach »reine Zeitvergeudung«.

Ich war erschlagen und brauchte einige Tage, um diese Botschaft in mein Bewusstsein aufnehmen zu können. Schließlich hatte ich meine Immatrikulationsbescheinigung bereits in der Hand und sah meinem Wunschstudium, das in wenigen Wochen beginnen würde, mit gespannter Vorfreude entgegen.

Mit dieser Wendung hatte ich nicht gerechnet. Mit wem sollte ich darüber sprechen, wem mich anvertrauen? Ich ließ mir – ohne das Wissen meines Mannes – einen Termin bei der Studienberatung geben, und eine freundliche Dame versuchte mich davon zu überzeugen, dass ich mein mir gestecktes Ziel erreichen könne, und zeigte mir auf, dass dem auch finanziell nichts im Wege stehe.

Bertram gab jedoch nicht auf. Er las mir die aktuellen Stellenangebote aus der Zeitung vor und rechnete sich aus, was wir uns mit meinem bis dahin fiktiven Gehalt alles leisten könnten. »Wie wäre es mit einem neuen Auto, Liebling? Darüber würdest du dich sicher sehr freuen. Denke nur daran, wie viel schneller und bequemer die Reise zu deinen Eltern damit wäre«, flüsterte er mir ins Ohr, während er mir die Zeitung so dicht vors Gesicht hielt, dass ich nichts mehr erkennen konnte. »Ich will nicht zu meinen Eltern fahren, zumindest nicht in nächster Zeit«, gab ich gereizt von mir, während ich die Zeitung so heftig von mir stieß, dass sie in zwei Hälften zerriss.

Wieder hatte ich nicht den häuslichen Frieden, den ich so sehr ersehnt hatte.

Hin- und hergerissen zwischen meinem eigenen Wunsch zu studieren und Bertrams Wunsch nach einer Geld verdienenden Frau, erfasste mich eine tiefe innere Unruhe, die mich schlecht schlafen ließ. In der Nacht vor dem Einführungstag für Studienanfänger an »meiner« Universität schlief ich überhaupt nicht. Bertram schwieg seit Tagen, weil ich seinem Wunsch nicht entsprechen wollte. Schweigen als Waffe. Ich machte mich auf den Weg, kehrte jedoch unterwegs wieder um, fand eine Parkbank, setzte mich und starrte eine lange Weile einfach vor mich hin. Als ich mich erhob, war mein Entschluss, das zu tun, was ich nicht wollte, gefasst.

Zwei Wochen später begann ich meine Arbeit im Vertriebsbüro eines bekannten Bekleidungsherstellers und übersetzte hauptsächlich die anfallende Korrespondenz ins Englische. Nein, interessant war es nicht, aber verhältnismäßig gut bezahlt.

Bertram pflegte keine Freundschaften, er hatte nur wenige Bekannte und klebte an mir wie eine Klette. Ich fühlte mich furchtbar eingeengt in dieser Ehe. Als ich mich schnell mit einigen Kolleginnen anfreundete, passte ihm diese Entwicklung gar nicht. Er war krankhaft eifersüchtig. Wenn ich mit meinen neuen Bekannten zum Kaffeetrinken unterwegs war, spionierte er mir hinterher.

Es war schwierig, etwas mit ihm gemeinsam zu unternehmen. Ich liebte Opernbesuche, die mir leider bald vergällt waren, weil Bertram einschlief, wenn ich nicht aufpasste. Ich versuchte es mit einem Tanzkurs. Einem Anfängerkurs. Obwohl er mich grauenhaft langweilte, weil mir die simplen Schritte längst geläufig waren, mit denen sich Bertram abmühte, war es besser, als jeden Abend zu Hause zu verbringen.

Nach und nach begriff ich, dass ich die Ketten, die mich so sehr behindert hatten, nicht abgelegt, sondern nur gegen andere ausgetauscht hatte. Und eine neue negative Entwicklung kam hinzu: Meine Mutter drängte darauf, dass wir sie endlich einmal besuchen sollten und lockte mit diversen Versprechungen. Sie hatte Erfolg. Bertram, der in einer Familie aufgewachsen war, in der finanzielle Probleme zum Alltag gehörten, unterlag der Verlockung im Handumdrehen. Die Falle war zugeschlagen.

Bertram ließ sich immer wieder von meiner Mutter zu einem ganz kurzen Besuch einladen. Er liebte es, in dem schnellen Auto, für das mein erstes Jahresgehalt ausgegeben worden war, nach Österreich zu fahren. Dabei horchte sie ihn geschickt aus, was er gar nicht merkte, und belohnte ihn dafür. Sie wollte über alles, was ich machte, Bescheid wissen, vor allem wollte sie in Erfahrung bringen, mit welchen Menschen ich Umgang hatte, wen ich kennen gelernt hatte und wer meine neuen Freunde waren. So als fürchtete sie, ich könnte jemanden kennen lernen, der mir auf irgendeine Weise die Augen öffnete.

So vergingen einige Jahre, und wir hatten inzwischen ein Haus gekauft. Eines Morgens wachte ich auf und wusste, dass ich nicht den Rest meines Lebens in der Enge dieser Ehe und in diesem Haus verbringen würde. Die Umsetzung dieses Gedankens sollte sich jedoch noch einige Jahre verzögern, denn kurz darauf stellte ich fest, dass ich schwanger war. Ich wollte mein Kind in einer »richtigen Familie« aufwachsen lassen und schob meine revolutionären Gedanken vorerst beiseite, obwohl ich wusste, dass meine Gefühle gegen diese Entscheidung sprachen. Ich dachte allen Ernstes, dass ich mit meinem eisernen Willen meine Gefühle würde bezwingen können.

Schließlich hatte ich diese Verhaltensweise schon oft geübt. Der Unterschied bestand darin, dass ich die Liebe, die ich für Simon empfunden hatte, zu unterdrücken versuchte, während ich mir jetzt verzweifelt einredete, dass ich Bertram liebte, weil er der Vater meines Kindes sein würde, obwohl dieses Gefühl überhaupt nicht vorhanden war.

KAPITEL 11

Erste Begegnung

Einige Jahre nachdem ich den letzten Brief von Helen erhalten hatte, trug ich an einem kalten Winternachmittag meinen gerade vier Monate alten, bereits zahnenden Sohn in der Hoffnung auf und ab, dass er vielleicht einschlafen würde. Von Zeit zu Zeit blieb ich vor dem großen Fenster in seinem Zimmer stehen und sah den Schneeflocken zu, die in dichtem Reigen vom Himmel tanzten, und meine Gedanken wanderten zurück zu jenen Tagen, als ich Helens Briefe auf der Schaukel sitzend gelesen hatte.

Was war aus ihr geworden? Wo hatte sie ihr Zelt auf der Reise durch ihr Leben gerade aufgeschlagen? Ich würde es herausfinden. Ja, einen Versuch war es wert. Jetzt, sofort! Raphael hatte ein Einsehen und schlief ein. Ich suchte ihre Briefe, fand sie in der Schachtel mit den nicht sortierten Fotos und schrieb einen Umschlag mit ihrer letzten mir bekannten Adresse.

Die ersten Sätze wollten mir nicht so richtig gelingen, und ich nahm einen neuen Bogen Briefpapier zur Hand. Doch bald fand ich zu dem alten vertrauten Ton zurück und begann, möglichst ausführlich darüber zu berichten, wie mein Leben verlaufen war, seit sie zum letzten Mal von mir gehört hatte.

Ausführlich erzählte ich über meine letzte Zeit zu Hause und über meine Heirat. Darüber, dass ich mit dem Mann, den ich geheiratet hatte, nicht gerade glücklich war, schrieb ich nicht. Dafür war später noch Gelegenheit, falls dieser Brief sie tatsächlich erreichen sollte.

Welche Freude durchströmte mich, als ich kurz darauf einen weißen Luftpostbrief mit der vertrauten Handschrift im Postkasten fand, auf dessen Rückseite als Absender Helen Elisabeth M. und eine mir unbekannte Adresse aufgeführt war! Mein Brief hatte sie auf Umwegen erreicht.

Ich las ihn immer wieder, wie den ersten, den ich von ihr bekommen hatte. Sie waren damals quer durch Amerika und nach Europa gereist und hatten auch Österreich besucht. Nach der Rückkehr hatte sie ihr Studium aufgenommen. Sie musste es jedoch sehr schnell wieder abbrechen, da beide Eltern erkrankten und sie plötzlich eine große Verantwortung übernehmen musste. Sie suchte sich eine Arbeitsstelle, lernte ihren Freund kennen und heiratete kurze Zeit später.

Sie berichtete über Barbecues, Strandbesuche mit Freunden und darüber, dass sie sehr glücklich sei, ein Haus in einer eher dünn besiedelten Gegend, die trotzdem nicht allzu weit von der nächsten Stadt entfernt war, gefunden zu haben.

Außerdem dachte sie daran, im kommenden Jahr eine Familie zu gründen, um die Räume zu »füllen«. Ich lächelte ... Das Klima, schrieb sie, sei wunderbar in Afrika, sie könne es jetzt mit Europa vergleichen und würde nicht tauschen wollen, die Erinnerung an die Kälte im europäischen Winter sei noch sehr lebendig. Sie schloss den Brief mit dem Ausdruck ihrer grenzenlosen Freude, dass wir wieder in Kontakt zueinander standen.

Ich freute mich auch. Und wie! Ich saß neben Raphaels Bett und erzählte ihm von Helen. Er sah mich mit seinen großen blauen Augen an, und ich versprach ihm, dass wir sie eines Tages zusammen besuchen würden. »Wenn du älter bist und eine weite Reise machen kannst, fliegen wir beide nach

Afrika«, sagte ich, während er in den Rüssel seines Elefanten biss, dass er quietschte. Raphael zahnte immer noch. Meine Erzählung schien ihm zu gefallen, also fuhr ich fort.

»Mir ist so zumute«, sagte ich, »als hätte ich etwas ganz besonders Kostbares, das ich meinte verloren zu haben, wiedergefunden. Etwas, das so wertvoll und so wichtig ist, dass man es niemals vergessen würde.« Ich nahm ihn auf den Arm, drückte ihn an mich und ging mit ihm auf und ab, während ich ihm ein Weihnachtslied vorsang. Zu dieser Zeit konnte er sich noch nicht gegen meinen Gesang wehren. Und ich wusste noch nicht, dass er mir im Alter von vier Jahren erklären würde, dass ich nicht singen könne. Nein, an diesem Abend sang ich ihm »Alle Jahre wieder ...« vor, und er ertrug geduldig alle Strophen.

Schließlich schlief er ein und lächelte im Schlaf. Wovon er wohl träumte? Ich wusste es nicht. Aber ich wusste, wovon ich träumte: von Helen. Sie endlich zu sehen, kennen zu lernen, bei ihr zu sein. Von einer Reise in ihr Land, davon, mit ihr die Strände aufzusuchen, die sie so lebhaft beschrieben hatte. Davon, auf einer ihrer Dinnerpartys zu Gast zu sein, die Bekanntschaft ihres Mannes, ihrer Freundinnen zu machen.

Die Luftpostbriefe trafen wieder regelmäßig bei mir ein. Und wie damals in Österreich wusste ich jedes Mal, schon bevor ich den Briefkasten öffnete, dass ein Brief von Helen angekommen war.

Wir berichteten einander ausführlich über unser Leben, sodass jede am Alltag der anderen teilnehmen konnte. Besondere Vorfälle oder Neuigkeiten wurden augenblicklich auf den Postweg gebracht. Zum Beispiel Helens Schwangerschaft und die Nachricht über die Geburt ihrer Tochter Emily.

Wir sandten einander Fotos unserer Kinder, auf denen wir selbst meist halb abgeschnitten, wenn überhaupt, zu sehen waren.

Wir schmiedeten Pläne, uns zu treffen und luden uns gegenseitig ein. Zunächst war in beiden Familien angesichts der frisch erworbenen Häuser das Geld für eine kostspielige Reise zu knapp, und ich hatte noch ein zusätzliches Problem: Mein Mann schätzte das Flugzeug als Reisemittel nicht und sah einer Flugzeit von mehr als zehn Stunden nicht gerade freudestrahlend entgegen, obwohl die Kosten von Deutschland aus eindeutig niedriger gewesen wären, da die Währung zu unseren Gunsten stand.

Trotzdem, nach mehreren Jahren intensiven Briefwechsels sollten wir uns zum ersten Mal begegnen. Obwohl es Winter war, las ich die frohe Botschaft über ihre bevorstehende Ankunft auf der Hollywood-Schaukel im Garten sitzend und wippte wie damals sanft hin und her, während ich las. Helen würde mich besuchen kommen! Sie wollten ohne Emily die Verwandten ihres Mannes in England besuchen und einen Tag und eine Nacht bei uns verbringen – wenn es uns recht wäre. Diese Freude! Immer wieder las ich dieselben Zeilen, um sicher zu gehen, dass ich mich nicht täuschte. Doch da standen ganz klar Ankunftstag und Uhrzeit.

Obwohl sie erst in zwei Wochen eintreffen würde, begann ich sofort mit den Vorbereitungen für ihren Besuch. Irgendwie musste die Zeit bis dahin durchgestanden werden. Ich brachte das ganz Haus auf Hochglanz, bezog das Bett im Gästezimmer mit warmer Bettwäsche und überlegte, was ich für sie kochen würde. Österreichische Küche, das stand fest.

Und dann war er da, der große Tag! Ich stand wie angewurzelt in der Ankunftshalle des Flughafens und sah sie mit ihrem Mann Peter auf mich zukommen. Sie hielt sich krampfhaft am Gepäckwagen fest und lächelte mir zu. Ich lächelte zurück und war endlich in der Lage, meine Beine zu bewegen und ihr zwei Schritte entgegenzugehen.

Mein Herz klopfte vor Freude, als wir uns gegenüberstanden. Keine sagte ein Wort. Jede hatte Tränen in den Augen, und wir umarmten uns schweigend und hielten einander eine Weile fest. Irgendwann wurden wir uns der Gegenwart unserer Ehemänner bewusst und ließen einander los. Sie war so braun gebrannt, wie ich es vorher noch bei niemandem gesehen hatte. Selbst das »Weiße« in ihren Augen schien gebräunt zu sein; ihr Haar war etwas länger als meines und ziemlich dunkel. Ihr Makeup war gleichzeitig farbintensiv und geschmackvoll. Zögernd lösten wir uns von unserem gegenseitigen Anblick und stellten die Männer einander vor. Peter sah aus, wie meiner Vorstellung entsprechend ein typischer Engländer auszusehen hat: groß, schlank, dunkelhaarig, mit braunen Augen und verbindlichen Umgangsformen.

Sie fanden einander sofort sympathisch. Gott sei Dank! Aber es wäre mir auch egal gewesen, wenn sie das nicht getan hätten; dieses eine Mal in meinem Leben wäre ich egoistisch gewesen. Ganz sicher.

Zu viert fuhren wir nach Hause. Wir lachten und erzählten. Da die Englischkenntnisse meines Mannes etwas dürftig waren, musste ich mich wohl oder übel als Dolmetscherin betätigen. Schließlich konnte ich Peters Fragen nicht unbeantwortet lassen. Helen und ich mussten über die Situation nicht sprechen, wir verstanden einander mit Blicken. Ich wusste genau, was sie hinter ihrer dunkelbraun gebrannten Stirn und den schwarz getönten Haaren dachte, und sie konnte die Gedankenbahnen hinter meiner winterblassen Stirn und meinen blond getönten Haaren genau so gut verfolgen. Zu Hause erwartete uns Raphael; auf der Holztruhe im Flur sitzend und sah Helen staunend an. Irgendetwas an ihr schien ihn zu faszinieren. Während des Essens erzählten die beiden von der Reise und den Problemen, sich an die Kälte in Europa zu gewöhnen. Der Kälte trotzend, machten wir einen Spaziergang durch den verschneiten Winterwald, und Helen fragte mich, wie ich ständig in dieser Kälte leben könne. »Gewohnheit«, meinte ich, »auch in Österreich sind die Winter kalt.«

»Ach ja«, sagte sie versonnen, so als hätte sie das fast vergessen.

Als wir später beim Kaffee saßen, gab ich den letzten Funken meiner höflichen Übersetzungsbemühungen zugunsten meiner Unterhaltung mit Helen auf. Ich beschloss, dass Peter und mein Mann ihre Konversation ab sofort ohne meine Hilfe fortführen müssten. Die Zeit, die Helen und ich miteinander hatten, war zu kostbar, um mit der Übersetzung von freundlichem Smalltalk vergeudet zu werden.

Helen und ich stürzten uns in die Tiefen unserer langjährigen Beziehung und waren ab sofort blind und taub für unsere Umwelt. Sie war deutlich schlanker, und wir witzelten darüber, dass man bei dieser Kälte mehr essen müsse, um sich warm zu halten. »Und der leckere österreichische Gugelhupf ist zur Erhaltung der schlanken Linie auch nicht gerade förderlich«, meinte sie, während sie genüsslich das zweite Stück vertilgte, und ich gab ihr Recht. Wir stellten einander all die Fragen, die wir auf dem Herzen hatten, und jede von uns vollendete das Puzzle, das sie über viele Jahre hinweg von der anderen angefertigt hatte. Schließlich hatten wir – fürs Erste – genug und tauchten wieder auf. Amüsiert stellten wir fest, dass die beiden Männer einen eigenen Weg zur Verständigung gefunden hatten. Mit Anschauungsmaterial auf dem Tisch gestikulierten sie mit Händen und Füßen und feixten wie zwei kleine Jungen.

Raphael saß uns in einiger Entfernung auf dem Teppich gegenüber und beobachtete uns interessiert, ganz so als säße er vor dem Fernseher und sähe einen spannenden Film, von dem er sich nicht losreißen konnte. Intuitiv nahm er wahr, dass sich vor seinen Augen etwas ganz Besonderes ereignete.

Wir saßen bis spät in die Nacht hinein zusammen, tranken Wein und erzählten und lachten. Im Morgengrauen schleppten wir uns total übermüdet die Treppe hinauf zu den Schlafzimmern.

Am nächsten Morgen brachte ich die beiden allein zum Flughafen. Mein Mann hatte das Haus schon sehr früh verlassen müssen, um zur Arbeit zu fahren. Helen und ich waren sehr still an diesem Morgen. Sollte das tatsächlich schon alles gewesen sein? Waren wir wirklich auf dem Weg, uns – für wer weiß wie lange – zu verabschieden? Die Antwort lautete: Ja. Unausweichlich.

Wir sahen uns an. Die Zeit schien extra schnell zu laufen, und auf einmal standen wir – unerklärlich, wie das so schnell geschehen konnte – einander stumm umarmend in der Abflughalle. »Jetzt bist du an der Reihe!«, sagte sie und ging durch die Passkontrolle. Ich stand noch vor dem Schalter, als sie längst nicht mehr zu sehen war.

Der Briefwechsel wurde fortgesetzt. Intensiver. Wir hatten einander kennen gelernt, von Angesicht zu Angesicht. Etwa alle sechs Wochen las ich auf der Schaukel wippend einen Brief von Helen. Wir beschrieben unseren Alltag, die Entwicklung unserer Kinder und unsere beruflichen Aktivitäten und tauschten unsere Meinungen über die politische und wirtschaftliche Lage im Allgemeinen und die unserer »Heimatländer« im Besonderen aus. Diese Berichte wurden durch Fotos veranschaulicht.

Ein paar Jahre später kamen zwei Briefe kurz hintereinander – es gab Neuigkeiten! Helen würde noch einmal nach Europa kommen, und dieses Mal würde sie Emily mitbringen. Wir beschlossen, uns möglichst ungestört in Paris zu treffen, um die kurze Zeit intensiv nutzen zu können.

Mein Mann war zu diesem Zeitpunkt geschäftlich unabkömmlich, also bestieg ich mit Raphael das Flugzeug nach Paris. Es war sein erster Flug, und er durfte zusammen mit der Stewardess das Cockpit besichtigen und mit dem Piloten sprechen. Etwas enttäuscht kam er zurück und berichtete, dass der Autopilot eingeschaltet gewesen sei und der Pilot selbst zurückgelehnt eine Zeitung lese.

Und dann war der Augenblick gekommen. Helen stand mit Emily in der Ankunftshalle des Flughafens und wartete. Wir begrüßten uns mit der gleichen wortlosen Umarmung wie bei unserem ersten Treffen. Während unsere Kinder zusammen die Parkanlagen erforschten, sprachen wir über unsere eigene Kindheit und erzählten einander, wie wir aufgewachsen waren. Wir lachten über unsere Teenager-Vorlieben und über unsere ersten Schwärmereien. Stellten fest, dass unser beider erster ernsthafter Berufswunsch Lehrerin gewesen war. Unsere Kinder beobachtend waren wir dankbar, dass wir früh genug erkannt hatten, dass wir an diesem Beruf nur sehr kurze Zeit Freude gehabt hätten.

Von frühester Kindheit an interessierten wir uns für fremde Länder und Sprachen. Das war unser gemeinsames Metier. Wir erforschten Paris mit der Metro und bewunderten einige Sehenswürdigkeiten und besuchten den Flohmarkt. Schließlich wollten wir die Kinder zu ihrem Recht kommen lassen und fuhren zum Jardin du Luxembourg. Dort saßen wir entspannt auf einer Parkbank und genossen die wärmenden Strahlen der Spätsommersonne.

Helen hatte Emilys Puppe, die Emily bei ihr abgeliefert hatte, um mit Raphael herumtollen zu können, wie ein Baby auf ihrem Schoß platziert. »Das Leben ist so kurz«, seufzte sie, »wir müssen es gut nutzen.«

»Ja«, sagte ich, »aber ich habe den Eindruck, dass nicht immer ich es bin, die darüber bestimmt.«

»Da hast du sicher Recht«, antwortete sie und lächelte den Kindern entgegen, die gerade mit erhitzten Gesichtern und schmutzigen Hosen zu uns zurückkamen.

»Habt ihr Hunger?«, fragte Helen die beiden. »Wir wollen Pommes frites essen!«, gaben sie zur Antwort und sahen einander vielsagend an. »Siehst du«, sagte ich, »im Moment bestimmen unsere Kinder über unser Leben.«

»Oh Eva, ich fürchte, das werden sie noch eine ganze Weile tun«, sagte Helen, als wir aufbrachen, um dem Wunsch der Kinder nachzukommen. Es war erstaunlich, wie gut sich unsere Kinder miteinander verständigten, obwohl sich keines von ihnen in der Sprache des anderen ausdrücken konnte. Fasziniert sahen wir zu, wie sie miteinander kommunizierten.

Sehr bewusst erlebten wir unser Zusammensein. Wieder schien die Zeit schneller zu laufen als gewöhnlich, und der gemeinsam verbrachte Tag neigte sich dem Ende zu. Wir beendeten ihn mit einem Drink auf der Dachterrasse eines vielstöckigen Hotels. Von hier aus hatte man einen wunderschönen Blick auf die in der Abenddämmerung erleuchtete Stadt ... Wir waren beide sehr still geworden und fuhren schweigend im Aufzug nach unten, bestiegen das Taxi und standen einander kurz darauf am Flughafen gegenüber. Dieses Mal war ich diejenige, die gehen musste. Es machte keinen Unterschied. Die Kinder winkten einander zu, als wir die Passkontrolle hinter uns hatten. Ich beobachtete Raphael, wie er tief in Gedanken versunken aus dem Fenster blickte. Ich hätte gerne gewusst, was er dachte.

Etwa eine Woche nach unserer Rückkehr aus Paris empfand ich das dringende Bedürfnis, Helen in Afrika anzurufen. Nach einem kurzen Zwiegespräch mit mir selbst wegen der Höhe der Telefonkosten, das zu Ungunsten der Vernunft ausfiel, nahm ich den Hörer zur Hand und wählte ihre Nummer. Sie war selbst am Apparat. »Ich bin schwanger«, sagte sie zur Begrüßung. »Großartig!«, erwiderte ich. »Vielleicht wird es ein Junge. Stell dir vor, wie wunderbar es wäre, einen Sohn zu haben!«

Helen stimmte meiner Euphorie nur sehr zögernd zu und sprach von ihrer augenblicklichen schwierigen geschäftlichen und der daraus resultierenden finanziellen Situation. Es herrsche Rezession. Sie müsse im Unternehmen ihres Mannes mitarbeiten, anders ginge es nicht. Wie solle sie das mit einem Baby schaffen? Es sei nicht gerade der perfekte Zeitpunkt für ein zweites Kind.

»Den richtigen Zeitpunkt für ein Kind gibt es nicht«, wandte ich ein. »Und außerdem ist es schon da, es lebt in dir, es hört uns zu«. »Oh Eva«, seufzte sie, aber es war kein klagendes, sondern ein freudig-zufriedenes Seufzen.

»Geht es dir gut, Helen?«, fragte ich. »Oder hast du Probleme mit der Schwangerschaft?«

»Es geht mir gut«, kam ihre Stimme durch den Hörer, und ich konnte ihr Lächeln vor mir sehen.

Mit diesem Gespräch begann sie ihre Schwangerschaft zu genießen, und wir telefonierten von Zeit zu Zeit. Ich wollte einfach wissen, wie es ihr ging. »Ich werde immer dicker«, sagte sie eines Tages, doch ich konnte sie mir mit einem dicken Bauch überhaupt nicht vorstellen. »Schicke mir ein Foto«, bat ich sie, und ihre Antwort war kurz und bündig:

»Never!« Aus ihren Erzählungen entnahm ich, dass es kein Vergnügen ist, in sengender Hitze eine Schwangerschaft durchzustehen. Selbst die kurzen Wege vom Auto zum Haus oder das Einkaufen sind sehr belastend. Auch wenn das Auto mit einer Klimaanlage ausgestattet ist, heizt es sich sehr schnell auf, wenn es nur kurze Zeit in der Sonne steht, und braucht eine Weile, bis es wieder abkühlt.

Und schließlich war es so weit. Sie bekam einen Sohn und war überglücklich. Auch Peter konnte sich vor Freude kaum fassen. Und ich kaufte augenblicklich einen richtig kitschigen Matrosen-Strampelanzug, der es mir einfach angetan hatte. Mike war im wahrsten Sinne des Wortes ein Glücksbringer. Nach seiner Geburt hatte sich die wirtschaftliche Lage deutlich verbessert, und Peter konnte wieder Personal einstellen und damit Helen entlasten.

KAPITEL 12

Entscheidungen

Im Laufe der Jahre war ich immer unglücklicher geworden. Zwischen Bertram und mir gab es aus verschiedenen Gründen kein Vertrauen mehr. Außerdem kooperierte er immer enger mit meiner Mutter. Ich versuchte verzweifelt, das zu unterbinden. Ich wollte nicht einsehen, dass ich diesen Kampf schon lange verloren hatte. Für Bertram bedeutete finanzieller Wohlstand Glück, aber meine Lebensziele interessierten ihn nicht, und er benutzte mich in vielerlei Hinsicht, um seine Ziele zu erreichen. Er hatte keinen Zugang zu seinen eigenen Gefühlen und schon gar nicht zu den Gefühlen anderer Menschen.

Noch ein ganz anderer Kampf war bereits voll im Gange. Ich wusste schon sehr lange, dass unsere Ehe gescheitert war. Immer wieder hatte ich die Trennung hinausgeschoben, weil ich mir vormachte, dass es für Raphael besser sei, noch ein Jahr und noch ein weiteres Jahr zu warten, weil er dann älter wäre und die Trennung besser verkraften würde. Inzwischen stand er an der Schwelle zum Teenageralter.

Aus heutiger Sicht war das Warten ein großer Fehler. Ich war immer mehr vereinsamt. Ganz sicher war es für meinen Sohn nicht gerade hilfreich gewesen, eine ständig unglückliche Mutter um sich zu haben.

In der Beziehung zwischen Bertram und mir herrschte das große Schweigen, auf das er sich so trefflich verstand. Dieses Schweigen legte sich wie eine täglich wachsende Eisschicht auf unser Leben. Ich spürte, wie es mich lähmte. Diverse Versuche meinerseits, mit Bertram eine Unterredung über die längst überfällige Trennung herbeizuführen, scheiterten. Das Ergebnis meiner Bemühungen fiel immer gleich aus. »Es gibt nichts zu reden«, war der Standardsatz, der unweigerlich mit dem Verschwinden meines Mannes verbunden war. Er spielte das Spiel: Alleine kannst du nichts ändern, es bleibt alles beim Alten. Aber ich gab nicht auf. Unter Aufbietung all meiner Überredungskünste und mit diversen Versprechungen brachte ich einen gemeinsamen Termin zur Eheberatung zu Stande.

Die Situation war von Anfang an schwierig, weil Bertram es ablehnte, in der Beratungsstelle überhaupt Platz zu nehmen. Er stellte sich hinter den für ihn als Sitzplatz vorgesehenen Stuhl und setzte eine finstere Miene auf. Der Psychologe war sehr einfühlsam, aber alles, was er Bertram entlockte, war: Er selbst hätte keine Probleme, und meine gingen ihn nichts an. Diese Worte gab er mit geballten, in der Hosentasche vergrabenen Fäusten von sich. Der Psychologe sah mich an und wiederholte, was ich dachte: »Das ist eine eindeutige Botschaft.«

Bertram wollte sich anfangs nicht scheiden lassen, weil er wusste, dass er damit alle Vorteile, die ihm die Ehe mit mir bot, verlieren würde. Vor allem die Besuche in Österreich und die »Aufmerksamkeiten« meiner Mutter, die an Informationen über mich gebunden waren, mit denen er nach der Scheidung nicht mehr würde dienen können. An seiner Haltung änderte auch die Tatsache nichts, dass er die Frau, die er nicht lange nach unserer Scheidung heiratete, bereits kannte.

Er hatte allerdings einen Plan: Wenn es ihm gelänge, Raphael auf seine Seite zu bringen, müsste ich für ihn und das Kind aufkommen, wie er gemeinsamen Freunden anvertraute. Auf dieses Ziel arbeitete er hin und nahm das Kind von nun an ständig in seine Familie mit, um es dort zu integrieren. Mir war bewusst, dass ich in diesem Kampf ganz allein einer Übermacht entgegentreten musste und dass es eine geraume Weile dauern konnte, bis ich den Sieg errungen haben würde; aber ich wusste auch ganz genau, dass ich vorher auf keinen Fall aufgeben würde.

Eines Nachmittags fasste ich Mut und ging ins Kinderzimmer. Raphael kniete zwischen den Gleisen der Eisenbahn, seine Aufmerksamkeit ganz auf seine Tätigkeit gerichtet. Ich setzte mich zu ihm auf den Fußboden und sah ihm zu. Es war faszinierend, zu beobachten, wie geschickt er diverse Züge gleichzeitig in verschiedene Richtungen schickte und Leuchtsignale in bestimmten Abständen einsetzen ließ, wobei er die Abläufe ständig optimierte. Ich seufzte tief und setzte zu meinen holprigen Erklärungen zum Thema Trennung mit anschließender Scheidung an. Stockend brachte ich einige Sätze heraus. Dass ich mein Schlafzimmer ins Gästezimmer verlegt hätte und dass wir nicht mehr zu dritt essen würden. Für ihn werde sich ansonsten vorläufig nichts ändern; das schien ihm zu genügen.

Wenigstens eine einzige Frage hätte ich von ihm erwartet. Doch selbst die blieb aus. Er fuhr mit seiner Tätigkeit fort, die er während unseres Gespräches nicht unterbrochen hatte. Zutiefst unzufrieden verließ ich ihn, ging in mein neu erkorenes Schlafzimmer und weinte, bis die Spannung nachließ.

Am Abend, als Raphael im Bett war, ging ich hinaus. Zuerst in den Garten, dann bis ans Ende der Häuser, zu den Feldern, in die Dunkelheit. Schließlich blieb ich stehen, sah hinauf in den sternenklaren Himmel und schrie: »Gott! Gott, wenn es dich gibt, hilf mir doch, hilf mir, schau auf meine Not, steh mir bei!«, und brach in Tränen aus.

Im Scheidungsverfahren machte ich die Erfahrung, dass Recht haben und Recht bekommen zwei sehr verschiedene Dinge sein konnten.

Eine andere Erfahrung war die, dass die Gerichtsbarkeit von Männern dominiert wurde, die selbst in unserer Zeit der angeblichen Gleichberechtigung einer selbstbewusst auftretenden, unabhängigen Frau nicht gerade wohlwollend gegenüberstanden. Diese Erfahrung teilte ich mit mehreren Frauen in meinem Umfeld, deren Scheidung am selben Gericht stattfand.

Außerdem war diese Scheidung für Bertrams Familie ein hochwillkommener Anlass, den sie nutzte, um sich von den eigenen, ungelösten Problemen eine Weile abzulenken.

Ich bin zutiefst dankbar, dass ich in dieser Situation die Hilfe von Freunden, und zwar von denjenigen, von denen ich es keinesfalls erwartet hätte, in einem Ausmaß erfahren durfte, wie ich es niemals zu träumen gewagt hätte. Andere »Freunde« hingegen ließen mich wie die berühmte heiße Kartoffel einfach fallen. Wieder andere wurden zu Heuchlern, um informiert zu sein und die Informationen weiterzutragen. Eine davon stellte es so geschickt an, dass ich es lange Zeit nicht durchschaute. Diejenigen, die zählen, haben mich, einander abwechselnd, durch diese Zeit begleitet und mir immer wieder Mut für den nächsten Schritt gemacht. Allen voran Teresa, mit der ich seit vielen Jahren freundschaftlich verbunden bin und die mir durch ihre praktische Denkweise eine besondere Hilfe gewesen ist. Meine Gebete sind erhört worden.

Von meinen Eltern schlug mir, wie immer, wenn es schwierige Situationen zu bewältigen gab, nur Ablehnung entgegen. Hatte ich das immer noch nicht begriffen? Nein, es war hart, diese

Tatsache zu akzeptieren. In den ersten Ferien, die Raphael nach der Trennung hatte, fuhr ich mit ihm nach Österreich. Zur Begrüßung erklärte mir meine Mutter, dass es besser sei, wenn ich wieder mit meinem Mann »zusammengehen« würde. Als Raphael seinen Vater anrief, um ihm mitzuteilen, dass er gut bei der Oma angekommen sei, riss meine Mutter ihm den Hörer aus der Hand und schrie in den Apparat: »Bertram, warum hast du die beiden alleine fahren lassen?« Sie hatte nichts, keine Ehre, keinen Anstand, kein Gefühl, keine Mutterliebe. Mein Mund war trocken, meine Lungen waren ohne Atemluft, ich schien nicht mehr die Kraft zu haben, einzuatmen. Ich sagte nichts, es gab nichts mehr zu sagen. Jetzt endlich hatte auch ich es begriffen. Ich hatte keine Familie, ich hatte niemals eine gehabt. Was suchte ich hier eigentlich? Irgendetwas musste es sein.

Bei diesem Besuch musste ich außerdem zu meinem Entsetzen feststellen, dass mein Vater trank. Etwas, das er sein Leben lang bei anderen Menschen stets verurteilt hatte. Früher hatte er gerne ein Glas Wein zum Essen und zum Probieren mit Kunden im Keller getrunken. Jetzt trank er häufig. Trank er, um zu vergessen? Mutter hatte ihre Tabletten, Vater seinen Alkohol.

Trotzdem war dieser letzte Besuch wichtig für mich. Er öffnete mir einen Zugang zur Wahrheit. In ihrem erbitterten Bemühen, mich in das Lügennetz zurückzudrängen, aus dem ich mich aus eigener Kraft schon ein ganzes Stück befreit hatte, gab mir die Frau, die mich geboren hatte, ungewollt einen roten Faden in die Hand, den ich von nun an langsam aber stetig aus dem Netz zog und Stück für Stück aufwickelte. Sie schrie mich an: »Nichts bekommst du von uns, gar nichts, du brauchst auf nichts zu warten! Dafür, dass er nicht dein Vater ist, hat er dir all die Jahre schon genug gegeben!«

Ich wurde ganz ruhig, packte meine Sachen zusammen und fuhr mit Raphael zurück. Unterwegs ordnete ich meine Gedanken und sah der Realität, von nun an ganz auf mich selbst gestellt zu sein, zum ersten Mal so richtig ins Auge. Bei dieser Betrachtung machte ich eine äußerst interessante Entdeckung: Ich war mein Leben lang auf mich selbst gestellt gewesen. Wenn es wirklich darauf ankam, hatte ich stets allein mit meinen Problemen gestanden, und ich war immer in der Lage gewesen, sie auf meine Art zu lösen.

Ich hatte nichts zu befürchten, nichts würde sich ändern – im Gegenteil, ich war gerade einen ganzen Sorgenberg los geworden. Die Sorgen, die sie mir aufgezwängt hatten und die Schuldgefühle, die sie mir eingehämmert hatten. Allein für die Tatsache, dass ich lebte, dass ich überhaupt existierte, sollte ich mich ihrer Meinung nach schuldig fühlen. Wie hatte Vater im Streit so oft gesagt: »Du kannst dankbar sein, dass wir dich überhaupt aufgezogen haben.« Was hatten sie denn mit mir vorgehabt? Hätten sie mich ertränken wollen, wie sie es mit den kleinen Kätzchen getan hatten? Die Wirklichkeit meines langjährigen »Nicht-leben-Dürfens« auf dieser Welt trat klar in mein Bewusstsein und machte dem wunderbaren Gefühl des Leben-Wollens Platz, dem Willen, das Leben, das ich in diesem Augenblick erst so richtig entdeckt hatte, zu genießen.

»Ich bin Eva, und ich darf leben«, dachte ich, während ich mit unbändiger Freude auf einem Rastplatz an der Autobahn Kaffee trank. Raphael nippte an seiner Limonade, und ich war so unendlich dankbar, dass ich ihn haben durfte, dass ich in der Lage war, ihm meine Liebe zu zeigen und für ihn da zu sein, dass er das Wichtigste in meinem Leben war, seit dem Tag, an dem ich ihn geboren hatte und ihn überglücklich zum ersten Mal in meinen Armen hielt, das Wunder bestaunend, das in mir herangewachsen war.

»Gott sei Dank habe ich es geschafft, die Streitigkeiten nicht vor dem Kind auszutragen«, dachte ich, während ich zusah, wie er durch den Strohhalm Luftblasen in den Rest des Getränkes blies, sodass sich eine Schaumkrone darauf bildete. Er stiebitzte das Schokoladenstückchen, das ich zum Kaffee serviert bekommen hatte, und ich lächelte ihm ermutigend zu. Die Abreise war einigermaßen geordnet vonstatten gegangen, und ich hatte einen plausiblen Grund für die rasche Rückreise gefunden. Ich wollte vor meinem Kind keine offene Auseinandersetzung riskieren. Er hatte während der Scheidung wirklich genug negative Erlebnisse gehabt.

Zu Hause sah ich mir die Fotos an, die ich aus meiner Kinderzeit hatte – alle lose in einem Karton –, kaufte Alben und sortierte sie ein. Während dieser Tätigkeit löste sich der Schleier von meinen Augen, und ich sah so deutlich wie jemand, der stark fehlsichtig ist und zum ersten Mal in seinem Leben durch eine Brille mit der passenden Sehstärke blickt, dass Onkel Alois in Wahrheit mein Vater ist und ich beschloss, ihn zu besuchen und zur Rede zu stellen.

KAPITEL 13

Besuch im Vaterhaus

Sorgfältig bereitete ich den geplanten Besuch vor. Raphael würde das Wochenende, das ich dafür ausgesucht hatte, bei seinem Vater verbringen. Ein paar Tage davor rief ich meine Freundin Maria an und fragte sie, ob ich im Anschluss an den Besuch bei ihr übernachteten könnte, denn ich wollte gerne mit ihr über mein Vaterproblem sprechen. Ich hatte vor, relativ überraschend bei meinem Vater aufzutauchen, um der Tante Rosel die Möglichkeit zu nehmen, ihm von meinem Besuch abzuraten, was sie sicher tun würde, wenn sie Gelegenheit dazu hätte. Außerdem würde sie die Nachricht von meiner Ankunft umgehend an meine Mutter weiterleiten, die ihrerseits sofort alle Hebel in Bewegung setzen würde, um zu intrigieren.

Unterwegs überlegte ich, wie ich am besten vorgehen sollte. Ich entwarf und verwarf dutzende Möglichkeiten und beschloss schließlich, alles auf mich zukommen zu lassen. Das Einzige, was ich plante, war ein Anruf bei ihm, ganz kurz bevor ich vor seinem Haus auftauchen würde, um sicherzustellen, dass er zu Hause war und dass die Tante Rosel mich nicht abwimmeln konnte.

Er war selbst am Telefon, als ich anrief, und ich fragte, ob ich auf einen Sprung bei ihm vorbeikommen könnte. Während ich sprach, wurde mir klar, dass ich das noch niemals zuvor getan hatte. Er sagte sofort: »Ja, komm doch«, und keine zehn Minuten später trat ich durch das große geschwungene Eisentor, ging den Kiesweg entlang zum Haus und klopfte an das Küchenfenster, wie das scheinbar immer noch üblich war, denn eine Türglocke fand ich nicht. Tante Rosel steckte den Kopf aus dem Fenster und sagte: »Der Alois kommt schon.« Ich war erstaunt. Und da öffnete sich die Tür, und er stand vor mir.

Seine Gestalt kam mir nicht mehr ganz so groß vor wie früher und sein Haar war ziemlich grau geworden. Er reichte mir die Hand und zog mich förmlich damit durch die Tür in den Hausgang, hielt meine Hand mit der Rechten fest, während er mit der Linken die Tür schloss, drückte mich ganz fest an sich und sagte mit erstickter Stimme immer wieder: »Evi, Evi.« Solch einen warmherzigen Empfang hatte ich nicht erwartet, und ich brachte nur ein »Grüß dich!« heraus. Nach einer langen Weile ließ er mich los und schob mich vor sich her ins Haus. Wir traten durch die Küchentür, und dort saß Tante Rosel am Tisch und sah mich fragend an.

Ich ging zu ihr und reichte ihr die Hand. Sie hatte eine große, deutlich hervortretende Schwellung unterhalb des Ohrläppchens, und ich fragte sie: »Wie geht es dir?«

»Na ja, wie es einem so geht mit einem kranken Mann«, antwortete sie. Ich hatte nicht vor, auf ihre Probleme einzugehen; ich war aus anderen Gründen hergekommen. Also fasste ich Mut und sagte: »Ich möchte mit dem Alois alleine sprechen. Am besten gehen wir ins Wohnzimmer«, drehte mich um und ging voraus. Es funktionierte. Er folgte mir, und wir setzten uns nebeneinander an den Tisch.

Er sah mich an und fragte: »Wie geht es dir denn jetzt?« Ich wartete eine Weile mit meiner Antwort und sagte dann: »Die Zeit der Lüge ist für mich vorbei, endgültig. Es geht mir nicht gut, nein. Wie du sicher weißt, habe ich Sorgen, aber ich werde damit fertig.« Seine Augen waren klar und aufrichtig, er hielt meinem Blick stand, nahm meine rechte Hand in seine und legte die linke darauf. Seine Hände waren groß, meine blasse Hand verschwand gänzlich in seinen warmen Händen, und ich spürte, wie mich ein wunderbares Gefühl von Vertrautheit und Geborgenheit durchströmte. Irgendetwas in mir warnte mich: »Lass dich nicht darauf ein, du wirst es nicht behalten! Du wirst wieder enttäuscht sein. Tu es dir nicht an!«

Aber ich wollte mich darauf einlassen, obwohl es mir fast schon zu viel wurde. Seine Augen waren auf mich gerichtet, und wir schwiegen eine Weile miteinander.

Endlich raffte ich mich auf und begann: »Schau, ich weiß jetzt, dass der Robert nicht mein Vater ist.« Er senkte seinen Blick und drückte meine Hand. »Warum hast du das getan, warum hast du uns beide verleugnet?«, fragte ich ihn, während ich direkt in sein Gesicht sah. Er hob seinen Blick, und Tränen standen in seinen Augen, die er nicht zurückhalten konnte, sie quollen immer schneller hervor, und er schluchzte, dass sein ganzer Körper bebte. Es schien mir, als suchten sich all die ungeweinten Tränen vieler Jahre der Zurückhaltung einen Weg nach außen, und sie ließen sich nicht bändigen. Ich legte meine beiden Hände um seine, die jetzt zitterten und hielt sie fest. Er weinte so bitterlich, wie ich selbst oft als Kind geweint hatte, und er war so untröstlich, dass es mich schmerzte. Sanft streichelte ich seine Hände, während sein halb ersticktes Schluchzen die Stille durchbrach. Er schien zu einer einzigen Klage gegen sich selbst geworden zu sein. Nach und nach beruhigte er sich, und ich dachte daran, dass ich so gerne wütend auf ihn gewesen wäre, dass ich ihm so gerne Vorwürfe gemacht hätte, dass ich mir alles ganz anders vorgestellt hatte.

In die Stille hinein, die uns umgab, fragte er leise: »Sagst du mir, wie es für dich gewesen ist?« Ich überlegte einen Augenblick und wusste nicht, wo ich anfangen sollte. Er wartete. Spontan fiel mir eine Begebenheit aus dem Kindergarten ein: »Es war am letzten Tag vor den Weihnachtsferien«, begann ich. »Die Eltern waren benachrichtigt worden, dass die Kinder mit den Bastelarbeiten abgeholt werden mussten. Mich hat niemand abgeholt, also saß ich auf der Bank und wartete, während ich zusah, wie die anderen Kinder von Müttern, Vätern, Großmüttern oder älteren Geschwistern abgeholt wurden. Eine der Großmütter fragte die Kindergärtnerin: ›Wem gehört die denn, holt die niemand ab?‹, als ich nur noch alleine übrig geblieben war. ›Das ist die kleine Hinterhütter‹, antwortete die Kindergärtnerin. ›Ach ja. Na, da war schließlich auch ein anderer Hahn drauf‹, bemerkte die Frau und verabschiedete sich mit dem Kind an der Hand.

Ich saß mit den beiden Kindergärtnerinnen, die miteinander tuschelten, alleine im Kindergarten. Schließlich wurde den beiden die Warterei zu dumm. Sie drückten mir das Ergebnis meiner Bastelbemühungen in die Hand und schickten mich mit den Worten ›Du findest bestimmt auch alleine nach Hause, nicht wahr?‹ in die hereinbrechende Dämmerung hinaus. Ich schluckte meine Enttäuschung so gut es ging hinunter und fing erst auf der Straße zu weinen an.

So in etwa ist es oft für mich gewesen.«

Wieder Schweigen. Und dann hörte ich mich fragen: »Und wie ist es für dich gewesen?« Stille. Ein tiefer Seufzer, und dann sprudelte er los: »Ich durfte nichts, gar nichts, nicht ein einziges Mal durfte ich dich auf den Arm nehmen oder auf meinen Schoß setzen oder an der Hand nehmen, nur anschauen durfte ich dich, und das auch erst, als der alte Hinterhütter gestorben war. Meine Mutter hat eure Magd immer angehalten, wenn sie mit dem Kinderwagen bei uns vorbeigefahren ist, und hat zu dir hineingeschaut, und dann hat sie immer gesagt: ›Ich glaube, die bringen sie nicht durch; die ist viel zu schwach.‹ Es war alles ganz anders vereinbart, weißt du, Evi, aber dann hat sich der Robert nicht mehr an die Abmachungen gehalten. Wir hatten ausgemacht, dass Agathe und du gleich behandelt werdet. Es ist halt alles anders gekommen, so viel anders. Nie, nie hätte ich das für möglich gehalten!«

»Aber warum hast du dich denn nicht getraut durchzusetzen, was ihr vereinbart habt, warum hast du nicht dafür gekämpft? Warum hast du zu allem geschwiegen?«, fragte ich, und er senkte seinen Blick, als hätte ich ihn bei etwas ertappt. Er sah nicht wieder auf, und ich merkte, dass es da noch etwas gab, wovon ich nichts wusste und was er mir nicht sagen wollte. »Du musst ehrlich zu mir sein«, sagte ich und sah ihn an. Er schwieg und hielt den Blick gesenkt. Plötzlich schüttelte ihn wieder ein Weinkrampf. Ich konnte diesen Anblick nicht mehr ertragen, er tat mir körperlich weh. »Komm«, sagte ich, »lass es für heute gut sein. Wir reden ein anderes Mal weiter, ja?« Den Kopf in beide Hände gestützt, beruhigte er sich ganz langsam und nickte zustimmend.

Schließlich fragte ich ihn nach seinem Gesundheitszustand, und er erzählte mir von der Operation, der er sich kürzlich hatte unterziehen müssen. Er hatte sich noch nicht richtig davon erholt. Ich erzählte von meinem Alltag und stellte erstaunt fest, dass er gedacht hatte, ich hätte mich nicht scheiden lassen. Meine Mutter hatte ihm ihre Wunschgedanken als Tatsachen verkauft, und er hatte ihr geglaubt. Er war der Ansicht gewesen, dass ich vernünftigerweise wieder mit meinem Mann »zusammengegangen sei«, und ich bekam eine Ahnung davon, dass die beiden das immer so gehalten hatten. Sie hatte ihm erzählt, was am besten in ihre Pläne passte, und er hatte es geglaubt, weil er es glauben wollte. Diese Vorgehensweise hatte ihr stets die Macht in der Beziehung mit ihm gesichert, und es war ganz eindeutig, dass diese Beziehung ein eigenes Lügennetz darstellte, dessen Ausmaß ich mir gar nicht erst vorzustellen versuchte.

Eine ganz neue Erkenntnis tat sich vor mir auf: Mutter liebte es so sehr, sich allein bei Mayers aufzuhalten, weil sie diese Besuche in die Lage versetzten, ihre eigene Version der Geschehnisse im Hause Hinterhütter zum Besten zu geben, und sie wollte weder mich noch Agathe dort sehen, weil wir das Lügennetz, das sie sich zurechtgesponnen hatte, nicht kannten und seine Aufrechterhaltung empfindlich gestört hätten.

Ich sah meinen Vater an, und er tat mir Leid. Belogen nach Strich und Faden, alt, krank und einsam. Ob er sich darüber im Klaren war, welch hohen Preis er für das, was er für Liebe hielt, bezahlte?

Ich war erschöpft, stand auf und schickte mich an zu gehen. Er brachte mich hinaus, und ich ging noch einmal in die Küche, um mich von der Rosel zu verabschieden. Sie saß in sich zusammengesunken da und warf mir einen prüfenden Blick zu.

Als wir vor dem Tor standen, umarmte er mich noch einmal, drückte mich an sich, und ich hörte sie, die Stimme des Blutes, das in seinen und meinen Adern pulsierte. »Pass gut auf dich auf, Kind«, sagte er und küsste mich auf beide Wangen. »Du auch«, antwortete ich und küsste ihn ebenfalls auf beide Backen. Noch einmal umarmten wir uns, und er sagte: »Mach dir keine Sorgen, ich habe alles geregelt. Es wird alles gut.« Dann ging ich schnell hinaus, stieg in den Wagen und fuhr weg. Im Rückspiegel sah ich seine kleiner werdende Gestalt, die mir nachwinkte.

Am Abend saßen Maria und ich bei einem Glas Wein zusammen, und ich erzählte ihr von den Ereignissen. Wir stellten fest, dass sie in etwa dieselben Fotos von unserer Firmung hatte wie ich. Der polierte Wagen von Onkel Alois – von meinem richtigen Vater – war auf den ihren deutlicher zu erkennen, und ich sah mich selbst mit ganz anderen Augen. Auf dem Foto, auf dem ich mit meiner nicht gewollten Patin, der Tante Rosel, abgebildet bin, habe ich beide Hände zu Fäusten geballt, wobei sich die eine Faust krampfhaft um die Lacktasche klammert, während der Arm von der Rosel auf meiner Schulter lag. Plötzlich erinnerte ich mich daran, dass sich alles in mir gegen diesen Arm auf meiner Schulter gesträubt hatte, als die Fotos gemacht wurden.

»Wie stellt sich denn die Agathe zu der Sache? Sie hat doch auch schon von klein auf mitbekommen, dass ihr ganz unterschiedlich behandelt worden seid. Unterstützt sie dich?«

»Nein, im Gegenteil«, antwortete ich. »Du weißt doch, dass sie ständig an Mutters Rockzipfel hing und bis heute daran festhängt. Sie hat doch gar keine eigene Meinung, sie ist das Sprachrohr der Mutter und würde alles tun, um das ihr seit Kindertagen versprochene Erbe für sich allein zu behalten.«

Ich dachte nach und fügte hinzu: »Sie hat auch überhaupt nichts anderes, sie durfte ihren Beruf nicht selbst wählen, und sie hat all die Jahre darauf hingearbeitet, dass sie eines Tages als Inhaberin den Betrieb führen darf und auch einmal etwas zu bestimmen haben wird. – Kannst du dir vorstellen, was es bedeutet, unter der Kandare des Hinterhütter zu arbeiten? Sie ist kaputt; sie ist in die Fußstapfen der Mutter getreten und hält sich mit Psychopharmaka aufrecht. Sie würde das niemals zugeben, aber ich habe die Tabletten schon vor einigen Jahren in ihrem Badezimmer gefunden, als ich auf der Suche nach Shampoo war, das ich vergessen hatte mitzubringen.«

Als ich die Worte ausgesprochen hatte, wurde mir die Schwere ihrer Bedeutung erst richtig bewusst. Ja, so war es! Agathe hatte keine Chance gehabt, und dass sie dem tristen Alltagsleben auf Dauer nicht aus eigener Kraft würde standhalten können, war vorhersehbar. Agathes Mitarbeit im Betrieb brachte der Mutter mehr Freiheit, die sie mit Vater Alois verbringen konnte; insofern benutzte Mama auch Agathe in vielerlei Hinsicht. Wenn sie es zu bunt trieb, und ihr Ehemann sie von Zeit zu Zeit unter Druck setzte, fühlte sie sich todkrank, und Agathe durfte sie pflegen, wie sie das frühzeitig geübt hatte. Der Unterschied war, dass der Patient Mutter im Laufe der Zeit wesentlich wählerischer geworden war und statt Grießnockerlsuppe komplizierte Diätgerichte für sich forderte, an denen sie fast immer etwas auszusetzen hatte. Trotzdem oder gerade deswegen waren Mutters Worte für Agathe Gesetz, und sie würde sich immer, ohne einen einzigen Gedanken über »richtig« oder »falsch« zu verschwenden, der Meinung ihrer Mutter anschließen bzw. deren Meinung verteidigen.

Spontan fiel mir eine Szene ein, die für Agathes Verhalten typisch war. Mutter hatte eine Routineoperation gehabt. »Onkel« Alois saß, ihre Hand streichelnd, an ihrem Krankenbett, das gleichzeitig auch ihr Ehebett war, als Agathe auf einem Tablett den Nachmittagskaffee hereinbrachte. Ich hatte ihr die Tür geöffnet und war angesichts der Unverfrorenheit, mit der die beiden ihre Beziehung zur Schau stellten, sprachlos mit der Türklinke in der Hand an der Schwelle stehen geblieben.

Agathe nicht. Sie sah nicht, was sie nicht sehen wollte. Sie stellte geschäftig das Tablett auf dem Nachttisch ab und erkundigte sich, ob Mama lieber ein Stück Gugelhupf oder eine Käsesemmel essen wollte. Sie hatte sich im Laufe der Zeit monströse Scheuklappen zugelegt, die ihr Blickfeld ganz erheblich einschränkten. Leider nicht nur in dieser Beziehung. Den Grund, warum »Vater« in der Zeit, als »Onkel« Alois an seinem Ehebett saß und Mutters Hand hielt, wie ein Tiger im Käfig im Hof auf- und abging, an den Fingernägeln kaute und sie anschrie, dass sie vergessen hätte, das große Tor zu schließen, suchte sie darin, dass ich bestimmt »wieder etwas angestellt« hätte, worüber er jetzt wütend sei. Zusammenhänge zu erkennen, gehörte nicht zu ihren Stärken. Kein beneidenswertes Leben.

Das Gespräch mit Maria hatte mich noch weiter gebracht, als ich an diesem Tag schon von selbst gekommen war. Es war ein schöner Abend; aber in der Nacht hatte ich wilde, verworrene Träume, aus denen ich schweißgebadet erwachte und mich eine Weile im Bett hinsetzte. Als ich mich wieder hinlegte und die Augen schloss, kam der alte Wachtraum wieder. Ich sah das Verdeck des grünen Kinderwagens, der auf dem Rücksitz eines Autos stand, und ich hörte mich wieder durchdringend schreien, konzentrierte mich, wollte mehr sehen, jedoch vergebens, das Auto fuhr weg und war verschwunden. »Es war ein altmodischer grüner Kinderwagen«, dachte ich, als ich aufstand. Mein Unterbewusstsein arbeitete auf Hochtouren.

Nach meiner Rückkehr nach Hause wurde ich krank. Hohes Fieber, Kopf- und Gliederschmerzen begleitet von einer Halsentzündung setzten mir zu. Ich war schon sehr lange nicht mehr richtig krank gewesen, und Teresa kaufte für mich ein und besuchte mich. Ich erzählte ihr von meinem Besuch beim Vater, und wir sahen uns gemeinsam die alten Fotoalben an und wunderten uns, dass mir das alles nicht schon viel früher aufgefallen war. Wir hatten Spaß an der Betrachtung der Fotos, und ich holte noch mehr Alben aus dem Regal; schließlich fand ich auch die Schachtel mit den unsortierten Fotos, und wir breiteten sie auf meiner Bettdecke aus.

»Da bist du aber beneidenswert braun!«, sagte sie beim Betrachten des Fotos von Helen. »Das bin nicht ich, das ist meine Brieffreundin in Afrika«, gab ich zur Antwort, und sie sah sich das Foto noch einmal an. »Sieht aber genau so aus wie du«, meinte sie. »Hast du nicht noch andere Fotos von ihr?«

»Aber ja«, sagte ich, »auch viel neuere, und sie ist auch viel schlanker als ich.«

Teresa sah sich alle Fotos genau an, blätterte dann in meinen Alben, die wir gerade zusammen durchgesehen hatten, und suchte Fotos von mir aus dem Durcheinander auf der Bettdecke, auf denen ich ihr wirklich zum Verwechseln ähnlich sah. »Glaubst du, das ist Zufall?«, fragte sie mich und verglich die Fotos weiter miteinander. Ich musste zugeben, dass sie Recht hatte. »Man sieht sich selbst am wenigsten«, erklärte sie. »Der Zuschauer sieht die ganze Szene, der Schauspieler nur einen Teil des Geschehens.« Immer wieder verglichen wir meine Fotos mit denen von Helen und sahen uns diejenigen, auf denen wir beide abgebildet waren, genauer an. »Denk dir ihr Gesicht so hell wie deines«, sagte Teresa, »und dann vergleiche.« Ich musste zugeben, dass es dasselbe Lachen war, dieselben Augen, dasselbe Gesicht.

»Wie bist du eigentlich zu ihrer Adresse gekommen?«, fragte Teresa, während sie unsere Fotos immer faszinierter verglich. Ich erzählte es ihr, und sie rief: »Mensch, Eva, mach die Augen auf, erwache endlich aus deinem Dornröschenschlaf!«

Ich fühlte und wusste, dass Teresa Recht hatte, und als ich wieder allein war, lehnte ich mich in meine Kissen zurück und ließ alles, was ich von Helen wusste, angefangen von dem merkwürdigen Besuch von Herrn Banz bei uns zu Hause, wie einen Film vor meinen Augen ablaufen. Das Puzzle passte perfekt zusammen! Und jetzt kannte ich auch den Grund, warum Vater Alois seinen Blick gesenkt hatte, als ich ihn fragte, weshalb er sich nicht getraut habe, sich meiner richtig anzunehmen.

Es hatte mit Helen zu tun, sie war das Geheimnis von Robert Hinterhütters Safe. Mit diesem Geheimnis haben sich Robert Hinterhütter und sein Erzrivale Alois Mayer gegenseitig in Schach gehalten; damit hat Robert Hinterhütter seine Frau erpresst und hat seine Mitschuld im Alkohol ertränkt. Sie waren alle daran beteiligt, und meine eigene Rolle in diesem Spiel war die der Fleisch gewordenen Erinnerung. Alle sahen mich doppelt, und meine Mutter hat im Laufe der Zeit ihre eigene Schuld auf mich projiziert. – Mir wurde übel, und ich musste mich übergeben.

In den folgenden Tagen meiner langsamen Genesung begann ich mich systematisch damit auseinander zu setzen, warum ich nicht selbst darauf gekommen war, dass wir Zwillinge sind, und warum wir einander nicht »auf Anhieb« erkannt hatten, als wir uns zum ersten Mal von Angesicht zu Angesicht gegenüberstanden.

Die Gründe sind vielfältig. Jede von uns ist auf einem anderen Kontinent in dem Bewusstsein aufgewachsen, ein »Einling« zu sein, und jede hat versucht, sich der Familie, in der sie lebte, so gut wie möglich anzupassen, das heißt Anerkennung zu finden bzw. *a good girl* zu sein. Am ähnlichsten sind wir uns sicher als Kinder gewesen, als wir noch natürlich und unverfälscht waren. Das galt auch noch für den Zeitpunkt, als wir durch das schlechte Gewissen des Herrn Banz einander zugeführt wurden, als wir an der Schwelle zum Teenageralter standen. Das erste Foto, das Helen mir schickte, zeigt sie noch *in natura*.

Als Heranwachsende haben wir – jede der vorherrschenden Mode entsprechend – unsere Haare gekürzt, gefärbt, die Garderobe und das Makeup angepasst. Ich erinnere mich, wie mein Stiefvater mir einmal wutentbrannt ins Gesicht schleuderte, dass ich wie eine »...« aussähe, als ich einen neuen Lidschatten ausprobiert und dabei ein bisschen tiefer in den Farbtopf gegriffen hatte. Das hat mich so schwer getroffen, dass es mich sehr lange von weiteren Versuchen dieser Art abhielt. Selbst als ich mich knapp 15 Jahre später für einen besonderen Anlass von einer Maskenbildnerin schminken ließ und das Ergebnis im Spiegel betrachtete, kam mir als Erstes jene Szene ins Gedächtnis, und ich musste die unliebsame Erinnerung erst verscheuchen, bevor ich mich an meinem Anblick erfreuen konnte.

Auf dem nächsten Foto, das sie mir – bedingt durch den Kontaktabbruch – einige Jahre später schickte, ist ihr Haar bereits schwarz getönt und das Gesicht farbkräftig geschminkt. Da sie ständiger Sonneneinstrahlung ausgesetzt war und ihre Haut eine intensive Bräunung angenommen hatte, standen ihr die kräftigen Farben sehr gut. Ich hingegen hatte mein Haar blond getönt und trug angesichts meiner blassen Hautfarbe wenn überhaupt nur ein sehr dezentes Makeup. Allein durch diesen Unterschied hätten wir einander niemals erkennen können, wenn wir uns zufällig auf der Straße getroffen hätten.

Aber das war bei weitem nicht der einzige Unterschied,

den wir aufzuweisen hatten. Sie sprach kein Deutsch, obwohl sie versucht hatte, sich mit dieser Sprache auseinander zu setzen. In Afrika ist Deutsch kein Pflichtfach in den Schulen wie die englische Sprache in Österreich und weiten Teilen Europas.

Was wusste ich zu diesem Zeitpunkt meines Lebens über Zwillinge allgemein? Nichts, gar nichts. Ich hatte als Kind »Das doppelte Lottchen« von Erich Kästner gelesen. In meiner Erinnerung war eines der Mädchen ein »Wildfang«, während das andere als »braves Kind« dargestellt wurde. Es waren die beschriebenen Lebensumstände, die dem »wilden Mädchen« die Freiheit boten, es selbst sein und sich frei entfalten zu dürfen, während das andere, »ernste« Kind schon sehr früh in eine verantwortungsvolle Erwachsenenrolle gedrängt wurde, die Kochen und Haushaltsführung beinhaltete. Das unterschiedliche Schriftbild wurde ebenfalls erwähnt.

Die Briefe! Anhand ihrer Briefe stellte ich fest, dass Helens Schrift sich ganz wesentlich von meiner unterschied. Ihre Buchstaben waren deutlich kleiner und der Abstand zwischen den Zeilen geringer.

Ich beschloss, mir einschlägige Fachliteratur zu besorgen und mir die notwendigen Kenntnisse auf dem Gebiet der Zwillingsforschung anzueignen, um meine – unsere – Geschichte verstehen zu lernen. Bibliotheken würden meine erste Anlaufstelle auf diesem Weg sein.

In den folgenden Tagen konsultierte ich verschiedene Bibliotheken, unter anderem die der städtischen Universität, und versuchte, mich mit dem Thema vertraut zu machen. Erstaunt stellte ich fest, dass verschiedene Autoren durchaus voneinander abweichende Meinungen innerhalb desselben Themenbereichs vertraten. Viele Tage verbrachte ich damit, in den Büchern zu schmökern und machte mir immer wieder

Notizen. Die Lektüre schien mich nicht besonders vorwärts zu bringen, und das einzig wirklich Interessante, das ich den Büchern entnahm, war die Tatsache, dass von Zwillingen einer ein Rechts-, der andere jedoch ein Linkshänder sein konnte. Diese Möglichkeit faszinierte mich.

In diesem Zusammenhang fand ich den Inhalt eines Zeitungsartikels, auf den ich eher zufällig gestoßen war, äußerst interessant. Darin wurde eindrucksvoll dargelegt, dass die Gene einen größeren Einfluss auf das haben, was als »Umwelt« und »Erziehung« dargestellt wird, als bisher angenommen worden war. Demzufolge würden Geschwister in ein und derselben Familie nur sehr beschränkt »in derselben Umwelt« leben. Sie hätten zwar die Wohnung, die Schule und die Erziehung durch die Eltern gemeinsam, was jedoch nur zu einem geringen Prozentsatz in ihre Persönlichkeitsentwicklung einfließen würde. Daneben hätten die vom Kind selbst gewählte Umwelt, z. B. enge Freundschaften, eine große Liebe, aber auch ernste Krankheiten, tragische Unfälle usw. einen weitaus größeren Einfluss auf die Entwicklung der Persönlichkeit eines Menschen. Auch die individuell unterschiedliche Erziehung, die von den Kindern selbst innerhalb einer Familie provoziert werde, würde dazu beitragen.

Beim Vergleich des Freundeskreises von Geschwisterpaaren stellten Forscher fest, dass sich die jeweiligen Freunde eineiiger Zwillinge charakterlich deutlich ähnlicher waren als die zweieiiger Zwillinge oder anderer Geschwisterkinder. Das würde bedeuten, dass identische Gene eine gleiche Umwelt mit gleichen Freunden schaffen. Voraussetzung dafür ist, dass einem Kind auch die Entfaltungsmöglichkeiten für seine genetischen Anlagen eingeräumt werden.

Während meiner Studien fiel mir wieder ein, dass unsere

Mutter mit Vorliebe dieselben Kleidungsstücke für Agathe und mich gekauft hatte, das heißt versucht hatte, uns wie Zwillinge aussehen zu lassen, was angesichts unserer äußerlichen Unterschiedlichkeit manchmal lächerlich wirkte. Trotzdem erinnere ich mich, dass ich mir etwa im Alter von 13 Jahren ein hübsches Sommerkleid mit einem weiten Rock ausgesucht hatte. Als ich mich wohlwollend im Spiegel vor der Ankleidekabine betrachtete, hörte ich entsetzt, wie meine Mutter die Verkäuferin fragte, ob das Kleid auch zwei Nummern größer vorhanden wäre. Die Freude an dem Kleid war mir bereits verdorben, als Mutter hochzufrieden mit der die beiden Kleider tragenden Verkäuferin in Richtung Kasse schritt. Ganz davon abgesehen, dass Agathe überhaupt nicht die Chance hatte, sich zu der Wahl zu äußern. Sie wurde wie so oft vor vollendete Tatsachen gestellt. Es sollte noch einige Jahre dauern, bis ich mich endgültig von dieser äußeren »Gleichmacherei« gelöst hatte.

Mitten in meine Studien hinein erreichte mich ein Brief von Helen, und ich antwortete ihr umgehend. Ich schrieb über die ungeheuerliche Entdeckung, dass der vermeintliche Onkel Alois mein leiblicher Vater ist und dass ich versuchte, damit erst einmal zurecht zu kommen. Von meiner zweiten phänomenalen Entdeckung schrieb ich nichts, weil ich gerade erst dabei war, selbst mit dem Gedanken fertig zu werden.

In einem Expressbrief erreichte mich ihre Antwort mit dem Vorschlag, dass ich unbedingt sofort zu einem langen Besuch zu ihr kommen sollte, um mich zu erholen und alles zu verarbeiten. Wann sie mit meiner Ankunft rechnen könnte? Ich hielt den Brief in der Hand, und Tränen traten in meine Augen. Ich würde die Gelegenheit haben, selbst herauszufinden, inwieweit wir uns ähnlich waren.

KAPITEL 14

Afrika I

Drei Wochen später saß ich im Flugzeug über Afrika und schaute aus dem Fenster: blauer Himmel, vereinzelt türmten sich Wolken wie Eisberge, darunter streifenweise grünes, unbewohntes Land. Zurückgelehnt öffnete und schloss ich meine Augen einige Male. Das Bild blieb beständig. Ich konnte es immer noch nicht glauben, dass ich tatsächlich auf dem Weg zu Helen war. Nicht als Besucherin während einer Vergnügungsreise, wie ich mir das viele Jahre lang erträumt hatte. Nein, ich besuchte auch nicht meine Brieffreundin, sondern meine Zwillingsschwester!

Da sie noch nichts davon wusste, würde es in den kommenden Tagen und Wochen meine Aufgabe sein, sie ganz behutsam an die Wahrheit heranzuführen. Ich durfte nicht unbedacht vorgehen. Geduld hatte ich in letzter Zeit mühsam erlernen müssen, und es würde sich jetzt zeigen, ob ich es in dieser Disziplin zur Reife gebracht hatte oder nicht.

Es war kurz vor halb sieben Uhr, und in etwas mehr als einer Stunde würden wir landen. Dann musste ich das Flugzeug wechseln, und knappe drei Stunden später wäre es so weit. Ich würde sie in meine Arme schließen, zum ersten Mal wissend, dass sie ein Teil von mir ist. Wie würde das sein? Was würde danach kommen? »Gott ist groß«, dachte ich, »und er lässt Seiner nicht spotten.«

Schließlich holte ich das Tagebuch hervor, um meine Eindrücke niederzuschreiben. Das hat mich immer beruhigt, getröstet, erleichtert. Neben mir turnte ein italienisches Kleinkind auf seinem Sitz. Es fragte mich, was ich schreiben würde. »Ich weiß nicht, was mich erwartet«, gab ich zur Antwort. Dieses Mal schien die beruhigende Wirkung auszubleiben. Ich brachte keinen vernünftigen Satz zu Papier.

Das Gedankenkarussell in meinem Kopf drehte sich immer schneller, immer mehr Gedanken flogen herbei und vergrößerten das Knäuel in Bruchteilen von Sekunden. Aus allen Lebensabschnitten drängten sie an die Oberfläche, als hätten sie auf genau diese Gelegenheit gewartet. Parallel schien in meinem Brustkorb eine Kugel aus Metall zu wachsen, die mir die Luft zum Atmen nahm. In diesem Augenblick setzte das Flugzeug auf, und ich sah zum ersten Mal die rote Erde Afrikas, wie Helen sie in ihren Briefen beschrieben hatte. Ein Strom von Gefühlen überrollte mich, ich kämpfte gegen die Tränen, die darauf warteten, wie ein Wasserfall hervorzustürzen. Plötzlich hatte ich furchtbare Angst, diese Gefühle zuzulassen, sie zu spüren. Ich brauchte meine ganze Kraft, um sie zu unterdrücken.

Ich wusste, dass ich nicht mehr in der Lage sein würde, aus dem Sitz aufzustehen, wenn ich sie jetzt kommen ließe. Ich wusste überhaupt nicht, was geschehen würde, wenn ich sie jetzt aus mir herausließe. Die Angst siegte. Mit zitternden Knien und wässrigen Augen zwängte ich mich durch die Reihen und konzentrierte mich darauf weiterzugehen. Einen Schritt um den anderen vorwärts zu machen.

Als ich im Flughafengebäude angelangt war, hatte ich mich wieder unter Kontrolle. Und im selben Augenblick wusste ich, dass ich etwas sehr Wichtiges versäumt hatte, etwas, das ich unbedingt hätte tun müssen, nicht getan hatte. Doch dafür war es jetzt zu spät. Ich schlüpfte wieder in meine Rolle als starke Frau, die jede Situation fest im Griff hat.

Wir hatten eine halbe Stunde Verspätung gehabt, und ich verpasste den Anschlussflug. Also Abholung umorganisieren. Eine freundliche Dame der Fluggesellschaft rief für mich bei Helen an. Sie war selbst am Telefon. »*Welcome,* Eva«, klang ihre warme Stimme an mein Ohr. Es tat so gut, diese Worte zu hören.

Auf dem Anschlussflug saß eine ältere Dame neben mir, die beruflich mit Unterlagen zum Thema Zwillingsforschung zu tun hatte. Es gibt keine Zufälle. Das Gespräch mit ihr hat mir geholfen. Wir waren gerade dabei, uns an der Gepäckausgabe zu verabschieden, als sie plötzlich sagte: »Dort drüben steht sie, viel Glück!« Und gleich darauf war sie meinem Blickfeld entschwunden. Sie hatte sie vor mir entdeckt.

Jetzt sah ich sie auch. Sie hob Mike hoch, als wollte sie zu mir sagen: »Schau nur, da ist er! Ich danke dir, dass du mich in der Schwangerschaft unterstützt hast.« Peter stand mit lässig in die Hosentaschen geschobenen Händen daneben und lächelte mir entgegen. Ich umarmte Helen, drückte sie einen Augenblick lang fest an mich, sah die Freude in ihren Augen. Mike blickte mir aus seinen großen Kinderaugen entgegen. Peter trug mein Gepäck, während Helen und ich gemeinsam Mikes Kinderwagen schoben.

Wir gingen zu einem schwarzen Mercedes, den Peter mit Besitzerstolz lenkte. Helen und Mike saßen auf dem Rücksitz. Ich drehte mich um und sah Helen genau an. – »Ja, du bist es!« Ich erkannte meine Augenfarbe, meine Gesichtszüge, mein Lachen wieder. Erstmals nahm ich wissend all das wahr. Es war so aufregend. Ich beobachtete sie genau, die Bewegungen der Lippen, wenn sie Wörter formte, die sparsamen Gesten, um das Gesagte zu unterstreichen. Mike schmiegte sich an sie. Er war ein sehr hübscher kleiner Junge mit blonden Locken und dunkelbraunen Augen. Ich hatte bisher nur Babyfotos von ihm gesehen, doch inzwischen sah er eher wie ein Kleinkind aus.

Ich entspannte mich auf der Fahrt. Die Gegend, durch die wir fuhren, war hinreißend schön. Ganze Alleen von Bäumen, die teilweise orangefarbene oder violette Blüten trugen, säumten streckenweise die Straßen, und der Himmel wölbte sich in strahlendem Blau darüber. Lange Zeit fuhren wir, ohne dass wir ein anderes Fahrzeug sahen, und ich bekam einen Eindruck von der Weite des Landes und den Entfernungen zwischen den besiedelten Gebieten. Hin- und hergerissen zwischen der atemberaubenden Landschaft, die viel zu schnell an uns vorbeihuschte, und dem neu entdeckten Gesicht meiner Schwester Helen versäumte ich es, auf Peters Fragen zu antworten. Es war zu viel auf einmal. Als ich ganz erstaunt »Hast du mich etwas gefragt?« von mir gab, lachten die beiden, und er meinte: »Ja, Eva, ca. vor einer Viertelstunde«, und ich lachte einfach mit. Schließlich waren wir »zu Hause«.

Es war alles so, wie es auf den Fotos ausgesehen hatte. Das Grundstück war riesig, rundherum von einer weiß gestrichenen Mauer umgeben und beinhaltete einen großzügigen Swimmingpool und einen Tennisplatz inmitten ausgedehnter, gepflegter Rasenflächen. Das Haus selbst war im Villenstil der Gründerzeit errichtet, ebenfalls weiß gestrichen und ringsum von einer Terrasse, die eine Art Säulenhalle darstellte, umgeben. Es hatte zahlreiche Fenster, die teilweise vergittert waren.

Es war sehr heiß, und wir traten sofort ins Haus, in dem es angenehm kühl war. In der Küche begrüßte ich Mary, das schwarze Hausmädchen, ihre Stütze, wie Helen mir berichtet hatte. Mary reichte mir freundlich die Hand. Es wirkte fremd auf mich, sie in der Küche hantieren zu sehen. Ich duschte, und wir tranken Tee, den Mary servierte. Helen hatte zwei Perserkatzen, die sich auf ihren Kissen im Wohnzimmer zwischen den Grünpflanzen rekelten, und einen Graupapagei, dessen Käfig ebenfalls in diese Pflanzenlandschaft integriert war, in deren Hintergrund ein kleiner Springbrunnen plätscherte.

Ich hörte ein *»Hello!«* und sah mich verwundert um. »Laura kann sprechen«, erklärte Helen lächelnd, und ich stand auf, um mir den Papagei genauer anzusehen. Von diesem Augenblick an fühlte ich mich zu Hause und wurde sofort in den Tagesablauf integriert.

Wir holten Emily von der Schule ab. Sie war inzwischen im Teenageralter und sah wie eine kleine Lady aus. Emily freute sich ganz besonders über die Armbanduhr, die ich ihr mitgebracht hatte. Sie machte mit mir einen Spaziergang durch den Garten, und ich bewunderte die vielen farbenfrohen Blumen und setzte mich einen Moment auf die Stufen des Pools und plätscherte mit den Händen im warmen Wasser. Es war ein herrliches Gefühl, und ich schloss die Augen. Als ich sie wieder öffnete, sah ich Helen aus dem Haus treten und hörte sie uns zum Abendessen rufen.

Nach dem Essen war ich total erledigt und legte mich im Gästezimmer hin, das kurz vor meinem Besuch neu eingerichtet worden war. Ich lag im Bett und fragte mich: »Bin ich wirklich hier?« Ich sah mich um, hörte das leise Summen der Klimaanlage und lauschte dem Rauschen des Meeres. Ein beruhigendes Geräusch. Ich liebte es, seit ich es zum ersten Mal gehört hatte. Gleichmäßig wogten die Wellen zum Strand und wiegten mich in den Schlaf.

Am nächsten Morgen erwachte ich gegen neun Uhr durch das Geräusch einer ins Schloss fallenden Autotür. Einige Minuten später stellte Mary mit einem breiten, freundlichen Lächeln und einem *»Good morning, ma'am!«* eine Tasse Tee neben mein Bett, als hätte ich es so bestellt. Woher wusste sie überhaupt, dass ich wach war? Zu diesem Zeitpunkt wusste ich noch nichts über Marys Fähigkeit, Dinge zu tun, die sich so selbstverständlich in den Ablauf fügten, dass man sich gar nicht darüber wunderte, wie sie zu Stande gekommen waren.

Ich duschte, zog mich an, trat hinaus in den Säulengang und sah mich um. Helen war dabei, den Rasensprenger einzustellen, und ich trat aus dem Schatten der Terrasse und ging auf sie zu. Es war so heiß, dass ich sofort zu schwitzen begann, obwohl mein Haar noch vom Duschen feucht war. Helen entdeckte mich, winkte mir zu und kam näher. »Das kann man nicht oft genug wiederholen«, erklärte sie ihre Tätigkeit. »Komm mit, Eva, ich zeige dir etwas«, sagte sie, und wir gingen zu einer leicht erhöhten Stelle des Grundstückes, auf der der Kinderspielplatz untergebracht war. Von dort aus konnte man in der Ferne das Meer sehen. »Nein, das kann nicht wahr sein!«, rief ich entzückt aus, es war ein wunderbarer Anblick, von dem ich mich nicht losreißen wollte. So weit mein Auge reichte, sah ich azurblaues Wasser mit weißen Gischthäubchen darauf. »Wollen wir Melonen zum Frühstück essen?«, fragte Helen. »Wir haben gestern frische gekauft.«

Auf der Terrasse sitzend löffelten wir das rote Fruchtfleisch und lauschten dem Rauschen des Meeres und dem Gesang der Vögel in den Bäumen, die sich an der Innenseite der weißen Mauer aneinander schmiegten. Danach fuhren wir in die Stadt zur so genannten *mall,* einem Einkaufszentrum. Mir kam die Strecke sehr lang vor, ich musste mich erst daran gewöhnen, dass meine Ansicht darüber, was »weit entfernt« und »nahe gelegen« war, sich von der landläufigen

Meinung ganz erheblich unterschied. Meine europäische Sommergarderobe war für diese Hitze nicht geeignet. Ich wollte mir etwas Luftiges zum Anziehen kaufen. Die Größe des Einkaufszentrums beeindruckte mich. Von den Lebensmitteln über die Apotheke bis zu verschiedenen Boutiquen war alles vorhanden.

Obwohl ich erst gestern angekommen war, war alles so selbstverständlich, als wäre ich jedes Wochenende hier. Helen suchte mir ein rotes Kleid mit weißem Gürtel aus, das ich selbst auch gewählt hätte. Sie fragte nicht, ob es mir gefiel. Es war keine Frage. Sie traf meinen Geschmack. Sie suchte die Sachen aus, als wären sie für sie selbst bestimmt. Ich zog sie an, und sie standen mir ausgezeichnet. Gemeinsam lachten wir in den Anprobespiegel. Nur in der Größe griff sie regelmäßig daneben, ich war molliger als sie. Schließlich kam ich aus dem europäischen Winter mit dem entsprechenden Winterspeck, doch das sollte sich in den kommenden Wochen gründlich ändern. Mit den Sandalen wiederholte sich die Geschichte. Sie brachte genau die Modelle, die ich mir selbst ausgesucht hätte; es war nicht ein einziges Paar dabei, das mir nicht gefiel. Und auch das Phänomen mit dem Größenunterschied wiederholte sich. Ich benötigte genau eine Größe mehr als Helen. Sie brachte jedoch stur ihre eigene Schuhgröße, und ich versuchte jedes Mal, sie anzuprobieren, bevor wir beide einsehen mussten, dass es so nicht gehen konnte. Wir lachten und entschieden uns, es erst einmal genug sein zu lassen. Ein Cappuccino würde uns jetzt gut tun.

Während ich erstaunt zusah, wie zwei schwarze Männer in kurzen Hosen amerikanisch anmutende Weihnachtsdekoration in der Cafeteria anbrachten, die mir angesichts der Hitze äußerst fehl am Platz erschien, sagte Helen: »Du nimmst Zucker in den Tee, aber nicht in den Kaffee. Genau wie ich.«

Ich riss mich von dem ungewohnten Bild los, das meinen Blick gefesselt hatte, und sah sie an. »Niemand sonst tut das«, fügte sie hinzu. »Ich habe noch mehrere andere Marotten«, gab ich lächelnd zurück. »Ich auch«, sagte sie, »erzähle mir davon«. Da fiel mir plötzlich auf, dass ihr linkes Ohrläppchen vernarbt war. Ich sah genauer hin. Helen gab mir die Antwort, ohne dass ich die entsprechende Frage an sie gestellt hätte. »Ein Unfall, als ich etwa fünf Jahre alt war. Seitdem habe ich diesen Schönheitsfehler.« Ich weiß nicht warum, aber ich wagte es nicht, ihr zu erzählen, dass ich im gleichen Alter einen ähnlichen Unfall erlitten hatte, der mir eine Narbe am rechten Ohrläppchen eingetragen hatte, die ich mit meinen großen Ohrringen zu verdecken versuchte.

Stattdessen begann ich ihr von meiner Scheidung zu erzählen und davon, wie ich herausgefunden hatte, dass der Ehemann meiner Mutter nicht mein Vater ist. Sie stützte eine Hand unter ihr Kinn, genauso wie ich es tue, wenn ich jemandem aufmerksam zuhöre. Schließlich schwieg ich. Die Erinnerungen schmerzten immer noch sehr. Langsam kamen wir wieder zurück ins Hier und Jetzt, und Helen stellte fest, dass es Zeit war, Emily aus der Schule abzuholen. Mein Blick schweifte noch einmal über die in der Zwischenzeit vollendete Weihnachtsdekoration, die mit dem vielen Glitzerzeug eher wie eine billige Filmausstattung auf mich wirkte. Außerdem war es viel zu früh für die Weihnachtsdekoration.

Ich genoss die Fahrt durch die nahe gelegene Stadt und bewunderte aufs Neue die blühenden Bäume und Sträucher, die Architektur der Häuser und die Menschen in den bunten Sommerkleidern. Am Nachmittag fuhren wir zum Strand. Auch dahin erschien mir die Fahrt sehr weit, obwohl man das Meer vom Grundstück aus sehen konnte. Ich lernte ein wildes Meer kennen, das mit dem sanften Mittelmeer nichts gemeinsam hatte. Die Wellen warfen mich einfach um, und das Wasser, das ich zwangsweise in den Mund bekam, schmeckte sehr salzig. Trotzdem genoss ich es in vollen Zügen! Das Meer! Der Sand war sehr heiß und sehr fein. So angenehm an der Stelle, die das Wasser gerade noch erreichte. Ich konnte nicht genug davon bekommen, mich immer wieder der nächsten Welle entgegenzuwerfen. Beim Zurückbranden zog es mir den Sand unter den Füßen weg, und manchmal fiel ich hin. Emily gab sich Mühe, mir beizubringen, wie man fast ohne Anstrengung in den Wellen schaukelt.

Ich wollte einfach nur genießen und landete regelmäßig auf meinem Hinterteil, während die nächste Welle über mir zusammenschlug. Helen, die mit dem kleinen Mike im Sand spielte, sah uns belustigt zu. Schließlich war es Zeit zurückzufahren.

Zu Hause schwammen wir noch eine Weile im Pool. Es tat so gut. Wir lachten und spritzten, und ich spielte mit Emily Fangen. Sie fand schnell heraus, dass ich sie nicht erwischen konnte, weil sie viel besser tauchte als ich. Als es dunkel wurde, duschten wir und setzten uns zu Tisch.

Mary hatte gekocht. Ich kannte das Gericht nicht, aber es schmeckte sehr gut. Ich gewöhnte mich im Handumdrehen an die angenehmen Seiten, die die Anwesenheit des Hausmädchens bot. Mary machte uns Tee und ging dann zu sich nach Hause. Wir unterhielten uns eine Weile, dann machte Helen noch einmal Tee für uns und Peter überließ uns unserer Zweisamkeit.

Ich blickte mich in dem großzügigen, pfirsichfarben gestrichenen Wohnzimmer um, das von einigen im Raum verteilten Lampen indirekt beleuchtet wurde, was die Farbe noch wärmer erscheinen ließ. Wir saßen auf der weißen Ledercouch vor der Pflanzenlandschaft, und Helen erzählte mir von ihrer Kindheit und Schulzeit, während Laura von Zeit zu Zeit *»hello«*, *»no«* oder *»come on«* krächzte und Ricky, Helens Lieblingskatze, auf ihrem Schoß schlief. Auch Helen lernt sehr schnell und vergisst dann wieder, was sie nicht interessiert. So habe ich auch gelernt. Das hatte den Vorteil, dass man für eine bestimmte Arbeit schnell eine gute Note erreichen und den überflüssigen Kram im Handumdrehen wieder vergessen konnte.

Mein Blick fiel auf ihre Beine. Sie hat relativ starke Unterschenkel. Ich auch. Wie meine Mutter, unsere Mutter. Wir streichen uns mit derselben Geste das Haar aus der Stirn. Da fiel mir zum ersten Mal auf, dass sie den Scheitel rechts trägt, den ich auf der linken Kopfhälfte habe. – Nein, für diesen Tag hatte ich wirklich genug von Gemeinsamkeiten. Ich wollte keine mehr entdecken. Es wurde mir zu viel.

Doch, genau das wollte ich, deswegen war ich gekommen; ich wollte, dass sie es selbst herausfinden sollte. Das war mein Ziel. Also los. »Hast du noch Fotos, ich meine Kinderfotos von dir?«, fragte ich sie und verschluckte mich dabei. »Ja«, sagte sie, »die meisten sind leider ungeordnet, lose in einem Schuhkarton. Wir können sie zusammen ordnen, wenn du willst. Wir kaufen einige Alben.«

»Lieber Gott, ich danke dir«, dachte ich und sage: »Ja, das wäre wunderbar.« Wir gähnten und beschlossen, zu Bett zu gehen. Wieder lauschte ich dem Rauschen des Meeres, das mich sanft in den Schlaf sang.

Am nächsten Morgen klopfte Mike an meine Tür, und ich bat ihn hereinzukommen. Unschlüssig stand er vor meinem Bett, und ich fragte ihn, ob er gerne zu mir ins Bett kommen wollte. Freudestrahlend schlüpfte er unter meine Decke, und wir spielten mit unseren Fingern und ließen sie abwechselnd verschiedene Tiere darstellen, die miteinander sprachen.

Da kam auch Emily herein, und wir saßen alle auf meinem Bett. Es war sehr schön. »Ich bin eure Tante«, dachte ich und sah Mike zu, der mit strahlendem Gesicht aus dem Bett hüpfte und sich in meine pelzbesetzte Winterjacke einwickelte, mit der ich das Flugzeug in Deutschland bestiegen hatte, und in dieser Aufmachung ins Wohnzimmer lief. Emily rannte hinter ihm her, und ich folgte den beiden. Mike hatte sich unter das Klavier geflüchtet, was Emily auf eine gute Idee brachte. Sie fing an zu spielen. Ich setzte mich neben sie und lauschte ihrem Spiel. Sie spielte gut. »Kannst du auch Klavier spielen?«, fragte sie schließlich. »Ein bisschen. Ich habe schon sehr lange nicht mehr gespielt«, antwortete ich und versuchte, den Flohwalzer aus dem Gedächtnis zu spielen. Das Ergebnis war lausig.

Später ging ich in den Garten und traf Helen beim morgendlichen Rasensprengen. Ich erzählte ihr die Begebenheit mit den Kindern. Sie sagte, dass auch sie sehr lange nicht mehr Klavier gespielt hätte und völlig außer Übung wäre. »Es würde sich in etwa so anhören wie dein Spiel«, fügte sie verschmitzt hinzu. »Mistkäfer«, sagte ich auf Deutsch, und sie lachte, wohl wissend, dass das Wort nicht schmeichelhaft für sie war.

Wir schwammen ein bisschen im Pool, und ich genoss es in vollen Zügen, mich vor dem Frühstück zu erfrischen. Es war so sehr angenehm, anschließend zu duschen, sich hübsch anzuziehen und das von Mary vorbereitete Frühstück zu genießen.

So kurz vor den Weihnachtsferien gab es viele Termine. Heute war eine Feier in Emilys Schule. Auch dort war alles weihnachtlich dekoriert. Es erschien mir immer noch eigenartig, im Sommerkleid das Weihnachtslied *Rudy, the Red-Nosed Reindeer* zu singen. Emily wurde für ihre Leistungen gelobt. Wir waren sehr stolz auf sie. Als wir nach Hause kamen, stellte Helen fest, dass Mike krank war. Er hatte Fieber bekommen. Der kleine Kerl lag ruhig auf der Couch, was beängstigend wirkte, weil es seinem Temperament keinesfalls entsprach. Im Gegenteil, er war ein Wildfang. Ein richtiger, süßer, kleiner Lausejunge mit einer Menge Unfug im Kopf, so wie das sein musste.

Trotzdem musste der nächste Termin am selben Abend wahrgenommen werden: eine Weihnachtsparty. Ich wollte mich dafür besonders hübsch machen, und Helen bot mir an, ihren Frisiertisch im Schlafzimmer zu benutzen. Ich fönte mein Haar, als mein Blick auf ihr Hochzeitsfoto fiel. Ich hielt inne und starrte es an: Das war mein Hochzeitsfoto. Mein Gesicht. Auf dem Foto war sie erstaunlich blass, was sie mir noch ähnlicher erscheinen ließ. Meine Frisur, fast dasselbe Kleid. Nur der Mann stimmte nicht. Ich hätte beinahe meine Kopfhaut verbrannt. Mein Blick war auf das Bild geheftet. Sie hatte ein paar Jahre nach mir geheiratet. »Es ist nicht fair«, dachte ich, »das ist mein Gesicht.«

Auf der Party sprach ich mit vielen Leuten, und unter anderen Umständen hätte ich es genossen, mich zu unterhalten und Leute kennen zu lernen. Aber ich war nicht bei der Sache. Ich sah ständig das Hochzeitsbild vor meinen Augen.

Widersprüchliche Gefühle stiegen in mir hoch, und von einer Sekunde zur anderen packte mich die Angst, weiche Knie zu bekommen und mit meinen hochhackigen Sandalen umzukippen. Ich blieb den ganzen Abend mehr oder weniger an ein und derselben Stelle stehen, sodass diejenigen, die mich kennen lernen wollten, auf mich zukommen mussten, was viele tatsächlich machten. In dieser Nacht betete ich zu

Gott, er möge sie selbst merken lassen, dass sie meine Schwester ist.

Am nächsten Morgen regnete es, tatsächlich, richtiger Regen. Emily hatte schulfrei und spielte mit den Katzen. Mike versuchte sie zu ärgern, und die Kinder stritten. Sie hörten nicht wieder auf. Ich hatte den Gedanken »Jetzt ist es aber genug!« noch nicht zu Ende gedacht, als Helen mit genau diesen Worten dem Streit ihrer Kinder ein Ende setzte. Erstaunt sah ich sie an. Es war, als hätte sie meine Gedanken gelesen, oder hatten wir einfach nur dieselbe Toleranzgrenze? Nie zuvor habe ich so etwas in meinem Freundes- oder Bekanntenkreis erlebt. Schon gar nicht bei meiner Stiefschwester. Sie pflegte ihre Kinder schon zu ermahnen, wenn ich allein von dem Gedanken daran noch meilenweit entfernt war.

Der Regen bescherte uns einen freien Tag, und wir frönten unserer Lieblingstätigkeit, dem Einkaufen. Wir liebten es deshalb, weil es unsere beste und meist einzige Möglichkeit war, ungestört miteinander zu reden. Sonst war immer ein Familienmitglied um uns, das Helens Aufmerksamkeit beanspruchte, oder der Tagesablauf musste organisiert werden, oder, oder, oder. Wir fuhren zur *mall,* und auf der Fahrt versuchte ich wieder einmal, in Gedanken den Linksverkehr zu beherrschen, was mir, wie immer misslang. Wäre Helen meinen Anweisungen gefolgt, hätten wir zahlreiche Unfälle verursacht. »Das ist nicht meine Welt«, lachte ich, und sie meinte, sie wäre nicht in der Lage, sich im Rechtsverkehr zurecht zu finden.

Als wir den Lebensmitteleinkauf erledigt hatten und in der Warteschlange vor der Kasse standen, drückte mir Helen mit den Worten »Halte das bitte einen Moment« ihre Fahrzeugpapiere in die Hand, während sie etwas in ihrer Handtasche suchte. Ganz oben steckte der Führerschein, und ich sah mir das Foto an, auf dem sie noch helles, langes Haar hatte. Dann fiel mein Blick auf die Eintragung darunter. »Helen Elisabeth, las ich, und zum ersten Mal wurde mir bewusst, dass Helen auch Elisabeth hieß. Elisabeth, die heiß geliebte Negerpuppe meiner Kindheit, die ich immer noch in einer Schachtel auf dem Dachboden verwahrte, kam mir wieder in den Sinn. »Eva«, rief mir Helen zu, die die Waren bereits flink auf das Förderband schichtete, »kannst du bitte schnell zurücklaufen und Kekse zum Tee holen, ich habe sie vergessen.«

»O. K.!«, sagte ich und rannte los.

Helen kaufte auch Fotoalben. Und schließlich war es so weit. Wir saßen zusammen am Tisch und sahen uns Fotos an. Ich griff nach dem altmodischsten Album und schlug es auf. Es waren ihre Kinderfotos, ich brauchte sie nicht zu fragen, ich sah mich selbst in diesen Fotos. Derselbe Lockenkopf im Kindergartenalter. Sie war auf allen Fotos schon so alt, dass sie sitzen konnte. Ich blätterte weiter. Sie, ich als Kind, als Schulkind: Schwarzweißfotos. – »So ähnlich.« Wieder umblättern – »Ja, genau!«

Dieselbe Teenie-Frisur, das gleiche freche Lachen, an dem ich selbst sie zu Hause auf meinen Fotos als Schwester erkannt hatte. Als ich diese Bilder sah, konnte ich nicht mehr. Alles brach aus mir heraus, und ich begann so bitterlich zu weinen, so furchtbar bitterlich, dass ich schließlich aufstehen musste, um hinauszugehen. Ich hielt mich im Garten an einem Baum fest und weinte in seinen Stamm hinein. Ich weinte um die verlorene gemeinsame Kinderzeit, um all das, was wir zusammen hätten erleben dürfen, wenn sie uns nicht getrennt hätten.

Helen folgte mir und fragte, was meine Tränen ausgelöst

hätte. Ich sagte ihr, dass ich es wüsste und dass ich nicht sicher sei, ob ich es ihr sagen sollte. Sie sah mich fragend an. Schluchzend brachte ich hervor, dass ich etwas über ihre Vergangenheit wüsste. Hilflos stand sie bei mir, während ich immer noch den Baum umklammert hielt, und schlug mir vor, dass wir erst einmal Kaffee trinken sollten. Ich beruhigte mich, wir setzten uns in die Halle und tranken schweigend Kaffee.

Später sprachen wir über die Pläne für das bevorstehende Wochenende. Am Abend kochten wir zusammen. Total erschöpft ließ ich mich auf mein Bett fallen. Ich versuchte noch zu beten, aber es gelang mir nicht. Es regnete, es war kalt, und ich fror, weil ich nicht wusste, wie ich die Klimaanlage abschalten konnte. Ich besaß nicht mehr die Kraft, noch einmal aufzustehen und jemanden um Hilfe zu bitten.

Mit geschwollenen Augen und so müde, als hätte ich gar nicht geschlafen, wachte ich am nächsten Morgen auf. Ich war so unendlich traurig. Nichts war in Ordnung. Alle waren schon aufgestanden und hingen um den Fernseher herum, da es draußen regnete. Emily war krank. Sie hatte sich bei Mike angesteckt und lag nun an seiner Stelle auf der Couch. Helen hatte kaum geschlafen. Der gestrige Vorfall arbeitete in ihr. Was ich zu ihr gesagt hatte, hatte sie tief berührt. Wir fuhren zur *mall,* und sie kaufte noch ein Fotoalbum. Ich entdeckte das blaue Luftpostbriefpapier, auf dem sie mir viele Jahre geschrieben hatte. Ich erstand es für mich. Wir trafen uns mit Peter zum Lunch in einem Restaurant und stocherten lustlos in unserem Essen herum. Helen und ich boten an diesem Tag keinen reizvollen Anblick. Peter sah uns beide forschend an, zog es aber offensichtlich vor, keinen Kommentar abzugeben. Dann kauften wir ein paar Kleinigkeiten zur Ablenkung und Unterhaltung für die kranken Kinder und fuhren nach Hause.

Die Trauer war immer noch das vorherrschende Gefühl in mir. Es war so kalt. Eine Idee kam mir in den Sinn: Ich wollte Vanillekipferl backen. Wir besorgten die Zutaten, und ich machte mich an die Arbeit. Etwas umständlich, da die geeigneten Küchengeräte nicht vorhanden waren, aber die Kinder waren sehr aufgeregt, die Kipferl lockten auch Emily von der Couch, und sie stellten sich vor den Herd und warteten auf das Ergebnis meiner eigenartigen Tätigkeit. Die Kipferl waren mir gelungen und hatten kaum Zeit auszukühlen, bis wir alle um den Tisch saßen und Vanillekipferl mit viel Staubzucker darauf in rauen Mengen verdrückten. Es hat wirklich gut geschmeckt. Später habe ich zusammen mit Helen die neu erworbenen Fotoalben gefüllt. Allerdings nur mit neuen Fotos. Die alten Alben hatte sie stillschweigend weggeräumt. Dabei sprachen wir darüber, wie sie zu meiner Adresse gekommen war. Sie wusste es nicht mehr. Irgendjemand musste sie ihr gegeben haben. »Über die Schule vielleicht?«, rätselte sie. Abends kochten wir wieder zusammen und gingen früh zu Bett. Wir brauchten dringend Schlaf.

Am darauf folgenden Morgen war die Überraschung sehr groß, denn das Wetter war immer noch trüb. Das kam in dieser Gegend höchst selten vor. Obwohl ich spät aufgestanden war, hatte ich das Gefühl, kaum geschlafen zu haben. Wie gewöhnlich gingen wir erst einmal einkaufen. Wir trennten uns in der Mall und vereinbarten, uns später in der Cafeteria zu treffen.

Ich kaufte neue Farben für mein Makeup, die ich angesichts meiner intensiven Bräune tragen konnte, und für Raphael erstand ich einen Stift, der einen Vogel mit Federn trug, die beim Schreiben sanft hin- und herschwangen. Ich fühlte mich allein und hätte mein Kind so gerne bei mir gehabt. Ich wünschte mir, er wäre nicht im schulpflichtigen Alter gewesen und hätte mich begleiten können. Ich wusste noch nicht, wie lange ich bleiben würde. Ein paar Wochen würden es vielleicht noch werden. In Gedanken sprach ich mit ihm: »Raphael, was machst du gerade? Vermisst du mich? Denkst du manchmal an mich? Kommst du mit deinem Vater zurecht? Würdest du es mir sagen, wenn es nicht so wäre?«

Ich hatte hier eine Aufgabe zu erledigen, und ich begann mit meinem Schicksal zu hadern. »Warum«, schrie es plötzlich in mir, »warum gerade ich? Warum kannte ich die Wahrheit und nicht sie? Warum kam sie nicht zu mir, um mir die Wahrheit zu bringen, während ich mit meinem Kind meinem Alltag nachging? Wann würde endlich Ruhe in mein Leben, in mein Herz kommen?«

Seufzend bestellte ich einen Cappuccino und sah Helen, wie sie sich suchend nach mir umsah. Dieser, mein suchender Blick. Ich wollte nicht mehr! Ich schwieg in meinen Cappuccino hinein und gab der Versuchung nach, Zucker zu nehmen, um mich von ihr zu unterscheiden. Es schmeckte widerlich, und ich ließ ihn stehen. In Gedanken schalt ich mich, dumm zu sein und mich wie ein Kleinkind zu benehmen. War das der erste Versuch, auszubrechen, kein Zwilling mehr sein zu wollen? Kratzte das an meiner Individualität? Ja! Nein!

Nachmittags fuhren wir zusammen in die Stadt. »Es ist eine sehr schöne Stadt, und doch hat sie hässliche Seiten«, dachte ich. Schlagartig wurde mir bewusst, dass Helen im Ghetto lebte, im Ghetto für Weiße. Mauern um die Grundstücke, Sicherheitssysteme überall.

Wir hatten noch über eine Stunde Zeit, bis Emily Schulschluss hatte. Wir saßen im Auto, und Helen fasste sich ein Herz und fragte mich, was das sei, was ich über ihre Vergangenheit wüsste. Sie sah mich an, und in ihren Augen war ein Ausdruck, der mir signalisierte: »Sag mir die Wahrheit, ich kann sie ertragen!« Ich sah sie an und sagte es ihr, ganz ruhig. Sie wurde blass unter ihrer Bräune und klammerte sich mit beiden Händen am Lenkrad fest, während sie mir gespannt zuhörte. Die erste Reaktion, als ich geendet hatte, war, dass sie in sich zusammenzusacken schien, und in dieser Haltung, die Hände immer noch am Lenkrad, sagte sie, ihre Mutter hätte ihr oft über ihre Geburt erzählt.

Das ist ganz typisch für Frauen, die keine Kinder geboren haben. Sie legen sich eine Version zurecht und erzählen diese immer wieder, zementieren sie sozusagen. Aber das sagte ich ihr jetzt nicht. Ich schwieg, weil mir klar war, dass sie Zeit brauchen würde, um sich mit dem Gedanken auseinander zu setzen. Ich wusste ja, wie ich es aufgenommen hatte, und es gab einen ganz erheblichen Unterschied zwischen uns beiden. Ihre »Eltern« hatten sie angenommen, gewollt und geliebt, und in dieser Geborgenheit ist sie aufgewachsen.

Ich hatte mich auch darauf vorzubereiten versucht, dass Helen es ablehnen könnte, ihre Wurzeln anzuerkennen. Dann würde ich das akzeptieren müssen, aber ich hätte es immerhin versucht. Auch wenn ich mir wünschte, dass es nicht so kommen würde. Die Menschen, die sie angenommen hatten, hatten sie geliebt, sie waren für sie da gewesen. Ein Geschenk, um das ich sie beneidete. Gleichzeitig freute ich mich für sie. Sie hatte sich bei ihnen zu einem wunderbaren, warmherzigen Menschen entwickelt; sie hatten einen Anteil daran, indem sie ihr diese Entwicklungsmöglichkeit geboten hatten, und ich war ihnen dankbar dafür. Sie hatten sie bei sich aufgenommen und in Liebe und Fürsorge aufwachsen lassen.

Wir saßen lange schweigend nebeneinander, Helen immer

noch mit beiden Händen am Steuer, bis die Hintertür des Autos aufging und Emily einstieg. Mechanisch, ganz so als würde ihr Körper völlig abgespalten von ihren Gedanken und Gefühlen agieren, startete Helen den Wagen und fuhr los.

Zu Hause tranken wir Tee und sprachen über Alltägliches. Am Nachmittag arbeitete Helen im Büro, und ich setzte mich am Pool in den Schatten, schrieb in mein Tagebuch und versuchte mich zu entspannen. Ich lauschte der Stimme des Meeres und den Vögeln, deren Gesang mir schon vertraut war. Es war windig, und es sah aus, als würden die langen Zweige mit der grünen Pracht ihrer Blätter davonfliegen, wenn der Wind durch sie hindurchfuhr, aber sie fielen immer wieder an den gleichen Platz zurück. Der Wind spielte mit den Zweigen der Bäume, peitschte die Wellen, fuhr durch mein Haar, blätterte in meinem Tagebuch und verschwand für Sekunden, um unerwartet von einer anderen Seite wieder aufzutauchen. Erst ganz sachte, dann immer stärker, ganz so, als wollte er meine Aufmerksamkeit auf sich lenken.

Wenn ich meine Schreibarbeit unterbrach und aufsah, schien er innezuhalten wie ein Kind, das nicht weiß, was es sagen soll, wenn der Erwachsene, dessen Aufmerksamkeit es auf sich lenken wollte, es erwartungsvoll ansieht. Ein Reim aus einem Märchen kam mir in den Sinn: »Der Wind, der Wind, das himmlische Kind.«

Ich fühlte mich erleichtert, als wäre eine sehr schwere Last von mir abgefallen. Entspannt lehnte ich mich zurück und beobachtete Helen, wie sie sich in der Halle mit Jane unterhielt, die sie aus dem Büro mitgebracht hatte. Jane war eine von Helens Freundinnen und, wie alle Damen aus ihrem Freundeskreis, eine äußerst elegante Erscheinung. In diesem Augenblick trat Mary aus der Küchentür, und der krasse

Gegensatz war perfekt. Ich dachte daran, dass sie täglich für – jetzt mit mir – fünf Personen kochte, wusch, bügelte, putzte und aufräumte. Sie war etwa vierzig Jahre alt und lebte mit einigen anderen Hausmädchen in einem Haus in der Nähe. Am Wochenende hatte sie frei, und sie wurde besser bezahlt als die meisten ihrer Kolleginnen. Ich war sicher, dass sie den Löwenanteil des verdienten Geldes an die Familienmitglieder in dem Dorf, aus dem sie stammte, weitergab. Kein einfaches Leben! Aber sie war zufrieden. Sie hatte keine andere Wahl. Auch ich gab ihr Geld für die zusätzliche Arbeit, die sie durch meinen Aufenthalt hatte.

Die Waage war endgültig gekippt. Während ich mich beruhigte und entspannte, wurde Helen immer unruhiger. Sie begab sich auf Spurensuche. Systematisch holte sie Informationen ein. Es war erstaunlich für mich, festzustellen, dass sie die gleichen Schritte unternahm, um Licht ins Dunkel zu bringen, mit denen ich meine Suche eröffnet hatte. Ihre »Eltern« waren beide schon gestorben. Sie zeigte mir Fotos von dem Haus in der Stadt, in dem sie aufgewachsen war. Dann telefonierte sie mit einer älteren entfernten Verwandten ihrer Mutter, die ihres Wissens als Erste über Helens Ankunft unterrichtet worden war.

Sie hatten damals in einer anderen Stadt gewohnt und waren umgezogen, als Helen erst wenige Monate alt war. Ja, das könnte vielleicht eine Erklärung für den Umzug sein, meinte sie. Wer fragt schon die neue Nachbarin, ob sie das Kind auf ihrem Arm auch selbst geboren hatte?

Ich dachte nach, wie das bei der Geburt meines Sohnes gewesen war. Die Geburt war in der Klinik registriert worden, und ich hatte ihn beim Einwohnermeldeamt angemeldet. Hätte ich ihn zu Hause geboren, wie es eine Generation vor mir noch üblich gewesen war, wäre ich einfach zum Einwohnermeldeamt gegangen und hätte angegeben, dass ich am Soundsovielten einen Sohn geboren hätte. Außer dem Ehemann wäre niemand dabei gewesen. Und schon wäre für das Kind, das ja tatsächlich da war, eine Geburtsurkunde ausgestellt worden, ein Reisepass und alles, was die Bürokratie noch verlangte.

Es würde sich sicher mit guten Beziehungen in Verbindung mit Geld oder anderen Vorteilen auch ein Arzt finden lassen, der eine Geburt im Krankenhaus legal bescheinigt. Das Kind ist ja vorhanden. Auch der umgekehrte Fall ist kein Problem. Wenn Zwillinge geboren werden, wird nur eines registriert, das andere sofort nach der Geburt aus dem Krankenhaus »mitgenommen« und ist somit offiziell gar nicht geboren worden. Zumindest nicht an diesem Tag in diesem Teil der Welt. Auch der Transport stellt kein Problem dar. Damals brauchte man für Säuglinge noch nicht in allen Ländern der Welt einen Lichtbildausweis, um ihn außer Landes bzw. in ein anderes Land zu bringen. Die Reiseroute konnte entsprechend festgelegt werden. Und wer kontrollierte, ob der Säugling der Frau gehörte, die mit ihm verreiste? Was man mit Geld diesbezüglich noch alles erreichen konnte, darüber wollten wir gar nicht erst spekulieren. Wir sprachen über die verschiedenen Möglichkeiten und erschraken, wie einfach deren Durchführung war.

Dann stellte mir Helen ihre Freundin Anne vor. Anne wusste auch nicht, wie Helen zu meiner Adresse gekommen war. Abends saßen wir zusammen beim Tee. Helen sagte mir, dass sie Peter von der Vermutung erzählt hätte. Peter, der sich verständlicherweise um seine sichtbar aufgewühlte Frau sorgte, war der Meinung, dass Helen als meine Schwester nicht in Betracht käme, da das Ganze illegal abgelaufen sein müsste. – Ja, ich kannte diese Gedankengänge sehr gut, und ich verstand sie. Es ist nicht einfach, sich damit auseinander setzen zu müssen, dass die Menschen, die einem am nächsten stehen, in irgendeiner Form an einer illegalen Handlung beteiligt gewesen sein sollen. Nein, nicht meine Eltern, sie wären niemals dazu fähig gewesen, auf keinen Fall!

Das passiert nur bei den »anderen«, möglichst bei denen, die man nur vom »Hörensagen« kennt. Worüber man dann seine Verwunderung zum Ausdruck bringen oder sagen kann: »Das hätte ich niemals gedacht.«

Das kratzte doch zu sehr am guten Ruf der Familie. Am Ruf seiner Frau. Am Ruf der Eltern seiner Frau. Nicht zuletzt an seinem eigenen Ruf. Er sprach das natürlich nicht aus. Was würden die Leute sagen? Ich konnte die Gedankengänge hinter seiner in Falten liegenden Stirn lesen. Es war sicher auch ein bisschen Egoismus dabei. Was würde geschehen, wenn Helen plötzlich eine Familie hatte? Wenn nicht mehr seine Familie allein im Vordergrund stand, wie er das seit seiner Vermählung mit Helen gewohnt gewesen war? Würde er nicht ins Hintertreffen geraten, wenn wir Zwillinge waren und einander künftig öfter sehen wollten?

Würde Helens und damit auch sein ganzes Leben sich nicht zwangsläufig ändern? Würde er das zulassen? Nein! Allerdings half diese Haltung nicht weiter. Er sei ganz sicher, so sagte er schließlich, dass es meine Schwester irgendwo in Afrika geben würde, und er sei gerne bereit, mir bei der Suche nach ihr behilflich zu sein. Ich sah ihn mitleidig an. Er schien selbst nicht besonders von seinen Worten überzeugt zu sein. Peter musste seine Unruhe in irgendwelche Bahnen lenken und fuhr weg, um Zigaretten zu kaufen. Er war Kettenraucher.

Helen schwieg hilflos. Wir kommunizierten ohne Worte.

»Wie war das bei dir?«, fragte mich ihr Blick. »Genau so«, gab ich zurück. Sie schlief kaum in dieser Nacht. Ich hörte ihre Pantoffeln zum Pool hinunterklappern, als mir gerade die Augen zufielen. Ich hatte nicht mehr die Kraft, mich wach zu halten. Besser so! Sie brauchte auch Zeit für sich allein. Ganz allein. Sie musste ihre Gedanken sortieren und ihre Eindrücke verarbeiten. Es war ihre Erinnerung, mit der sie sich gerade beschäftigte; daran hatte ich keinen Anteil.

Morgens schlug sie vor, dass wir einkaufen gehen und den Nachmittag am Strand verbringen sollten. Es war herrliches Wetter. Sie sprach es nicht aus, aber ich wusste, dass sie eine Pause brauchte. Sie war erschöpft und konnte nicht mehr. Es war ein sonniger Tag. Wir schienen beide bereit zu sein, Spaß zu haben, unser Zusammensein zu genießen und das Thema Zwillinge als heiteres Abenteuer zu erleben. In der *mall* suchten wir begeistert nach neuen Farbschattierungen für unser Makeup, lachten, als wir nach den gleichen Sachen griffen, aßen genüsslich Eis und tranken Cappuccino – ohne Zucker. Wir fühlten uns ein bisschen wie Teenies. Wir waren glücklich und genossen jeden Augenblick.

Nachmittags fuhren wir zum Strand, tobten in den Wellen und legten uns dann eine Weile in die Sonne. Ich holte mir einen Sonnenbrand. Ich hatte gedacht, dass mir das jetzt, wo ich für meine Verhältnisse schon dunkelbraun war, nicht mehr passieren könne. Es konnte – Und wie! –, und obendrein war es schmerzhaft. Helen gab mir ein Mittel, das die Haut kühlte und die Schmerzen linderte. Meine Verwandlung war so perfekt, dass ich als ernst zu nehmende Konkurrenz für jede echte Rothaut hätte auftreten können und von allen geneckt wurde, was mir nichts ausmachte. Ich lachte mit, obwohl die Haut beim Lachen bedenklich spannte und schmerzte.

Abends kochten wir wieder einmal zusammen, und anschließend sahen wir uns Prospekte an, die wir aus dem Touristenzentrum der Stadt mitgenommen hatten. Wir wollten gemeinsam eine Tour in den Busch machen, eine Safari. Tierbeobachtung in freier Wildbahn: Löwen, Nashörner, Wasserbüffel, Giraffen, Zebras, Elefanten, und, und, und.

Während wir in den Broschüren blätterten, sagte Helen plötzlich: »Ich dachte immer, das seien meine Eltern, aber wer weiß?« Ich sah sie an und wiederholte ihre letzten beiden Worte: »Wer weiß?« Sie hatte genug von der Ablenkung, und ihre Gedanken kreisten wieder um das Thema der Themen. Ich fühlte es deutlich. »Ich komme nicht vorwärts, Eva«, sagte sie. »Lass dir Zeit«, entgegnete ich, »es kommt schon noch.« Auch sie kämpfte mit der Mauer des Schweigens und der Ablehnung durch ihre unmittelbare Umgebung. Sie hatte es diesbezüglich sehr viel schwerer als ich.

Ich hatte keinen Ehemann, der versuchen konnte, mich gefühlsmäßig zu blockieren, unterschwellig und vielleicht sogar unbewusst die Entscheidung »Sie oder ich!« einzufordern. Er hatte Angst, große Angst, sie zu verlieren. Sie tat mir leid. Ich hätte ihr gerne geholfen, aber das war ihr Kampf. Es war hart, einfach zusehen zu müssen und nichts tun zu können, um ihr die Situation zu erleichtern.

Ein Bekannter der Familie feierte einen runden Geburtstag, und ich war mit eingeladen. Helen und ich machten uns dafür zurecht, und sie lieh mir afrikanischen Schmuck, der mir gut gefiel. Es war ein wunderschönes Fest. Zwischenzeitlich war meine Indianerhaut braun geworden, und der Unterschied in der Hautfarbe zwischen uns beiden wurde geringer. Als wir nach Hause kamen, schwammen wir im Pool und unterhielten uns über die Vor- und insbesondere über die

Nachteile, einem großen Familienclan anzugehören. Wir waren einer Meinung: lieber allein durchkämpfen als abhängig sein.

Helen erzählte aus der Zeit, als beide Elternteile hintereinander erkrankten und sie sich der Aufgabe gegenübersah, praktisch über Nacht auf eigenen Beinen zu stehen. Eine äußerst schwierige Situation für ein behütet aufgewachsenes Mädchen, die sie jedoch gut meisterte, worauf sie mit Recht stolz ist.

Abends erledigte sie noch Büroarbeit für ihren Mann. Ich half ihr, und wir arbeiteten zusammen, als hätten wir das schon viele Jahre lang getan. Dabei machte ich eine Entdeckung: Sie schrieb mit der linken Hand. »Du bist Linkshänderin?«, fragte ich sie ungläubig, und sie war überrascht, dass ich das nicht wusste. »Immer schon«, antwortete sie. »Gott sei Dank hat niemand versucht, mich umzuerziehen«, fügte sie hinzu. Fasziniert sah ich ihr zu, wie sie ihre linke Hand leicht verdrehte, um ein gerades Schriftbild zu erreichen.

»Ich hätte dich damals so gerne mit meinen Eltern besucht«, sagte sie plötzlich, während sie eine lange Zahlenkolonne addierte. Ich verstand den Hinweis. Die Frage lautete eigentlich: »Glaubst du, dass die Wahrheit damals herausgekommen wäre, wenn wir die Möglichkeit gehabt hätten, uns zu treffen?« und »glaubst du, unser beider Leben wäre anders verlaufen?«

»Ja«, antwortete ich, »aber es war leider nicht möglich.« Und ich dachte an meinen jähzornigen, unbeherrschten Stiefvater. Was hätte er gesagt, wenn er noch ein Kind von seinem Nebenbuhler zu Gesicht bekommen hätte? Wäre das nicht zu viel gewesen? War ich als Strafe nicht schon genug? Ich war froh, dass Helen ihm niemals begegnet ist. Gottes

Wege. »Er führet mich auf rechter Straße um seines Namens willen«, diese Stelle aus dem 23. Psalm kam mir in den Sinn. In dieser Nacht betete ich um Kraft für uns beide.

Einige Tage später war Helens Geburtstag. Der Tag, den »man« für sie als Geburtstag festgelegt hatte. Sie war um zwei Monate »jünger gemacht« worden. – Kein Problem, Zwillinge sind ohnehin körperlich schwächer als einzelne Kinder. Am Vorabend hatte ich Helen den Zutritt zur Küche untersagt und zusammen mit Emily und Mike einen Kuchen für sie gebacken. Emily war sehr aufgeregt gewesen. Wir hatten besprochen, dass sie mich morgens wecken und wir beide den Geburtstagstisch decken würden.

Nachdem die Kinder zu Bett gegangen waren, setzte ich mich hin und schrieb Helen einen Brief, in den ich einen Geldbetrag für zwei ganz besonders schöne, über einen Meter hohe, geschnitzte Giraffen steckte, die sie sich wünschte. Wir hatten sie in einem der vielen Geschäfte entdeckt, und Helen hatte sich einige kleinere Giraffen gekauft. Sie würde sich sehr darüber freuen, die Familie zu vervollständigen, das wusste ich.

Emily kam morgens um halb sieben Uhr, um mich zu wecken. Sie war sehr aufgeregt, und wir hatten noch viel vor. Zuerst gingen wir in den Garten und pflückten einen großen Strauß der schönsten Blumen. Den stellten wir auf den Esszimmertisch. Emily brachte einige kleine, weiße Kerzen und stellte sie daneben. Danach verzierten wir den Kuchen und platzierten ihn in der Mitte des Tisches. Ich holte das Geschirr, und Emily faltete die Servietten.

Eine Tür wurde geöffnet und geschlossen: Mike kam verschlafen herein, rieb sich die Augen und betrachtete staunend den Geburtstagstisch, der wirklich festlich aussah.

Die Kinder beschlossen, dass es Zeit wäre, ihre *Mom* zu holen. Sie führten sie – jeder an einer Hand – herein, und Helens Augen strahlten, als sie den Tisch erblickte. Sie umarmte mich als Erste, was mir Gelegenheit gab, ihr zu gratulieren. Wir sangen *Happy Birthday* für sie, und sie hatte Tränen in den Augen. »Es ist so lange her, dass jemand einen Kuchen für mich gebacken und einen Geburtstagstisch für mich dekoriert hat«, brachte sie stockend hervor. Emily führte sie zum Tisch, und sie musste sich setzen und die Kerzen auf dem Kuchen ausblasen.

Ich saß ihr gegenüber und sah ihr zu. Zum ersten Mal in meinem Leben sah ich sie ganz ungeschminkt und mehr oder weniger ungekämmt. Das feine Haar legte sich in Locken um ihren Kopf wie meines. Ihre Lippen waren so blass wie die meinen.

Und als ihr Blick nach unten auf die Kerzen gerichtet war und die ausdrucksstarken Augen fast ganz unter den Lidern verborgen waren, hatte ihr Gesicht etwas rührend Kindliches an sich, als habe die innere Schönheit die Gelegenheit wahrgenommen, sich für einen kurzen Augenblick zu offenbaren. Ihre beiden Kinder sahen ihr gespannt zu.

Als sie wieder aufsah, kam Peter mit einem Päckchen, das verdächtig nach Juwelier aussah, auf sie zu. Er überreichte es ihr mit der liebenswerten Verlegenheit eines Schuljungen und steckte beide Hände in die Hosentaschen, während er gebannt zusah, wie sie es öffnete.

Langsam und genießerisch, wie auch ich Geschenke auszupacken pflege, löste sie die Bänder und öffnete die Verpackung. Ein Paar goldener Creolen kam zum Vorschein, die sie sofort anprobierte und mich fragend ansah. Ich war ihr Spiegel, nickte beifällig und freute mich sehr für sie. Wir setzten uns an den Tisch und aßen den Kuchen zum Frühstück. »Wie ungewöhnlich!«, lachte sie und prostete uns allen mit ihrer Teetasse zu.

Später schwamm ich mit Emily im Pool, während Helen die zahlreichen telefonischen Gratulationen entgegennahm. Nachmittags kamen Freunde zu Besuch. Ich hatte Gelegenheit, den Großteil ihrer Freundinnen kennen zu lernen. Die Stimmung war heiter und ungezwungen. Wir tranken den unvermeidlichen Tee und plauderten über Musik, Politik und die Wirtschaftslage. Die Feier gefiel mir. Anne hatte die Zeitung in der Hand und las und informierte uns über die Wetterlage in Europa. »Deutschland – 13° C«, sagte sie, und alle schüttelten sich, obwohl ich davon überzeugt war, dass sich die meisten von ihnen nicht richtig vorstellen konnten, wie kalt sich das anfühlte.

Draußen brannte die Sonne so erbarmungslos auf den Rasen, dass sich die Halme braun zu färben begannen. Wir spürten nichts davon. Die Klimaanlage ermöglichte eine angenehme Raumtemperatur. »Ich habe noch nie Schnee gesehen«, sagte Anne, und ihre Stimme klang etwas wehmütig. »Ja«, dachte ich, »man scheint sich wohl ständig nach dem zu sehnen, was man nicht hat oder nicht kennt. Aber wie wäre es, wenn sie jetzt tatsächlich in Europa wäre, wenn sie all die Sachen anziehen müsste, um den Körper warm zu halten, an die wir Europäer im Winter gewöhnt sind?« Ich versuchte sie mir in Mantel, Stiefeln, Schal, Mütze und Handschuhen vorzustellen und konnte mir ein Lächeln nicht verkneifen. Sicher wäre die erste Euphorie über den Schnee angesichts der Kälte bald verflogen.

Mikes Blick war fest auf Annes Ohrgehänge gerichtet. Sie stellten ein Miniatur-Glockenspiel dar und klangen sanft bei jeder Bewegung. Mich beeindruckte die Faszination, die der Schmuck bei dem Kind auslöste.

Abends gingen wir zum Essen in ein Restaurant. Beim Schminken war ich mit zunehmender Gesichtsbräune mutiger geworden und verwendete zunehmend intensivere Farbtöne. Mein Spiegelbild strahlte mich an. Helen kam in mein Zimmer, um mich abzuholen. Sie sah über meine Schulter in den Spiegel und ahmte meinen Gesichtsausdruck nach. »Sind wir nicht attraktiv?«, fragte der doppelte Blick in den Spiegel. Wir genossen diese Augenblicke, die uns ganz allein gehörten.

Auf dem Parkplatz vor dem Restaurant lungerten einige schwarze Jungs herum. Helen ging auf sie zu und gab ihnen ein paar Münzen. »Für Essen!«, ermahnte sie sie und verteilte das Geld gleichmäßig unter ihnen. Ich fühlte mich schuldig bei diesem Anblick. Gleich würden wir alle in dem vornehmen Restaurant speisen, während – ich weiß nicht wie viele – Kinder allein in dieser Stadt hungerten. Das war nicht Fernsehen, das war das richtige Leben, hier und jetzt, vor meinen Augen. Sie waren allesamt mager und hatten wissende Augen. »Was haben diese Augen schon alles sehen müssen?«, ging es mir durch den Kopf. Helen nahm Mike an der Hand, eine starke Kinderhand im Vergleich zu den Händen der Jungs, die sicher einige Jahre älter waren als Mike. Ob und wie lange ihnen eine Mutter zu essen gegeben hatte? Hatte jemals ein Mensch bunte Eiskugeln für sie gekauft? Wo würden sie heute Nacht schlafen?

Während uns ein Kellner diensteifrig einen Fenstertisch zuwies, kreisten meine Gedanken weiter um die Jungen. Auch Helen sah aus dem Fenster und wandte sich nur zögernd um, als Peter ihr die Karte reichte.

Trotzdem hatten wir einen schönen Abend und genossen das gute Essen, den Wein und die Unterhaltung.

In dieser Nacht fand ich lange keinen Schlaf. Ich dachte daran, wie unsere Mutter mit dem Gedanken umgegangen sein mochte, dass sie nicht wusste, wie es Helen ging. Wie oft sie sich gefragt haben mochte, ob die Menschen, denen sie sie anvertraut hatte, sie auch gut behandelten. Wie oft hatte sie wohl ihre Zustimmung dazu, das Kind »wegzugeben«, bereut? Wie oft hatte sie in Gedanken versucht, die Schuld, zumindest ihre Mitschuld, auf andere abzuwälzen? Und wie oft war diese doch zu ihr zurückgekommen? Eine leise Ahnung davon, wie furchtbar schwer es sich mit diesem Wissen leben musste, streifte mich.

Ob Helen mit dem Gedanken zurechtkommen würde, die »Weggegebene« zu sein, diejenige, die nicht bei der Mutter hatte bleiben dürfen? Ich fühlte etwas von ihrem Schmerz in meiner Brust. Ihren Schmerz. Ich hätte sie gerne getröstet, gerne mit ihr gesprochen. Aber in dieser Nacht verließ sie ihr Schlafzimmer nicht. Ich saß allein – wie sie es so oft getan hatte – auf den Stufen zum Pool und sah hinaus in die Nacht. Plötzlich wurde mir kalt, und ich ging schnell ins Haus zurück.

Am Morgen war Mary krank und ich schnitt den Toast für Mike in Stücke. Helen stand neben mir in der Küche und bereitete eine Wassermelone für unser Frühstück vor. Sie drehte das Brett, das ich gerade benutzt hatte, um, nahm das Messer in die linke Hand und schnitt auf eine Art, die mir bekannt vorkam. Die Art zu schneiden erinnerte mich an meine Mutter. Unsere Mutter. Allerdings schrieb die Mutter mit der rechten Hand. Wahrscheinlich hatte man sie als Kind »umgewöhnt«, sie war schließlich eine Generation älter als wir. Darüber sagte ich nichts zu Helen, ich sah ihr einfach zu, bis sie fertig war.

Ich beschloss, die Safari zu machen, die wir geplant hatten. Weil Mary krank war, konnte Helen nicht mitkommen. Es sollte vielleicht so sein. Wir brauchten eine Pause. Voneinander. Helen fand einen erfahrenen, umsichtigen *tour operator* für dieses Unternehmen. Sein Äußeres und sein Auftreten zeigten, dass er sich auf sein Metier verstand. Tim war ca. 35 Jahre alt, klein, schlank und hatte ein Paar scharfe, grüne Augen, die das Gesicht beherrschten. Man konnte sich ihm anvertrauen, und genau das würde erforderlich sein.

Außer mir nahmen noch zwei Touristen an der Safari teil. Auf der langen Fahrt zu dem Tierpark bekam ich einen Eindruck von der Weite des Landes. Unterwegs kamen wir an den typischen runden Hütten ohne Wasserversorgung und ohne Strom vorbei. Lange Strecken war gar nichts zu sehen außer der roten, unbefestigten Landstraße vor uns und dem Buschland links und rechts davon. Die Landschaft war atemberaubend schön. Obwohl es sehr trocken war und das Auto eine rote Staubwolke hinterließ, waren die niedrigen Büsche und die wenigen Bäume, die man sehen konnte, saftig grün und ergaben mit dem strahlend blauen Himmel über uns ein Farbbild, an dem ich mich nicht satt sehen konnte. »So perfekte Farben bringt nur die Natur zu Stande«, dachte ich, und meine Augen nahmen das Bild in sich auf, und es stärkte meine Seele.

Als wir etwa zwei Stunden gefahren waren, kam uns auf der Landstraße eine Frau entgegen, die ein typisch afrikanisches Wickelkleid anhatte und ein rundes Gefäß auf dem Kopf trug. Ich fragte mich, wo sie herkam und wohin sie ging. Es war weit und breit nicht eine einzige Hütte zu sehen. Wir fuhren noch ein paar Stunden, und mir wurde bewusst, dass das Auto nicht in diese Landschaft passte. Es war so ruhig hier.

Den Rest der Fahrt nutzten wir, um uns ein wenig miteinander bekannt zu machen. Schließlich würden wir die nächsten Tage zusammen verbringen. Als wir im Busch ankamen, staunten wir. Unsere Unterkunft bestand aus Zelten, die der Schlangen wegen auf einer Art Pfahlbau errichtet wurden. Wir bezogen unsere Zelte – ich hatte eines für mich allein – und Tim unterwies uns, uns keinesfalls außerhalb des Camps zu bewegen, wir seien hier im »wilden Busch«. Zwei schwarze Männer hatten uns im Camp erwartet. Ein großer, schmaler, der als Ranger vorgestellt wurde, und ein kleinerer, der als Koch fungierte. Die beiden Schwarzen waren der englischen Sprache nicht mächtig, sie sprachen nur ihre Stammessprache. Es stellte sich bald heraus, dass das auch nicht notwendig war. Hier herrschte eine andere Art der Verständigung, einfach und unmissverständlich. Es war ein »Klick«, mit dem ein Gewehr entsichert wurde, und das unumstößlich »Gefahr« bedeutete.

Die Gefahr war mir unmittelbar nach unserer Ankunft im Camp begegnet. In der Mitte des Camps gab es eine Feuerstelle, die mit Steinen begrenzt war. Auf einem der Steine lag zusammengerollt eine dünne, schwarze Schlange. Ich hatte auf dem Weg zum Strand bereits eine ähnliche kleine Schlange gesehen, die Helen als völlig ungefährlich bezeichnet hatte. Überzeugt davon, dass es sich um eine solche handelte, ging ich näher hin und sah sie mir an. Sie verließ den Stein, und ich stellte erstaunt fest, dass sie relativ lang war. Sie schlängelte sich auf das Schatten spendende Dach, unter dem wir vor der sengenden Hitze Zuflucht gesucht hatten, während unsere Zelte aufgebaut wurden. Ich wechselte meine Position, weil ich das Gefühl hatte, dass sie auf mich herunterfallen würde.

Sie tat es tatsächlich und verfehlte mich nur sehr knapp, wie die beiden anderen zu Tode erschrocken feststellten. Ich drehte mich um. Die Schlange hob den Kopf ein wenig an und verharrte mir gegenüber. »Keine Panik, beweg dich nicht!«, vernahm ich Tims Stimme hinter mir. »Es ist eine Schwarze Mamba.« Jeder Bewegung unfähig, verharrte auch ich in meiner Position und spürte plötzlich, wie der Schweiß von meinem Gesicht auf den Boden tropfte. Tims Anweisungen befolgend, ging ich langsam Schritt für Schritt rückwärts, bis sie nach einer endlosen Weile in die andere Richtung davonkroch und im hohen Gras verschwand.

Tim wiederholte seine Unterweisung und fügte hinzu, dass man hier nicht vorsichtig genug sein könne und dass einem die Missachtung dieses Gesetzes, anders als in der Zivilisation, das Leben kosten könne. Ich hatte diese Lektion gelernt. Ein für alle Male.

Schließlich gab der Koch ein Zeichen, und wir aßen zu Mittag. Eine Art Würstchen mit Brot und Salat. Danach trugen wir ein Mittel zum Schutz gegen Insekten, insbesondere Moskitos auf, und als wir von Kopf bis Fuß gleichmäßig penetrant stanken, brachen wir zu Fuß zu unserer ersten Pirsch auf.

Der Ranger mit dem Gewehr voran, wir im Gänsemarsch in der Mitte und Tim zum Schluss. Wir gingen knapp drei Stunden bergauf und bergab durch unwegsames Gelände, immer wieder die Richtung wechselnd und den Wind prüfend, aber wir sahen nichts an diesem ersten Tag außer ein paar Impalas, die schon von weitem die Flucht vor uns ergriffen, und kamen etwas enttäuscht, verschwitzt, erschöpft und hungrig zum Lager zurück.

Ein ganzer Baumstamm lag in der Feuerstelle, und Tim grillte für uns. Worum es sich bei dem Grillgut handelte, wussten wir nicht. Ich beschloss, keine Fragen zu stellen, denn eine Alternative gab es nicht. Wir waren viele Stunden Autofahrt von der nächsten Einkaufsmöglichkeit entfernt.

Vor dem Schlafengehen wurden wir mit Gewehrbegleitung zu einem Verschlag – der Toilette – geführt, und etwas genierlich verschwand einer nach dem anderen hinter der Wand und mühte sich, im Dunkeln zurecht zu kommen. Danach ging es ebenfalls mit Gewehrbegleitung zum Zelt, das für die Nacht von außen speziell verschlossen wurde. Falls jemand »raus« müsste, sollte er die Wache rufen. Eine Petroleumlampe stand in meinem Zelt, die einen schwachen Lichtschimmer abgab. Ich kämpfte eine Weile mit dem Moskitonetz, bis ich es wie gefordert unter die Matratze gestopft hatte. Ich war nass geschwitzt, denn es war noch immer heiß. Entnervt legte ich mich auf die Decke und versuchte, zur Ruhe zu kommen. Es dauerte lange, und als ich schließlich einschlief, träumte ich, dass die Schwarze Mamba in mein Bett kroch und zusätzlich eine riesige Tarantel in meinem Genick saß und ich keine Stimme hatte und deshalb nicht um Hilfe rufen konnte.

Trotzdem schaffte ich es, ein paar Stunden zu schlafen. Um halb fünf Uhr wurden wir geweckt, tranken Tee und gingen wieder auf die Pirsch. Es war ein herrlicher Morgen. Als Erstes sahen wir eine Nashornfamilie. Lediglich einige Meter von uns entfernt. Sie fraßen gemütlich. Ein Stückchen weiter standen nochmals drei ausgewachsene Nashörner. Ein Nashornbulle fühlte sich plötzlich gestört und rannte in unsere Richtung. *»Climb a tree!«*, rief Tim uns zu, und ich sah auf die ausgetrocknet und schwächlich anmutenden Baumgerippe und dachte an mein Übergewicht. Trotzdem war ich als Erste auf einem Baum und klammerte mich schwitzend an den Stamm, während ich zusah, wie die anderen Nashörner hinter dem Bullen her davonrannten. Lachend versammelten wir uns wieder und setzten unseren Weg fort.

Wir sahen ganze Zebraherden, Gnus, Impalas, Wasserböcke, ein Warzenschwein und eine Elefantenherde. Wir kamen nahe an einen jungen Elefanten heran, der den Rüssel warf, stampfte und mit Drohgebärden einige Meter auf uns zulief. Tim gab Anweisungen, und wir befolgten sie.

Es war eine harte Aufgabe, dem eigenen Impuls zu widerstehen und sich an die Vorgabe zu halten, aber der Lohn war großartig, einfach wunderbar, wir beobachteten sie, bis die Herde vorüber war. Auf dem Rückweg zum Camp sahen wir einen Sekretär, einen Königsfischer, jede Menge Webervögel mit ihren Nestern in den Bäumen und eine riesige Schildkröte. Gott hatte es gut mit uns gemeint. Nach der Rückkehr kurz vor Sonnenuntergang gab es wieder etwas »Gegrilltes«, und kurz darauf fielen wir erschöpft auf unsere Lagerstätten. Ich habe wunderbar geschlafen.

Am nächsten Morgen brachen wir zu einem Fluss auf, um Wasserbüffel zu sehen. Wir verbrachten einige Stunden im Auto, bis wir den Fluss erreichten. Es lohnte sich. Die Landschaft war atemberaubend schön, und wir sahen in einiger Entfernung drei ältere Büffel, die uns anstarrten. Langsam gingen wir am Fluss entlang und sahen direkt vor uns einen Tierkörper im Uferschlamm liegen. Ich konnte nicht genau erkennen, was es war, dachte aber, es könnte eine Schildkröte sein. Ich ging direkt hinter dem Ranger. Plötzlich kam Bewegung in den Körper. Ein Auge öffnete sich. Es war rot unterlaufen. In der nächsten Zehntelsekunde hob sich ein gewaltiger Rücken aus dem Schlamm. Ein Zweitonnenbüffel sprang auf, drehte sich in unsere Richtung und rannte unvermittelt auf uns zu. Ich versuchte – langsam – die Felsenformation zu unserer Rechten zu erreichen, nicht zu rennen. Es hatte »Klick«, gemacht und im selben Augenblick schrie der Ranger dem Büffel etwas entgegen.

Der blieb zunächst stehen, senkte den Schädel, scharrte

mit dem Vorderhuf, dass eine Staubwolke aufstieg, schnaubte, änderte schließlich seine Meinung und rannte in den Busch.

Jetzt begannen meine Knie zu zittern, und ich wurde mir der Gefahr bewusst, in der wir geschwebt hatten. Die Männer versuchten zu lachen, aber ich wusste, dass sie Angst hatten und sich der Gefahr noch bewusster gewesen waren als wir. Unsere Schutzengel waren bei uns. Wir setzten den Marsch fort. Als Nächstes trafen wir auf eine Zebraherde. Dann rochen wir Löwen. Ich wollte die Löwen auf keinen Fall aus der Nähe sehen. Der Büffelschreck saß mir noch in den Knochen. Ich hatte Angst, große Angst und weigerte mich, näher an die Löwen heranzugehen, was nichts half, ich konnte nicht einfach stehen bleiben oder umdrehen. Das Gras reichte mir bis über die Hüften, und der Ranger war damit beschäftigt, die dichte Baumgruppe vor uns mit den Augen abzusuchen. Er konnte sich nicht um meine Angst kümmern. Also blieb mir nichts anderes übrig, als sie zu überwinden und mich zur Ruhe zu zwingen. Trotzdem war ich mehr als froh, als wir aus dem kleinen Tal mit dem hohen Gras wieder heraustraten und die Ebene vor uns sahen. Der Ranger war enttäuscht, da wir, obwohl wir ihnen so nahe gewesen waren, die Löwen nicht gesehen hatten. Er hatte die Spuren an der Stelle gelesen, an der sie gelegen hatten, und gemeint, dass es sechs oder sieben sein müssten. Ich war nicht enttäuscht. Keineswegs.

Als wir später auf eine Affenherde trafen, war ich schon wieder mutig. Es waren wunderschöne Tiere. Viele. Ich ging näher hin. »*Stay away.* Halte Abstand«, mahnte Tim, »sie haben lange Zähne!« Wir sahen noch Giraffen, und kurz bevor wir das Lager erreichten, huschte eine Hyäne über unseren Weg. Was für ein Tag!

Abends saßen wir um das Feuer, betrachteten fasziniert den wunderschönen afrikanischen Sonnenuntergang und den kurz darauf sichtbar werdenden Sternenhimmel und unterhielten uns. Tim erzählte von seinen Erlebnissen, und seine Berichte waren eine Liebeserklärung an dieses Land, das Buschland, an die Tiere und Menschen, die hier lebten, und gleichzeitig Unterricht über das Zusammenspiel der Flora und Fauna. Ich lauschte seinen Erzählungen und blickte immer wieder hinauf zum Himmel, zu den Sternen, die mir zum Greifen nahe schienen.

In dieser Nacht lag ich ruhig unter dem Moskitonetz, lauschte dem hustenähnlichen Geräusch eines Leoparden, der unser Camp durchstreifte, und dachte an Raphael, dem ich das alles so gerne gezeigt hätte. Ich beschloss, mit ihm zusammen hierher zurückzukommen, und für ihn sollte es eine reine Vergnügungsreise werden. Mit diesem Gedanken schlief ich schließlich ein, obwohl ich mir vorgenommen hatte, wach zu bleiben, weil mich die Leopardenstimme beunruhigte. Es gelang mir nicht. Ich hatte in den vergangenen Tagen schon zu viel von mir verlangt, und mein Körper nahm sich ohne meine Zustimmung die Ruhephase, die er brauchte.

Nach meiner Rückkehr von der Safari habe ich als Erstes den versäumten Schlaf mehrerer Tage nachgeholt. Es war sehr viel anstrengender gewesen, als ich erwartet hatte, und ich hatte mich schon vorher, wenn auch auf andere Art und Weise, ziemlich verausgabt. Helen war besorgt. Sie hatte Angst, dass ich krank sein könnte und wollte mich unbedingt zu ihrem Arzt schleppen.

Ich zog es vor, einige Runden im Pool zu schwimmen, und fühlte mich danach wieder erfrischt und fit.

Was man von Helen nicht behaupten konnte. Sie hatte sich in Arbeit geflüchtet. Je näher meine Abreise gerückt war, desto intensiver hatte sie gearbeitet. Ich legte mich in einen Liegestuhl neben dem Pool und cremte meine erstaunlich braun gebrannte Haut immer wieder ein. Morgen würde es so weit sein. Ich hatte Sehnsucht nach Raphael und bereitete mich in Gedanken auf die Rückkehr in meinen Alltag vor.

Am Abend vor meiner Abreise saßen wir noch einmal gemeinsam am Pool und Helen erzählte mir von ihren Sorgen. Davon, dass sie einige gute Freundinnen hatte, die ihr in Zeiten der Not zur Seite standen. Ich hörte zu und stellte fest, dass wir beide mehrere Freundinnen hatten, die zu unterschiedlichen Zeiten für ganz bestimmte Lebensbereiche »zuständig« waren. Auch Helen hatte wie ich eine, die die »richtigen Sorgen« kannte und von der sie auch Hilfe annahm, wenn sie sie brauchte. Daneben gab es eine ganze Reihe anderer Freundinnen, von denen jede auf eine besondere Art mit ihrem Leben verbunden war.

Sowohl Helen als auch ich haben neben den vielen Freundinnen einen Freund, der uns in schwierigen Zeiten beisteht, dem wir Vertrauen entgegenbringen, der uns vertraut, dessen Hilfe wir annehmen können und mit dem wir niemals eine Beziehung gehabt haben. Ein Brudderersatz sozusagen.

Schließlich verstummten wir und blickten lange hinauf zu den Sternen. Jede hing ihren eigenen Gedanken nach. Ich war zutiefst dankbar, dass wir einander finden durften und gleichzeitig traurig, dass uns nicht beschert worden war, was für andere Zwillingspaare selbstverständlich ist. Wir hatten nicht zusammen aufwachsen dürfen und waren räumlich so weit voneinander getrennt, dass wir uns nur selten sehen konnten. Trotzdem hatten wir etwas Besonderes. Dieses Gefühl, das ich schon bei unserem ersten Treffen gehabt hatte, das die gegenseitige stumme Umarmung beinhaltete, konnte uns niemand nehmen. Hatten wir nicht damals schon gespürt, was wir jetzt wussten? Viele Fragen, auf die ich keine Antworten fand, gingen mir durch den Kopf.

Inzwischen war die Nacht schon weit fortgeschritten und bis auf das Rauschen des Meeres jedes Geräusch verstummt, und ich erzählte Helen ausführlich von dem Abend, von dem Augenblick, als ich herausgefunden hatte, dass wir Schwestern sind. Wie es mir wie Schuppen von den Augen gefallen war und wie ich die Zusammenhänge begriffen hatte. Von meiner Suche nach Beweisen und der Wand des Schweigens, auf die ich gestoßen war. Ich berichtete von meiner Fassungslosigkeit, als ich erkennen musste, dass eine gewaltige Lebenslüge das Gefüge des Hauses, in dem ich aufgewachsen war, zusammenhielt. Davon, wie schwer es gewesen war, diese Tatsache zu akzeptieren, der Realität ins Auge zu sehen und die entsprechenden Konsequenzen zu ziehen. Es war nicht einfach, sich darüber klar zu werden, dass man in seinem »Elternhaus« nur geduldet gewesen war und überhaupt nur aus Versehen dort aufgewachsen ist.

Trotzdem lebt es sich mit der Wahrheit, auch wenn diese zunächst grausam erscheint, tausend Mal besser als mit der als »fromm« getarnten Lüge. Keine Lüge ist »fromm«. Eine Lüge ist eine Lüge und bleibt eine Lüge. Es ist so, als hätte man einen furchtbaren Feind, der zur Tarnung im Körper des besten Freundes lebt und deshalb nur äußerst schwer erkannt werden kann. Was mit dieser Tarnung angerichtet werden kann, ist unbeschreiblich. Als ich das Lügennetz durchschaute, war das, als wäre eine dunkel getönte Glasscheibe vor meinen Augen zerbrochen, die meinen Blick gleichzeitig getrübt und begrenzt hatte. Jetzt erst konnte ich nach allen Richtungen frei sehen.

Wir schwiegen wieder zusammen und verbrachten die halbe Nacht auf den Stufen des Pools.

Entgegen meiner Vorliebe für langes Schlafen erwachte ich früh. Helen war noch früher aufgestanden und arbeitete bereits im Büro. Bis jetzt hatte ich immer gewartet, bis sie aus dem Büro kam, um sie nicht bei der Arbeit zu stören. An diesem Morgen brach ich dieses mein Gesetz und betrat das Büro, setzte mich ihr gegenüber auf einen Stuhl und sah ihr zu. Helen sortierte Papier von einem Stapel auf einen anderen. Ich hatte nicht den Eindruck, dass ihre Tätigkeit besonders effizient gewesen wäre, und offensichtlich war sie zerstreut.

Wir machten einen letzten gemeinsamen Ausflug zu zweit und fanden zu unserer Unbeschwertheit zurück. Beim Bummel durch einige Geschäfte kauften wir ein paar Kleinigkeiten. Helen schenkte mir einen geschnitzten Löwen zur Erinnerung an meine Safari und einen Elefanten für Raphael. »Ich bin gespannt, ob er ihm gefallen wird«, lachte sie und überreichte mir das bizarre Gebilde. Wir staunten über einige »abartige« Souvenirs und benahmen uns, als hätten wir noch jede Menge Zeit. Nach einem ausgiebigen Mittagessen genossen wir unseren Espresso und sahen hinaus aufs Meer. Als wir uns endlich zum Auto bequemten, war es reichlich spät geworden. Helen entpuppte sich als Rennfahrerin. Sie jagte den Wagen über die Straße, dass ich mich am Türgriff fest klammerte. Außerdem hatte ich mich immer noch nicht an das Fahren auf der linken Straßenseite gewöhnt und betrachtete jedes Überholmanöver als Verstoß gegen die Verkehrsregeln.

Es war gerade noch Zeit, das Gepäck abzuholen, ein letztes gemeinsames Foto zu machen und wieder ins Auto zu springen, um die rasante Fahrt Richtung Flughafen fortzusetzen. Überraschenderweise hatten wir am Flughafen Zeit genug, um in Ruhe zum Schalter zu gehen, einzuchecken und einen letzten Cappuccino zu trinken.

Wir waren guter Laune und freuten uns, dass wir die vergangenen Wochen hatten zusammen verbringen dürfen, wünschten uns gegenseitig das Allerbeste und verabschiedeten uns mit einer herzlichen Umarmung. Keine Wehmut, kein Hauch von Traurigkeit, sondern Freude erfüllte uns.

»Jetzt bist du wieder dran!«, rief ich ihr zu, als ich durch die Passkontrolle ging, und ich hörte noch ihr »Yes, Eva«, obwohl sie meinen Blicken bereits entschwunden war, weil sich hinter mir unglaublich schnell eine lange Schlange gebildet hatte.

Entgegen meinen Erwartungen bekam ich einen Fensterplatz im vorderen Bereich des Flugzeugs, und als besondere Zugabe blieb der Platz neben mir frei. Ich breitete mich aus, schloss die Augen, schlief ein und träumte. Vom Meer.

KAPITEL 15

Konfrontation

Obwohl die Heizung im Schlafzimmer ganz aufgedreht war, über meinem Federbett eine Wolldecke ausgebreitet lag und ich zusätzlich zu meinem Flanell-Pyjama gestrickte Socken trug, fror ich. Der Temperaturunterschied von + 40° C auf - 12° C machte mir zu schaffen. Mein Körper musste sich erst wieder auf den Winter einstellen.

Aber es war nicht nur der Körper, der fror, auch die Seele kämpfte mit der Kälte. Mit jener Kälte, die notwendig gewesen war, um ein Kind wegzugeben, es der Willkür fremder Menschen in einem fernen Land zu überlassen, deren Sprache man nicht verstand. Der Kälte, ein Zwillingspaar zu trennen. Ich hatte das dringende Bedürfnis, eine Erklärung aus dem Munde derer zu hören, die solches getan hatten.

Wohl wissend, dass ich keinesfalls willkommen sein würde – das war ich niemals wirklich gewesen, aber endgültig seit dem Tage nicht mehr, als ich nach meinem Besuch mit Raphael das Haus verlassen hatte – fuhr ich zum allerletzten Mal »nach Hause«.

Auf der Fahrt versuchte ich mich darauf vorzubereiten, was in etwa mich erwarten würde. Ich bereitete mich vor Vaters Weinkeller mit einem Gebet auf die schwierige Situation vor. Dann fuhr ich das letzte Stück, parkte das Auto für alle Fälle in »Fluchtrichtung«, stieg aus und klingelte. Die Frau, die uns geboren hatte, machte gerade noch widerwillig die Tür auf und hieß mich mürrisch Platz zu nehmen. Ihr Ehemann hingegen war strikt dagegen gewesen, mich einzulassen; er wusste, dass ich hartnäckig war und nicht aufgeben würde, bis ich erfahren hatte, was ich wissen wollte. Schließlich hat er mich – ob er wollte oder nicht – einige Jahre ehrgeizig für mein Wissen und meine Ziele arbeiten sehen.

Ich behielt meine Jacke an, setzte mich in der neu gestalteten Wohnküche direkt neben die Tür und war ganz ruhig. Im Gegensatz zu meinem Stiefvater. Er ging auf und ab, schimpfte leise vor sich hin und kaute unentwegt an seinen Fingernägeln. Die Frau, die uns geboren hatte, flüchtete sich in die Gastgeberrolle und begann, Tee vorzubereiten. Sie war allerdings nicht ganz bei der Sache, stellte den Kessel auf die falsche Herdplatte, zerrte an den Drehschaltern des Herdes und wischte sich ständig die Hände an ihrer Schürze ab.

Ich beobachtete die beiden scharf, holte das Foto, das Helen und mich kurz vor meiner Abreise aus Afrika zusammen in ihrem Haus zeigte, aus der Jackentasche und ließ die Bombe los: »Ich war in Afrika«, sagte ich langsam, jedes Wort betonend. »Bei der Helen?«, fragte die Frau in aggressivem Tonfall, ohne vom Herd aufzublicken. »Ja«, bestätigte ich und hielt das Foto hoch. Da presste sie beide Fäuste gegen das Gesicht und ließ kurz darauf die Arme mit den noch geballten Fäusten sinken. Diese Reaktion hatte ich schon einmal an ihr beobachtet, damals, als Herr Banz zum ersten Mal zu uns gekommen war.

Im selben Moment kam ihr Ehemann an ihr vorbei, und meine Aufmerksamkeit wandte sich zwangsläufig ihm zu. Er war total außer sich und zitterte vom Kopf bis zu den Füßen, während er mühsam Richtung Flur stolperte. Sein Gesicht war hassverzerrt. Er ging in Richtung des Zimmers, in dem er seine Gewehre und Pistolen verwahrte. Ich wusste genau, welcher Gedanke in seinem Kopf herumspukte. Er wollte zu Ende bringen, was er schon immer hatte tun wollen.

Währenddessen hatte die Frau ihre Sprache wiedergefunden und schrie aus Leibeskräften: »Hinaus!« Ich erhob mich möglichst ruhig, schob den Stuhl zur Seite und sagte nur: »Ich gehe.« Im Flur beschleunigte ich jedoch meinen Schritt. Die Frau rannte hinter mir her und versuchte mir mit aller Kraft das Foto zu entreißen, das ich noch immer in der Hand hatte, doch es gelang ihr nicht, ich hielt es fest. Überdeutlich spürte ich die tödliche Bedrohung und rannte zum Auto. Keuchend ließ ich mich auf den Sitz fallen. Der Wunsch, dieser Situation zu entrinnen, spornte mich zur Eile an und ließ mich in Sekundenschnelle davonbrausen. Ich war mir der Gefahr, in der ich geschwebt hatte, bewusst.

Lange Zeit fuhr ich empfindungslos durch die Nacht. Das Auto schien sich von allein zu steuern. Es war keine Luft in meinen Lungen, und mein Mund war trocken. Ich hätte gerne geweint, aber es kam keine einzige Träne in meine Augen. Nach etwa einer Stunde Fahrt hielt ich an und trank Kaffee.

In der Zwischenzeit war die Spannung größtenteils gewichen, und die Lebensgeister waren zurückgekehrt. Vor allem aber empfand ich eine tiefe innere Befriedigung. Nichts, die Geburt meines Sohnes ausgenommen, hat mir jemals eine derartige Befriedigung verschafft. Mit einem einzigen Satz hatte ich sie bezwungen.

Sie haben versagt. Alle beide. Keiner war in der Lage, sich mit dem Thema auseinander zu setzen. Keiner wollte es. Sie wussten schon eine ganze Weile, dass ich die Wahrheit kannte. Ihre Devise hieß: totschweigen. Betonung auf dem Wort »tot«. Tot um jeden Preis.

Zugegeben, entgegen langjähriger gegenteiliger Erfahrung

hatte ich gehofft, dass sie anders reagieren würden. Ich hatte mir gewünscht, dass sie ihr Schweigen brechen und versuchen würden, eine Erklärung abzugeben, warum sie damals keinen anderen Ausweg gesehen hatten.

Ganz tief drinnen in meiner Seele hatte ich sogar gehofft, meiner Mutter eines Tages die verlorene Tochter wieder zuführen zu können. Ich hätte ihr gerne geschenkt, was sie sich insgeheim als Mutter am meisten wünschen musste: Dass sie Helen mit eigenen Augen gesehen hätte, dass sie sich davon hätte überzeugen können, dass es ihr gut ging. Auch wenn sie sich nicht richtig hätten miteinander unterhalten können, wäre es eine wunderbare Begegnung gewesen. Doch die Chance war vertan, und die Fragen würden unbeantwortet bleiben.

Zu meinem Erstaunen empfand ich plötzlich Mitleid mit ihnen, großes Mitleid. Welche übergroße, unvorstellbare Angst musste diesem abgrundtiefen Hass, dieser Reaktion zu Grunde liegen? Was hatten die beiden sich – jeder sich selbst und dem anderen – mit diesem Lügennetz angetan? Ich begriff, dass beide seit vielen Jahren – mein Leben lang, unser Leben lang – schwer dafür bezahlt haben und immer noch bezahlen.

Von den quälenden Schuldgefühlen ganz zu schweigen. Doch am schlimmsten musste sie bedrücken, dass sie sich mit niemandem, nicht einmal miteinander darüber aussprechen konnten, um sich dadurch eine gewisse Erleichterung zu verschaffen.

Die Tränen der Frau, die uns geboren hat, zu Weihnachten, zu den anderen Festtagen, zu meinen Geburtstagen, zum Muttertag und die Hilflosigkeit, mit der ihr Mann ihnen begegnet ist, waren deutliche Zeugen eines furchtbaren, unmenschlichen inneren Kampfes.

Otto, der »Freund«, den Robert herbeigerufen hatte, wenn es zu schlimm war, wenn sie sich überhaupt nicht mehr trösten lassen wollte, hatte ihr außer zusätzlichen, injizierten Beruhigungsmitteln, von denen er genau wusste, dass sie nur für die nächsten Stunden Erleichterung bringen würden, nichts zu bieten. Das war seine Hilfeleistung. Auch er ist in die Geschichte involviert. Die einzige Chance liegt in der lückenlosen Aufdeckung der Wahrheit. Im Mut zur Wahrheit.

Ich fühlte mich so erleichtert, als hätte ich einen furchtbar schweren Rucksack von meinen Schultern genommen und in dem Haus abgeworfen, in dem er mir aufgeladen und im Laufe meines Lebens mit Steinen gefüllt worden war.

Kurz nach Mitternacht kam ich zu Hause an, legte mich angezogen auf mein Bett und versuchte mich zu entspannen. An Schlaf war nicht zu denken, also zog ich die Rollläden hoch und sah zu, wie der Morgen graute und es langsam heller wurde. Schließlich stand ich auf, kochte Kaffee und sandte eine kurze Nachricht an Helen: »I did it!« Als Antwort kam »Brave, Eva, great!« zurück.

Wenige Wochen später fand unser alljährliches Maturatreffen statt, und ich erzählte meinem engeren Kreis von den Neuigkeiten. Eine meiner Freundinnen ist Ärztin, und sie informierte mich über die Details und die zu erwartenden Kosten einer DNA-Analyse. Ich war gerne bereit, den nicht unerheblichen Betrag für das Gutachten zu übernehmen und wollte mit meinem Vater zumindest über die Möglichkeit der Durchführung einer DNA-Analyse sprechen.

Als ich ihn anrief, um ihm meinen Besuch anzukündigen, bekam ich wieder einmal die Bestätigung, dass ich mich auf meine Intuition verlassen konnte. Meine innere Stimme, die mich bei meinem ersten Besuch vor Enttäuschung gewarnt hatte, sollte Recht behalten.

Mein Vater verleugnete mich wieder. Er teilte mir am Telefon mit, dass ich ihn nicht besuchen könne, weil er seinerseits gerade in dieser Woche die Verwandten seiner Frau besuchen müsste. Im Hintergrund hörte ich die Stimme der Rosel, die lautstark auf ihn einredete. »Wehe dir, wenn du sie wieder herkommen lässt!«, schnappte ich auf. Er ließ mich nicht, er wimmelte mich ab. Die Enttäuschung über diese neuerliche Verleugnung nach unserem Zusammentreffen als Vater und Tochter, das ihm so nahe gegangen war, traf mich so abgrundtief und war so sehr verletzend, dass ich anfangs nicht glauben konnte, nicht glauben wollte, dass er mich wieder von sich geschoben hatte.

Und doch war es die Realität. Einige Tage lang dachte ich darüber nach, und mir wurde klar, dass er wie alle anderen Angst hatte. Angst davor, mir Rede und Antwort stehen zu müssen. Sicher wusste er von seiner langjährigen Geliebten, dass ich in Afrika gewesen war und die andere Tochter besucht hatte und dass ich gekommen war, um mehr zu erfahren. Nein, so weit ging seine Liebe zu mir offensichtlich nicht. Außerdem war er auf die Rosel angewiesen; jetzt wo er alt und krank war, war sie für ihn unentbehrlich geworden, und sie wollte von seiner Vaterschaft absolut nichts wissen. Seine Geliebte wollte auch nicht, dass er zu mir in Kontakt stand; das ließ ihr Lügennetz, in dem sie ihn umgarnt hielt und das er offenbar niemals in Zweifel gezogen hatte, nicht zu. Ich musste wieder aus seinem Leben verschwinden und zwar sofort und für immer. Das hatte ich jedoch nicht vor. Nein, ich würde mich nicht mehr an der Nase herumführen lassen. Meine Geduld war am Ende, und mein Maß war voll, mehr als voll, es lief gerade über.

KAPITEL 16

Plan zur Feststellung der Vaterschaft

Systematisch begab ich mich auf die Suche nach einem Rechtsanwalt, mit dessen Hilfe ich die Feststellung der Vaterschaft durchsetzen wollte. Ich fand einen, der mir die gesetzliche Grundlage erläuterte, die man nicht gerade als »der modernen Welt, in der wir leben, angepasst« bezeichnen kann. Es wurde mir von dem Anwalt dargelegt, dass ich als Erwachsene in der Republik Österreich bis zum heutigen Tage keinen Rechtsanspruch auf Feststellung meiner Unehelichkeit und nachfolgende Feststellung der tatsächlich für mich zutreffenden Vaterschaft hätte.

Nur der Ehemann meiner Mutter hat das Recht, ein so genanntes Ehelichkeitsbestreitungsverfahren anzustrengen, wenn er das will. Oder der Staatsanwalt, wenn das im Interesse des Kindes – also in meinem Interesse – oder im Interesse der Öffentlichkeit liegt. Das bedeutet, es liegt im Ermessen des Staatsanwaltes, eine entsprechende Klage zu erheben oder eben nicht.

Der Anwalt schickte ein Schreiben an meinen leiblichen Vater Alois Mayer, der sich daraufhin eine Anwältin nahm, deren Name während meiner Kindheit in unserem Hause des Öfteren gefallen war. Die Anwältin bestritt im Namen meines leiblichen Vaters, dass er jemals sexuell mit meiner Mutter verkehrt hätte. Er wäre entrüstet, dass ich überhaupt zu dieser Annahme gekommen sei. Außerdem hätte Herr Mayer sich meiner Anschuldigung wegen schon mit meiner Mutter in Verbindung gesetzt, die ebenfalls jeglichen sexuellen Kontakt zu Herrn Mayer bestreite. Diesen sexuellen Kontakt habe ich bereits im Kleinkindalter beobachtet, noch bevor ich wusste, worum es sich dabei handelte, wobei mich die Begleitgeräusche erschreckt hatten. Auch später habe ich diesen »Verkehr« öfter gesehen, als mir lieb war, und ich hätte den beiden sogar ihre bevorzugte Stellung in allen Einzelheiten beschreiben können.

Das half aber leider nichts. Der Anwalt bedauerte, mir angesichts der Situation mitteilen zu müssen, dass er den Staatsanwalt nicht davon hatte überzeugen können, für mich in dieser Sache tätig zu werden. Die nächste Enttäuschung. Die Rechnung war seinem Schreiben beigefügt. Ich legte den Brief zur Seite und sah aus dem Fenster. Die Erinnerung an die damalige Entscheidung des Richters in Sachen des Mannes aus dem Dorf gegen Herrn Robert Hinterhütter, die auffällig vielen Mitmenschen nicht ganz gerecht erschienen war, kam mir in den Sinn.

Also gut. Das war es nicht gewesen. Inzwischen hatte ich Erfahrung mit Niederlagen und ließ mich nicht so schnell aus dem Sattel werfen. Das war nicht das Ende. Im Gegenteil, jetzt fing es erst richtig an.

Daran änderte auch ein Anruf bei mir nichts, den jemand im Auftrag meiner »Familie« ausführte und in dem sie mir mitteilen ließ, dass sie mich »entmündigen« lassen würden, wenn ich meine Aktivitäten zur Feststellung der Vaterschaft nicht sofort einstellen würde. War das nicht ihre eigene übergroße Angst, die sie auf mich übertrugen?

Ich betete um den richtigen Anwalt für den Fall Eva gegen Alois Mayer. Als ich ihm dann gegenübersaß und das Thema umriss, hatte er sofort erfasst, dass es mir nicht vorrangig um Geld, sondern um die Wahrheit ging. Um die ganze Wahrheit. Nichts sonst. Ich wusste, dass er es war, den ich gesucht hatte.

Dr. Sehmann war ein großer, schlanker Mann mit vollem, dunklem Haar und wachen, grünen Augen, denen nichts entging. Er pflegte seine Worte sorgfältig zu wählen und durch die gelassene Art seiner Sprache zu unterstreichen. Seine besondere Gabe lag in der Fähigkeit, Zusammenhänge zu erfassen, die seinen Gesprächspartnern, die ihm den Sachverhalt vortragen, selbst verborgen geblieben waren. Das, was meiner Meinung nach einen guten Anwalt ausmacht. Mit ungeheurer Präzision erfasste er alle Zusammenhänge in meinem Fall.

Herr Dr. Sehmann erläuterte mir, dass das beträchtliche Vermögen meines leiblichen Vaters Alois Mayer aus dem rechtlichen Blickwinkel äußerst wichtig war. Die sich daraus ableitenden erbrechtlichen Konsequenzen stellten nämlich mein persönliches Interesse an der Feststellung der Vaterschaft dar. Dieser Sachverhalt war bislang überhaupt nicht in Erwägung gezogen worden.

Das Gespräch brachte mir auch wieder zu Bewusstsein, dass mein Stiefvater seiner Tochter Agathe anlässlich ihrer Vermählung den Löwenanteil seiner Besitztümer bereits überschrieben hatte. Von dieser Überschreibung hatte ich zufällig durch Dritte erfahren und war betroffen. Nicht wegen der Tatsache selbst, denn diese wurde mir in meiner Kindheit so oft gepredigt, dass sie keine Überraschung für mich darstellte, sondern deswegen, weil ich durch Dritte davon erfahren musste, die sich über diese Vorgehensweise gewundert und mich nach dem sicherlich vorliegenden Grund gefragt hatten. Ich hatte ihnen keine Antwort geben können. Aber ich habe meine »Familie« damals, es war kurz nach der Geburt meines Sohnes, besucht und selbst gefragt, ob es wahr sei, was ich gehört hatte.

Es hat sich herausgestellt, dass die Familie Hinterhütter auf eine Reaktion meinerseits bestens vorbereitet war und mir tatsächlich wesentlich weniger als ein Prozent der Fläche, die überschrieben worden war, reserviert hatte. Meine Bemühungen, diese zu verkaufen, scheiterten, weil sich niemand auftreiben ließ, der dieses winzige, abschüssige Ackerland in nicht gerade guter Lage überhaupt haben wollte. Allein meine Bemühungen, dieses Fleckchen Erde zu veräußern, riefen jedoch die »Familie« wieder auf den Plan, die um jeden Preis vermeiden wollte, dass die Sache in der Öffentlichkeit bekannt wurde, und sie erboten sich widerwillig, das Stück Erde von mir zurückzukaufen. Sie wollten ganz offensichtlich verhindern, dass »die Leute« von der »Mickerigkeit« des mir »überschriebenen« Anteils Kenntnis erlangten. Das wäre dem Ruf des Hauses nicht gerade förderlich gewesen. Die Durchsetzung eines ordentlichen Kaufpreises für den Streifen Land war der einzige wirkliche Sieg, den ich den Hinterhütters hatte abringen können.

Nach diversem Schriftverkehr brachte Herr Dr. Sehmann eine Anregung nach dem entsprechenden Paragrafen bei der Staatsanwaltschaft für mich ein, woraufhin ich zu einer Anhörung vor Gericht geladen wurde. In der Ladung wurde ich auch aufgefordert, eine Kopie meiner Geburtsurkunde mitzubringen. Der erste Erfolg nach mehr als einem Jahr Kampf! Ich war überglücklich. Sorgfältig trug ich alle Fakten zusammen und ordnete sie chronologisch in meinem Kopf. Herr Dr. Sehmann begleitete mich zu dem Termin. Ich war zutiefst dankbar, dort die Wahrheit offenbaren zu dürfen, die in einem Protokoll festgehalten wurde. Endlich, endlich ernst genommen worden zu sein, war ein Segen, und ich war so unendlich glücklich. Leicht wie eine Feder schwebte ich die

Treppe des Gerichtsgebäudes hinunter und freute mich über meinen Erfolg.

Nicht lange. Etwa zwei Monate später kam der abschlägige Bescheid der Staatsanwaltschaft. Beim Lesen der Recherche der Gründe für diese Entscheidung, die mein Anwalt durchgeführt hatte, musste ich den Atem anhalten, weil ich es nicht glauben konnte. Mitglieder der »Familie« Hinterhütter hatten bei ihrer Befragung zur Stellungnahme, die getrennt von meiner durchgeführt worden war, angegeben, dass ich mich in psychiatrischer Behandlung befände und seit meiner Scheidung in einer Scheinwelt leben würde. Es waren äußerst bösartige Anschuldigungen und Verleumdungen gegen mich vorgebracht worden, die ihresgleichen lange suchen dürften. Mir war vorher schon klar gewesen, dass sie mit allen zur Verfügung stehenden Mitteln versuchen würden, die Wahrheit weiter unter Verschluss zu halten. Aber mit diesen Mitteln?

Im Gegensatz zu den Damen Hinterhütter war ich niemals mit Psychopharmaka in Berührung gekommen, und die psychiatrische Behandlung hatten die beiden offensichtlich dringend nötig, da sie jegliche Hemmschwelle überschritten hatten und vor nichts mehr zurückschreckten. Mir graute bei dem Gedanken, wie tief sie gesunken sein mussten. Welche Kaltblütigkeit notwendig gewesen war, um die aufgeführten Äußerungen – vor Gericht – zu machen. Mich fröstelte bei dem Gedanken, und ich dankte Gott, dass er mich von ihnen weggeführt hatte.

Wie aber waren sie auf den Gedanken mit der psychiatrischen Behandlung, in der ich mich doch niemals befunden hatte, gekommen? Es stellte sich heraus, dass Bertram der Frau, die mich geboren hat, mit der er immer noch in Kontakt stand, erzählt hatte, dass wir kurz vor der Scheidung eine Eheberatung aufgesucht hatten, um ein Gespräch mit einem Psychologen zu führen; dieses Gespräch hatten sie jetzt in eine psychiatrische Behandlung für mich umfunktioniert und gegen mich verwendet. Ihre Angst musste so enorm sein und sie Tag und Nacht peinigen, dass meine Vorstellungskraft über das Ausmaß dieser Angst bei weitem nicht ausreichte.

Der Staatsanwalt zählte zur älteren Generation und sollte in absehbarer Zeit pensioniert werden. Er hatte offensichtlich nicht die Absicht, ältere, scheinbar »honorige« Herrschaften – Herrn Hinterhütter und Herrn Mayer – wegen der Feststellung einer Vaterschaft vor Gericht zu zitieren. Die beiden waren immerhin schon im fortgeschrittenen Alter, und theoretisch bestünde die Möglichkeit, dass sich einer von ihnen während einer Verhandlung so sehr aufregte, dass er sogar versterben könnte. Die Angst vor einer Leiche im Gerichtssaal, war dieser Gedanke der Grund für die Untätigkeit des Staatsanwaltes? Ich wusste es nicht, es war Vermutung. Aber eine nahe liegende Vermutung die ich nicht alleine hatte. Man musste sein Lügennetz nur sicher bis ins Alter hinein tragen, dann wurde es von anderen beschützt, ging es mir durch den Kopf.

Mir blieb lediglich die Möglichkeit, die Pensionierung des Staatsanwaltes abzuwarten und danach eine neuerliche Anregung bei seinem Nachfolger anzustreben. Ich war dankbar für die aufrichtigen Bemühungen meines Anwalts, mir Gerechtigkeit widerfahren zu lassen.

Getreu dem Motto: »Die Lüge wird nicht zur Wahrheit, indem sie an Macht gewinnt«, entschloss ich mich, die erzwungene, unbestimmte Wartezeit bestmöglich zu nutzen und den Kampf wieder aufzunehmen, wenn die Zeit dafür gekommen war.

Und ich dankte Gott von ganzem Herzen, dass er mir Dr. Sehmann, der eine integre Persönlichkeit besitzt, an der Bestechungsversuche wie ein Schiff am Eisberg zerbarsten, auf meinen Weg geschickt hat.

Es war Sommer, und Raphael hatte Ferien. Etwas wehmütig wurde mir klar, dass die Zeit, als er mich noch selbstverständlich auf meine Urlaubsreisen begleitet hatte, zu Ende war. Ich freute mich deshalb sehr, dass er noch einmal eine Woche mit mir in den Tiroler Bergen verbringen wollte. Das Wetter war sonnig, und wir verbrachten ein paar herrliche Tage damit, von einer Alm zur nächsten zu wandern. Ich genoss diese Tage, in denen ich mein »Kind« ganz für mich allein hatte. Ich hörte ihm zu und lernte viel darüber, wie seine Generation dachte und was sie berührte.

Als wir auf einer der Almen beim Kaffee saßen und mein Blick über die saftige Weide schweifte, auf der die Kühe grasten und ihre Schwänze um sich schlugen, um die lästigen Fliegen zu vertreiben, kam plötzlich das Bild grasender Zebras in meinen Sinn, und wir sprachen zum ersten Mal von der Möglichkeit, im kommenden Winter zusammen nach Afrika zu fliegen.

»Typisch Mama«, scherzte Raphael, »sitzt in den Tiroler Bergen und träumt von Afrika.« Aber ich spürte deutlich, dass ihm der Gedanke gefiel, und ich begann sofort mit der Planung der Reise. »Plane lieber erst mal, wo wir heute Abend essen werden«, schlug er vor, »unser Lieblingsrestaurant hat Ruhetag.« Was zutraf.

KAPITEL 17

Afrika II

In den Weihnachtsferien flog ich mit Raphael nach Afrika. Endlich konnten wir zusammen die Reise machen, die ich ihm im Babyalter versprochen hatte, als der erste Brief von Helen nach einer mehrjährigen Schreibpause eingetroffen war.

Seit Anfang November, als wir den Flug gebucht hatten, genossen wir beide unsere Vorfreude, und einen Tag vor Weihnachten packten wir unsere Koffer. Vor dem Abflug entdeckte Raphael einen Rabbiner und eine Nonne unter den Fluggästen und meinte verschmitzt: »Hey, Mam, sieh nur, abstürzen werden wir nicht.« Wir lachten zusammen über seine Entdeckung, tranken Kaffee und schoben uns schließlich langsam in der Schlange der Passagiere an Bord.

Während des Fluges wurde ein Film gezeigt, in dem Zwillinge eine Rolle spielten. Immer wieder sah ich zu Raphael hinüber, der inzwischen eingeschlafen war, und freute mich aus ganzem Herzen, allen Schwierigkeiten zum Trotz diese Reise mit ihm zusammen machen und ihm meine, besser gesagt unsere Verwandten vorstellen zu dürfen. Ich konnte nicht schlafen und erinnerte mich an meinen letzten Besuch bei Helen. Die Vorfreude auf den weißen Sand im Sonnenschein entlockte mir ein Lächeln, das der den Gang entlangkommende Steward missverstand und mir bedeutungsvoll zuzwinkerte. Ich lachte in mich hinein, schloss die Augen und hing meinen Erinnerungen nach.

Nach der langen Reise kletterten zwei müde Gestalten aus dem Flugzeug, die von Helen liebevoll in Empfang genommen wurden. Dieses Mal hatte mich Helen zuerst gesehen, und wir umarmten uns und hielten einander schweigend fest. Sie war erstaunt, wie groß Raphael war. Er war inzwischen ein junger Mann geworden, der mich um Kopfeslänge überragte. Während er unser Gepäck in Helens Auto lud, sah ich sie an und stellte fest, dass sie unter ihrer Bräune erschöpft aussah. »Geht es dir gut?«, fragte ich, und sie sagte: »Jetzt wieder, ja, aber ich bin eine Weile ziemlich krank gewesen.« Auf der Fahrt erzählte sie mir von ihrer langwierigen Krankheit, die lange Zeit nicht richtig diagnostiziert worden war.

Als wir zu Hause aus dem Auto stiegen, kam uns Emily, die sich zu einer richtigen Schönheit gemausert hatte, mit Ricky, der Katze, auf dem Arm entgegen und übergab sie Raphael zur Begrüßung, der sie ihr abnahm und streichelte. Wir gingen hinauf zur Säulenhalle, in der Peter und Mike mit einem Begrüßungstrunk auf uns warteten. Auch Mike war ein ganzes Stück gewachsen, und Peters Schläfen wurden langsam grau, wie ich scherzend feststellte. »Ich komme jetzt ins interessante Mannesalter, Eva, siehst du das nicht?«, konterte er im Spaß. Zum Schluss trat Mary aus der Küchentür und wollte nicht glauben, dass »der große blonde Mann« mein Sohn Raphael sei.

Wir nahmen in der Säulenhalle Platz und ließen uns das Ergebnis von Marys Kochkünsten schmecken. Wir waren sehr müde, und die ungewohnte Hitze in Verbindung mit der hohen Luftfeuchtigkeit machte uns zu schaffen. Als Emily Raphael sein Zimmer zeigte, ließ er sich auf das Bett fallen, blieb liegen und schlief augenblicklich ein.

Ich blieb noch eine Weile draußen sitzen, genoss die Wärme und trank eine Tasse Tee. Später führte mir Mary stolz ihr neues Kleid und den dazu passenden, farbenfrohen Turban, den ich besonders bewunderte, vor. Das Kleid schien ihr Selbstbewusstsein zu stärken, und sie sah sehr attraktiv darin aus. Es erinnerte mich ein bisschen an die Wickelkleider, die auf den Fotos des Missionars abgebildet waren, die ich in meiner Kindheit gesehen und für Stoffstreifen gehalten hatte. Schließlich konnte auch ich mich nicht mehr auf den Beinen halten und legte mich hin. Mit dem Geräusch der an den Strand brandenden Wellen, das ich so sehr liebte, schlief ich rundum zufrieden ein.

Am nächsten Morgen zeigten die Kinder Raphael das Grundstück, und Helen und ich sahen ihnen zu, wie sie zusammen im Pool schwammen. Danach frühstückten wir auf der Terrasse. Ricky hatte Raphael offensichtlich ins Herz geschlossen und strich um seine Beine. Es tat mir so sehr gut, ihn zusammen mit Emily und Mike mit den Katzen spielen zu sehen. Raphael versuchte Laura, dem Papagei, ein deutsches Wort beizubringen. »Bring ihr ein Schimpfwort bei!«, flüsterte ihm Mike ins Ohr. Raphael tat ihm den Gefallen, gegen meinen Widerspruch.

Nach dem Frühstück fuhren wir zum Strand. Das Meer! Ich begrüßte es freudestrahlend und sah zu, wie Peter und Emily Raphael beibrachten, wie man das Surfbrett benutzt, um auf den Wellen zu reiten. *»Catch a wave!«*, schrie Emily, um sich im Brausen der Wogen Gehör zu verschaffen. Raphaels grüne Badehose verschwand öfters unter den Wellen, bis er herausgefunden hatte, wie man es anstellen musste, um oben zu bleiben. Helen und ich liefen barfuß durch den heißen Sand, pirschten uns mit dem Fotoapparat an unsere Kinder heran und schossen ein paar Aufnahmen, für die wir später geschimpft wurden und uns gegenseitig als Übeltäter bezichtigten. »Ihr seid doch aus demselben Holz geschnitzt!«, meinte Raphael. »Keine will es gewesen sein.«

»Da hast du Recht« unterstützte ihn Emily.

Helen und ich schlenderten in unseren langen Sommerröcken den Strand entlang und lachten ausgelassen. Ich fühlte mich so wunderbar wohl, so gut und war so zufrieden, dass ich es geschafft hatte, mit Raphael zusammen hierher zu kommen. Nach einer Weile ließ ich mich einfach hinfallen, grub mit beiden Händen im Sand und ließ ihn immer wieder durch die Finger rieseln, als wollte ich sicher sein, dass das wirklich der weiße Sand war und ich mich nicht täuschte. »Das Leben ist so schön!«, dachte ich immer wieder und blickte von Helen, die neben mir kniete, zu den Kindern, die auf den Surfbrettern saßen und in den Wellen schaukelten.

Zu Hause spülten wir im Pool den Sand von unserer Haut, duschten und tranken Tee. Erst als wir beim Tee saßen, fiel mir auf, wie bleich Raphael neben Emily und Mike aussah, und nicht nur er, auch meine Beine nahmen sich im Vergleich zu Helens Beinen kreidebleich aus. »Das ändert sich schnell«, sagte Helen, die meinen Blick aufgefangen hatte. »Erinnerst du dich noch an deinen Sonnenbrand?« Und wie! Er gehörte zu den bleibenden Erinnerungen meiner ersten Afrika-Reise.

Abends saßen wir in einem Restaurant, und Mike verpetzte Emily, indem er uns verriet, dass Emily von ihrem Freund einen Kinogutschein geschenkt bekommen und ihn zum Dank »geküsst« habe. Daraufhin verschwanden Emily und Raphael nach draußen zu einem »Gespräch unter Jugendlichen«. Es schien sich dabei um ein unerschöpfliches Thema zu handeln, denn sie kamen lange nicht zurück und mussten herbeigerufen werden, als wir aufbrechen wollten. Helen hob ihr Glas und sagte: »Auf diesen unseren Tag!«

»Auf unseren Tag!«, gab ich zurück, und wir tranken den süßen Wein, der so gut mundete.

Spätabends nahmen wir unsere alte Gewohnheit wieder auf und setzten uns auf die Stufen des Pools, um einander ausführlich zu erzählen, was seit unserem letzten Treffen geschehen war, während wir mit den Füßen im warmen Wasser plätscherten. Sie erzählte mir von ihrer Krankheit, und sie wirkte noch ziemlich angeschlagen. Ihre Vitalität war noch nicht ganz zurückgekehrt, und sie wurde sehr schnell müde. Ich erzählte ihr ausführlich von meinen bisherigen Bemühungen zur Feststellung der Vaterschaft, von den Enttäuschungen und Rückschlägen und versprach ihr, sie auf dem Laufenden zu halten. »Gib nicht auf, Eva«, ermunterte sie mich, »manche Wege sind lang und steinig.«

»Deine Eltern waren anders«, seufzte ich, und ein kleiner Eifersuchtsstich durchfuhr mein Herz. Helen schwieg lange, und ich spürte, dass sie sehr traurig war. »Ja, aber du weißt nicht, was es bedeutet, sie zu verlieren«, sagte sie schließlich mit einem unendlich traurigen Ausdruck in ihren dunklen Augen. Sie hatte ganz besonders zu ihrem »Vater« ein inniges Verhältnis gehabt.

Wir verbrachten viele Tage am Strand, tobten in den Wellen, setzten uns danach in den warmen Sand und beobachteten unsere Kinder beim Surfen. Die Zeit des Genießens war gekommen, und ich war aus tiefstem Herzen dankbar dafür. Die Abende verbrachten wir teilweise auf Barbecues bei Helens Freunden. Am meisten mochte ich Anne, Helens langjährige Freundin und ihren Mann. Emily und Raphael unterhielten sich mit Annes Kindern, während wir im Garten saßen, Wein tranken und plauderten.

Für die Silvesternacht bereitete Helen eine große Party

vor, zu der viele Freunde und Bekannte eingeladen wurden. Einige kannte ich bereits von meinem ersten Besuch, und es wurde ein schönes Fest. Raphael und ich feierten zum ersten Mal im Sommer Silvester und betrachteten fasziniert das Feuerwerk unter dem afrikanischen Sternenhimmel. Die Säulenhalle um das Haus war mit zahlreichen Lampions und Girlanden geschmückt, und aus vielen Lautsprechern tönte Musik. Ich dachte an meine Nachbarschaft und versuchte mir vorzustellen, was sie angesichts dieser Lärmentfaltung unternehmen würde. Hier war alles anders. Das nächste Grundstück lag so weit entfernt, dass nur hin und wieder ein Lautfetzen herübergeweht wurde, wenn der sanfte Wind sich drehte.

Wir tanzten und sangen ausgelassen, und ich bekam einen kleinen Schwips von dem vielen Champagner, der mir ausgesprochen gut schmeckte. Um Mitternacht umarmten wir alle einander, und ich spürte noch einmal diese tiefe Zufriedenheit in mir, zusammen mit Raphael bei Helen und ihrer Familie zu sein. Anschließend hob ich mein Glas zum Himmel und prostete allen meinen Freunden in Europa zu. Helen stand neben mir und prostete unbekannterweise mit. Zu jedem Namen tranken wir einen Schluck. Als ich endlich fertig war und mich umdrehte, stellte ich fest, dass ein halbes Dutzend Leute hinter uns standen und mit uns prosteten, was wir gar nicht bemerkt hatten.

Irgendwann kam Raphael mit den anderen Teenies, die am Pool ihre eigene Feier veranstalteten, zu uns zurück, sah mich an und lästerte: »Ts, ts, ts, du hast ja zu viel getrunken.«

»Du hast Recht«, antwortete ich, »aber ich fühle mich wunderbar«, und ich versuchte mich daran zu erinnern, wann ich zum letzten Mal »einen kleinen Schwips« gehabt und mich so gut gefühlt hatte. Es musste schon ganze Ewigkeiten her sein, ich hatte schon sehr lange keinen Grund mehr zum Feiern gehabt. »Ist ja super«, meinte er lachend und verschwand wieder.

Am Neujahrstag schwammen wir alle verkatert mit Sonnenbrille im Pool, wobei wir darauf verzichteten, mit den Kindern um die Wette zu schwimmen, wie wir das sonst gerne machten. Sie waren immer schneller, aber es machte trotzdem Spaß. Überhaupt war es wunderbar, einfach nur Spaß zu haben.

In den darauf folgenden Tagen gingen wir wieder zum Einkaufen. Mike sollte eingekleidet werden und musste uns begleiten. Er hatte keine Lust und nahm, als wir vor einem Schaufenster mit Bademoden stehen geblieben waren, die Gelegenheit wahr und verschwand um die Ecke, wo er etwas gesehen haben musste, das ihn interessierte. Helen geriet in Panik, als sie merkte, dass Mike nicht mehr neben ihr stand und rannte los, um ihn zu suchen. Als sie ihn gefunden hatte, schrie sie ihn fürchterlich an. Diese Reaktion löste bei mir eine Erinnerung aus.

Als Raphael im selben Alter war, war ich mit ihm in einer großen Stadt, und wir sahen Plüschtiere in einem Schaufenster. Um die Ecke war ein Schuhgeschäft, und ich blieb mit ihm vor dem Geschäft stehen; und geriet in Panik, als ich bemerkte, dass er verschwunden war. Instinktiv rannte ich um die Ecke und sah ihn vor dem Schaufenster mit den Plüschtieren stehen. In meiner übergroßen Angst habe ich ihn angeschrien, was mir hinterher Leid tat. So wie ihr jetzt.

Als wir am Abend zusammen am Pool saßen, sprachen wir über den Vorfall, und ich erzählte ihr, dass diese Angst bei mir sehr ausgeprägt gewesen war, als Raphael noch ein Baby war. Ich ließ ihn damals niemals allein. Selbst an den kältesten Wintertagen hob ich ihn schlafend aus dem Kinderwagen und nahm ihn mit in ein Geschäft, aus Angst, dass jemand ihn mir wegnähme, wenn ich ihn wenige Minuten unbeaufsichtigt ließ. Mir wurde bewusst, dass ich ihn auch meiner Mutter niemals allein anvertraut hatte. Wenn sie bei uns zu Besuch war, ließ ich sie nicht mit dem Kind alleine, solange es noch klein war. Sie hatte sich einmal beklagt, dass ich sie nicht einmal ein kleines Stück allein mit dem Kinderwagen spazieren fahren ließ. Nein, ich vertraute ihr nicht. War das mein Unterbewusstsein, das sich daran erinnerte, dass sie eines ihrer Kinder »verloren« hatte? Auch meiner Schwiegermutter traute ich das nicht zu, als Raphael klein war.

Helen war es ähnlich ergangen. Sie schleppte die Kinder ständig mit sich herum, solange sie im Babyalter waren. Und wie ich auch musste sie sich von verschiedenen Leuten anhören, dass diese übertriebene Angst vor dem möglichen Verschwinden der Kinder wirklich »nicht mehr normal« sei. Dann hatte sie Mary gefunden, die wusste, dass es ihre allerwichtigste Aufgabe war, auf die Kinder aufzupassen. Erst in zweiter Linie kam der Haushalt, für den Helen eine zusätzliche Putzhilfe angestellt hatte. Und Mary passte auf die Kinder auf, als wären es ihre eigenen.

Raphael hatte es tatsächlich geschafft, dem Papagei das deutsche Schimpfwort beizubringen, worüber sich Mike besonders freute. Auch Emily führte die Attraktion ihren Freundinnen vor, die kichernd zuhörten und das Wort ständig wiederholten, um es in ihren »Wortschatz« zu integrieren. Ich tröstete mich damit, dass Laura das Wort wieder vergessen würde. »Das versteht hier ohnehin niemand«, lachte Helen und hielt Laura Mandarinenscheiben hin, aus denen der

Vogel den Saft trank. Ich stellte mich daneben und sah zu, wie Laura den Kopf neigte, um sich von Helen streicheln zu lassen, während Ricky eifersüchtig um ihre Beine strich.

Wir sprachen über unsere Liebe zu Tieren und insbesondere zu Pferden. Peter mochte keine Hunde, weshalb Helen die Katzen gekauft hatte. Den Papagei hatte sie zufällig von einer Dame gekauft, die ihn ihr zuerst nur vorübergehend wegen eines Krankenhausaufenthalts anvertraut hatte.

Helen erzählte mir von ihrer ersten Safari, bei der sie auf einem Pferd durch das Buschland geritten war. Es war sicher sehr schwer, den Fluchtinstinkt eines Pferdes angesichts der vielen wilden Tiere zu beherrschen. Das hätte ich mir nur mit Niko zugetraut, ging es mir durch den Kopf.

Ich dachte an meine eigene Safari und wollte, wie Mütter nun einmal sind, Raphael dieser Gefahr nicht aussetzen. Stattdessen besuchten wir einen Tierpark, in dem es keine Raubtiere gab. Es war trotzdem wunderschön, und wir sahen Giraffen, Elefanten, Zebras, Gnus, Impalas und viele andere »wilde« Tiere. Außerdem machten wir eine Fluss-Schifffahrt, auf der wir mehrere Flusspferde und sogar einige Krokodile am Ufer aus nächster Nähe sehen konnten.

Einen Tag vor unserer Abreise besuchten wir ein auch für afrikanische Verhältnisse weit entfernt gelegenes Eingeborenendorf. Es wurden einige Tänze vorgeführt, bei denen die Hauptattraktion für die meisten Touristen darin bestand, dass die Mädchen »oben ohne« auftraten. Von meinem Platz aus konnte ich einen kleinen schwarzen Jungen sehen, der am Rande der Tanzgruppe stand und die Bewegungen der Tänzer nachzuahmen versuchte. Er war so ernsthaft bei der Sache, dass ihm die Aufmerksamkeit der Touristen gar nicht auffiel. Es war schön, ihm zuzusehen. Er wollte niemandem gefallen. Er tanzte nur für sich allein. Anschließend sang eine andere Gruppe. Besonders die Mädchen sangen sehr schön, und ich hätte ihnen gerne noch lange zugehört.

Wir hatten uns gerade so richtig eingelebt, als es Zeit war, zurückzukehren. Die Ferien waren zu Ende. Der Tradition meines ersten Besuches folgend, machten wir am letzten Tag einen Ausflug und aßen im selben Restaurant. Wie damals kamen wir unter Zeitdruck und rasten zurück zum Flughafen. »Jetzt kenne ich endlich den grundlegenden Unterschied zwischen euch beiden!«, sagte Raphael unvermittelt. »Und der wäre?«, fragten Helen und ich gleichzeitig. »Du«, stellte er fest und sah mich vorwurfsvoll an, »würdest niemals so schnell Auto fahren wie Helen; im Vergleich zu ihr kriechst du wie eine lahme Schnecke.« Helen lachte, und ich verzog das Gesicht. Er hatte Recht. Das stand außer Zweifel.

Trotzdem kamen wir dieses Mal erst in letzter Minute am Flughafen an, umarmten einander hastig, und ich rief Helen, während ich zum Flugzeug rannte, zu: »Jetzt bist aber wirklich du dran!« Lachend rief sie mir »*Yes,* Eva« nach.

Auf dem Rückflug bekam ich Kopfschmerzen, die nicht nachlassen wollten. Zu Hause legte ich mich hin und stellte fest, dass ich auch Fieber hatte. Drei Tage lang fühlte ich mich ziemlich elend, dann ging es mir besser. Im Gegensatz zu Raphael, der sich, als ich bereits auf dem Weg der Besserung war, mit denselben Symptomen zu Bett legte. Ebenfalls drei Tage lang. Danach ließen wir unsere Fotos entwickeln und bewunderten die Strandbilder, während es draußen schneite.

Weitere Besuche würden folgen. Ich freute mich auf den geplanten gemeinsamen Skiurlaub im kommenden Winter. Bis dahin würde sich Helen hoffentlich so weit erholt haben, dass sie die weite Reise antreten konnte. Dann würde es umgekehrt sein: Raphael als Skilehrer für Emily und Mike. In unseren Nachrichten, die wir neuerdings per E-Mail austauschten, malten wir uns aus, wie viel Spaß wir zusammen haben würden, irgendwo hoch oben in den Bergen. Bei Minusgraden! Viel Schönes lag noch vor uns, und künftig wollten wir uns mindestens einmal im Jahr sehen. Das Leben ist kurz.

KAPITEL 18

Kampf um den Vater

Nachdem der bisher zuständige Staatsanwalt pensioniert worden war, rückte der nächste, leider nicht viel jüngere Kandidat in diese Position nach, der seine Karriere damit beschließen würde. Kein erhoffter Generationenwechsel. Keine besonders gute Voraussetzung für meinen erneuten Antrag. Eine Alternative gab es nicht. Also wiederholte Herr Dr. Sehmann auf meinen Wunsch hin den entsprechenden Antrag, und wieder wartete ich mit Hoffen und Bangen auf den Bescheid.

Während ich wartete, schien in Österreich tatsächlich eine Gesetzesänderung in die Planungsphase zu treten, die erwachsenen Kindern einen rechtlich durchsetzbaren Anspruch auf die Feststellung ihrer unehelichen Geburt und folglich auf die Feststellung der zutreffenden Vaterschaft gewähren sollte. Das würde bedeuten, dass ich nicht mehr wie bisher auf das Wohlwollen des zuständigen Staatsanwaltes angewiesen wäre, um die Vaterschaft feststellen lassen zu können, da es sich dann um die Durchsetzung meines eigenen Anspruches handeln würde. Ich war außer mir vor Freude, dass sich eine Bewegung in der Angelegenheit abzuzeichnen schien.

Der Bescheid der Staatsanwaltschaft kam sehr schnell und war wieder negativ. Die Ablehnung meines Begehrens wurde damit begründet, dass die Voraussetzungen von Gesetzes wegen nicht gegeben wären. Was nicht neu war.

Immerhin hatte ich die Hoffnung, dass die neue Gesetzesvorlage schnell beschlossen werden würde und dem Inkrafttreten der Bestimmungen nichts mehr im Wege stünde. Eine Gesetzesvorlage war vom Parlamentsklub einer Partei ausgearbeitet worden, die es erwachsenen Kindern, nach dem österreichischen Gesetz also ab 19 Jahren, zugestand, eine Ehelichkeitsbestreitungsklage im eigenen Namen einbringen zu können. Es war vorgesehen, dass die entsprechende Gesetzesvorlage zusammen mit dem Änderungsgesetz zum Eherecht beschlossen werden würde. Dieses Änderungsgesetz zum Eherecht war vom Nationalrat schon angenommen worden. Wegen der weniger positiven Haltung einer anderen Partei gegenüber dieser Zugangserweiterung zum Recht wurde dieser Teil jedoch nicht mit dem Eherechtsänderungsgesetz mitbeschlossen. Es war geplant, dass er im Anschluss an die Nationalratswahl »nachbeschlossen« werden sollte.

Die politische Situation in Österreich hat sich indessen geändert, und der fertig formulierte Gesetzesvorschlag ist leider nicht in den gültigen Rechtsbestand übergegangen. Mir blieb wieder einmal nichts weiter übrig, als diesen Tatbestand zur Kenntnis zu nehmen, und ich beschloss, mir eine Pause zum Nachdenken und zur Überlegung meiner weiteren Vorgehensweise zu genehmigen. Eines wusste ich ganz bestimmt: Aufgeben würde ich nicht.

Das Skifahren liebte ich seit meinen Kindertagen, und ich freute mich auf den Skiurlaub, den ich mit meiner Freundin Sandra in der Schweiz verbringen würde. Sandra ist diejenige meiner Freundinnen, mit der ich viele Interessen teile. Wir sind in etwa gleich alt, haben denselben Beruf, über den wir uns vor vielen Jahren kennen gelernt hatten und lieben sportliche Betätigung. Oft unternehmen wir lange Wanderungen, auf die uns meist mein Hund begleitet.

Seit Raphael dem Kindesalter entwachsen ist und die Gesellschaft seiner Freunde der meinen auch beim Skilaufen vorzieht, verbringen Sandra und ich regelmäßig unseren Skiurlaub zusammen.

Das Wetter war traumhaft sonnig, und es hatte frisch geschneit. Wir genossen das herrliche Panorama, und wie immer hatte ich hoch oben in den Bergen das Gefühl, dass meine Sorgen weit weg waren und mich da oben nicht erreichen konnten. Sandra und ich sangen ausgelassen *Heaven is here,* während wir mit dem Schlepplift ganz nach oben fuhren, und es war uns egal, ob die Leute hinter uns den Gesang hörten und feststellten, dass zumindest ich nicht singen konnte. Es war so wunderbar, meine Grenzen zu testen und so lange zu fahren, bis ich richtig müde war. Auch Sandra stand in dem Ruf, ein unermüdlicher »Energiebeutel« zu sein.

Nach einem langen Skitag hatten wir abends noch Lust, Schlittschuh laufen zu gehen, und ich war ziemlich müde und schlief tief und fest in dieser Nacht. Kurz vor dem Aufwachen hatte ich einen eigenartigen Traum, der mir ganz deutlich im Gedächtnis geblieben ist: Es war, als ob mein Vater keine Stimme hätte und verzweifelt nach mir rufen würde, immer wieder. Ich fuhr im Bett hoch und lauschte der Stimme, die eigentlich stumm war. Es war noch sehr früh, aber ich war zu aufgewühlt, um noch einmal einzuschlafen und dachte ständig an den Traum.

In dem dichten Schneetreiben, das an diesem Tag herrschte, wollten wir nicht Ski fahren und beschlossen, einen Spaziergang durch den Wald zu machen. Auf dem Weg erzählte ich Sandra von meinem Traum. Wir waren gerade an einer Waldlichtung angekommen, an der die Touristen die schwarzen Eichhörnchen und verschiedene Vögel zu füttern pflegten. Bei dem dichten Schneetreiben waren wir allein im Wald und blieben an der Stelle stehen. Nach und nach kamen einige Eichhörnchen neugierig herbei, um zu sehen, ob wir ihnen etwas mitgebracht hatten. Zwei Eichelhäher, mehrere Haubenmeisen und schwarze Krähen vervollständigten das Bild vom Wintermärchen. Wir hatten zwar kein Futter mitgebracht, was die Tiere jedoch nicht störte.

Sie schienen sich in unserer Gesellschaft wohl zu fühlen und suchten die Reste der Körner und Nüsse zusammen, die um die Futterstelle verstreut lagen. »Was meint ihr denn zu meinem Traum?«, fragte ich die Tiere, und eines der Eichhörnchen hielt im Fressen inne und sah mich an, als hätte es mich verstanden.

Sandra antwortete an seiner Stelle: »Tu, was dir deine innere Stimme sagt, Eva, handle aus dem Bauch heraus.«

»Meine innere Stimme sagt mir, dass ich zu meinem Vater fahren und nachsehen soll, wie es ihm geht«, antwortete ich, und das tat ich auch.

Gleich im Anschluss an die Rückkehr aus dem Skiurlaub fuhr ich übers Wochenende nach Österreich. Ich wusste, dass ich nicht willkommen sein würde, aber ich wollte es versuchen; ich würde nichts unversucht lassen.

Bei meiner Ankunft am Nachmittag parkte ich das Auto vor Vaters Haus und stellte erstaunt und beunruhigt fest, dass zum ersten Mal in all den Jahren das große schmiedeeiserne Tor abgeschlossen war. Ich blickte um mich, sah aber niemanden, setzte mich zurück ins Auto und überlegte. »Streng dich an, es gibt einen Schlüssel, wo ist er«, gebot ich mir selbst und suchte die lange Mauer mit den Augen ab. Mein Blick blieb auf halber Höhe der Mauer rechts vom Tor hängen. Ja, es fiel mir wieder ein. Vater hatte mir damals, als ich ihn mit meinem Gipsbein im Keller besuchte, von dem losen Ziegelstein erzählt, der mit einem Kreuz gekennzeichnet war und hinter dem der Schlüssel liegen musste. Ich wartete, bis ein paar unbekannte Fußgänger, die gerade vorbeikamen, außer Sichtweite waren, stieg aus und begann zu suchen.

Der Schlüssel war da. Total verrostet. Aber er passte und ließ sich im Schloss drehen. Mit klopfendem Herzen ging ich auf das Wohnhaus zu und suchte nach einer Klingel. Hier schien die Zeit still zu stehen. Es gab noch immer keine. Wie beim letzten Besuch klopfte ich ans Küchenfenster und wartete – mich zur Ruhe zwingend – mit gemischten Gefühlen auf eine Reaktion.

Die Rosel machte das Fenster auf, und ein unangenehmer, abgestandener Geruch schlug mir entgegen. Ich erschrak, als ich sie sah. Die Geschwulst unterhalb ihres Ohres war zwischenzeitlich mindestens doppelt so groß wie letztes Mal. Das Haar sah aus, als wäre es seit Monaten nicht mehr gewaschen worden. Doch am meisten schockierte mich der Ausdruck ihrer Augen. Sie waren böse, so böse, wie man sich die Hexe im Märchen vorstellt. Sie funkelten mich an, dass es mir eiskalt den Rücken hinunterlief. Trotzdem sagte ich ganz ruhig: »Grüß dich! Mach bitte auf, ich möchte gerne meinen Vater noch einmal sehen.«

Ihr Blick bekam einen noch bösartigeren Ausdruck, die Augen schienen ein bisschen aus den Höhlen zu treten, und ihre Stimme überschlug sich, als sie mir entgegenschrie: »Geh fort, verschwinde, du hast hier nichts zu suchen!« Während sie immer weiter schreiend noch mehr unschöne Dinge von sich gab, hatte ich Gelegenheit, durch das Fenster an ihr vorbeizuschauen, und entdeckte meinen Vater, der mit dem Rücken zu mir am Tisch saß.

»Vater«, sagte ich leise, um die Rosel nicht auf mich aufmerksam zu machen, und er versuchte, seinen Kopf nach hinten, in meine Richtung, zu drehen, was ihm nicht zu gelingen schien. Seine linke Hand bewegte sich ein kleines Stück nach oben, fiel aber sofort wieder hinunter. Auch sein Haar war schon sehr lange nicht mehr gewaschen worden und ein Haarschnitt überfällig. Er trug eine uralte, graue, durchgewetzte Strickjacke, die ich noch aus meinen Kindertagen kannte. Unter der Jacke lugte der schmutzige, speckige Hemdkragen hervor.

Der Anblick schmerzte mich, und ich stand ganz ruhig da, sah die Rosel flehentlich an und wollte gerade noch einmal um Einlass bitten, als sie merkte, dass ich in die Richtung meines Vaters blickte und dass ich ihn sehen konnte. Sie holte kräftig aus und schlug mir das Fenster vor der Nase zu, dass die Scheibe klirrte. Das Letzte, was ich sah, war ihre unförmige Körpermasse in einem fleckigen, sackartigen Kleidungsstück. Ich blieb stehen und wartete. Hinter der Scheibe schimpfte die Rosel weiter. Nach einer Weile klopfte ich wieder. Aber das Fenster blieb zu. »Mach doch bitte auf!«, versuchte ich es noch einmal, jedoch vergeblich.

Es blieb mir nichts anderes übrig, als unverrichteter Dinge wieder umzukehren. Ich dachte nach. Welche Möglichkeiten hatte ich, ihm zu helfen? Keine. Er hat sich selbst dieser Hilfe beraubt, als er noch einigermaßen gesund war. Ich konnte nicht einmal irgendeinen Hilfsdienst aktivieren, weil ich – offiziell – in keinerlei Verwandtschaftsverhältnis zu ihm stand und kein Recht hatte, seinen Hausfrieden zu stören. Es wurde mir mitgeteilt, dass seine Frau ihn pflegte und dafür »Hilflosenunterstützung« kassierte.

Mir war klar, dass sich die Rosel an ihm rächte. Für ihr ganzes bitteres Leben. Dafür, dass er sie ein Leben lang betrogen hatte, dass sie selbst keine Kinder hatte, dass sie mich hat vor ihren Augen aufwachsen sehen müssen, dass ihre Schwiegermutter ihr die Kinderlosigkeit vorgeworfen hatte, dass ich ihm so ähnlich sah, dass ..., was auch immer sie noch in ihrem Kopf mit sich herumtragen mochte. Sie hielt ihn im Käfig und schottete ihn von aller Welt ab. Sie sperrte ihn ein. Sie tat jetzt, was sie damals gerne getan hätte, als er immer fortging, um meine Mutter zu treffen.

Ich haderte mit seinem Schicksal. Trotz aller Verleugnung war er mein Vater, und ich liebte ihn, und er stand mir nahe. Er hatte mich bis in meinen Traum hinein um Hilfe angerufen. Ich konnte in Erfahrung bringen, dass er tatsächlich seine Stimme verloren hatte und nur noch flüstern konnte, was ihn sehr anstrengte. Deshalb hatte er nicht mit mir gesprochen, als ich vor dem Fenster stand. Bewegen konnte er sich offensichtlich aus eigener Kraft auch nicht mehr. Ich fragte mich, wo die Hilfe seiner Geliebten geblieben war, die ihn doch so häufig besucht hatte, als er noch nicht krank war. Sah sie nicht, in welchem Zustand er vor sich hin vegetierte, oder interessierte es sie nicht mehr? Warum half sie dem Mann, mit dem sie ihr Leben lang eine Beziehung hatte, jetzt nicht, da er ihrer Hilfe bedurfte? Nur eine kurze Strecke trennte sie voneinander, und sie selbst erfreute sich körperlicher Gesundheit.

Wie konnte sie zusehen, dass der Mann, den sie liebte, so herunterkam? Liebte sie ihn nicht mehr? Seit wann liebte sie ihn nicht mehr? War es seit dem Zeitpunkt, als ich ihn besucht hatte und er sich mir als Vater zugewendet hatte? War es vielleicht deshalb, weil seit meinem Besuch das Lügennetz, in dem sie ihn festhielt, an vielen Stellen gerissen war? War es, weil er ihr unangenehme Fragen gestellt hatte? Ich wusste es nicht. Es waren Vermutungen.

Das Bild, das ich durch das halb geöffnete Fenster gesehen hatte, hat mich tief in meinem Innersten getroffen. Wie ist es möglich gewesen, dass er in diese Lage gekommen ist? Ich dachte nach. Vater, mein Vater, der es so sehr liebte, elegant gekleidet und gut frisiert zu sein. Der mehr weiße Hemden besaß als irgendjemand sonst, den ich kannte, weil sie für ihn, mit bunten Krawatten und dunklen Anzügen kombiniert, der Inbegriff von Eleganz waren. Viele Stunden verbrachte ich auf einsamen Waldspaziergängen und suchte. In meinen Erinnerungen. Ein Satz von Immanuel Kant kam mir in den Sinn: »Denken ist Reden mit sich selbst.« Genau das tat ich. So lange, bis ich auf den Spuren meiner Gehirnwindungen sozusagen auf einem Hügel angekommen war, der mir freie Sicht auf die Zusammenhänge gewährte.

Bis zu diesem Augenblick hatte ich meinen Vater als einen Feigling betrachtet, der sich nicht traute, für mich Partei zu ergreifen, für mich zu kämpfen und mir zur Seite zu stehen, wenn ich ihn brauchte. Meiner Meinung nach hatte er mich nur als Puppe gesehen, die er täglich betrachtete und an deren Anblick er sich erfreute. – So war es nicht. Nein. Im Gegenteil.

Hatte er nicht sofort die Gelegenheit ergriffen, in mein Leben zu treten, als es ihm möglich war? Als der vermeintliche »Großvater« gestorben war? Hat er nicht mit meinem Stiefvater und mit meiner Mutter vereinbart, dass ich »gleich«, wie Agathe, behandelt werden sollte? Hat er nicht eine Vereinbarung getroffen, dass er mich jeden Sonntagvormittag nach der Messe besuchen durfte? Ist er nicht zu allen meinen Geburtstagen und allen Festen gekommen? Hat er mich nicht jeden Tag besucht, wenn ich krank war? Hat er nicht den zahlreichen Attacken meines Stiefvaters, die ihn zur Weißglut bringen und ein für alle Mal aus dem Hinterhütter'schen

Haus vertreiben sollten, widerstanden? Hat er nicht bei jedem einzelnen Besuch bei mir die Provokationen meines Stiefvaters ertragen? War er nicht trotzdem guter Laune und hat mit mir gescherzt und gelacht? War er nicht ungemein geduldig und hat immer wieder eingelenkt, wenn der Robert Hinterhütter versuchte, ihn durch Demütigungen aus der Fassung zu bringen?

Musste nicht jeder Besuch eine neue Herausforderung für ihn gewesen sein, die ihn viel von seiner Kraft kostete? Musste er mich nicht aus ganzem Herzen lieben, um all das länger als zwanzig Jahre auf sich genommen zu haben? Wie oft war er nach seinem Kellergang für eine Viertelstunde zu mir hereingekommen, auch wenn Mama ihn an diesem Tag in seinem Haus besucht hatte? Fast täglich. Das war so selbstverständlich für mich gewesen, dass ich diesen Gedanken gar nicht in die Waagschale geworfen hatte. Er hat mir das Allerteuerste geschenkt, das ein Mensch zu geben hat: seine Zeit und seine Aufmerksamkeit. Nicht ein einziges Mal hat er sich auf eine Auseinandersetzung mit meinem Stiefvater eingelassen, weil er wusste, dass er dann sein Besuchsrecht in dem Haus, in dem ich wohnte, verloren hätte. Ist das nicht genau das, was man unter Liebe versteht? Grenzenlose Liebe. So wie man nur ein Kind liebt. Wie man sein Kind liebt.

Wenn er nur die Beziehung mit meiner Mutter gesucht hätte, hätte er es viel einfacher haben können. Es wäre für beide einfacher gewesen. Sie hätten sich überall treffen und Zeit miteinander verbringen können. Dazu waren die Besuche im Hinterhütter'schen Haus nicht erforderlich gewesen.

Warum habe ich das nicht früher gesehen, nicht früher erkannt? Wie schmerzhaft muss es für ihn gewesen sein, als ich heiratete und wegzog? Als ich sogar die Bedingung stellte, dass er bei meiner Hochzeit nicht dabei war? Trotzdem kam er jedes Mal zu Besuch, wenn ich in Österreich war, und erkundigte sich, ob es mir gut ging. Er hat seinen Enkelsohn zwar gesehen, aber niemals in seinen Armen gehalten. Wie sein eigenes Kind.

Noch viele andere Fragen gingen mir durch den Kopf, auf die ich keine Antwort fand, und am schlimmsten war, dass ich keine Handhabe hatte, an ihn heranzukommen, um ihm zu helfen. Ich wurde als Fremde, als Außenstehende behandelt. Niemand wollte mir glauben, dass er in einem dermaßen heruntergekommenen Zustand war. Schließlich war in der ganzen Gegend bekannt, dass er ein wohlhabender Mann war, ein sehr wohlhabender Mann sogar. Außerdem wurde er von seiner gesunden Frau gepflegt, was wollte ich eigentlich? Friedliebende Menschen terrorisieren?

KAPITEL 19

Totenglocken

Ich wusste keinen Rat, kam nicht zur Ruhe und suchte nach einer Lösung. Ich sprach mit meinen Freunden und Bekannten, und sie verstanden meine Sorge, aber auch sie sahen keinen Ausweg, und ich hatte den Eindruck, dass sich niemand ein richtiges Bild von der Situation machen konnte. Ich fühlte mich allein mit einer großen Sorge. Mit meiner großen Sorge.

Eines Nachts hörte ich im Traum den Klang von der kleinen Glocke der Kapelle und wusste, dass sie für meinen toten Vater läutete. Kurze Zeit später erhielt ich im Büro den Anruf, dass er gestorben war, und zwar zusammen mit seiner Frau. Der erste Gedanke, der mir durch den Kopf ging, war die Endgültigkeit der Tatsache, dass er seine Tochter Helen nicht mehr kennen lernen konnte. Und sie ihn auch nicht. Ich ging nach Hause und fühlte mich elend und schuldig. Schuldig, nicht mehr unternommen zu haben. Schuldig, damals die Fensterscheibe nicht eingeschlagen zu haben, schuldig, nicht genug für ihn gekämpft zu haben. Schuldig.

Meine Bemühungen, Genaueres über seinen Tod in Erfahrung zu bringen, wurden von allen Seiten abgeblockt. Auch meine Freundinnen und Bekannten versuchten das Thema möglichst schnell zu wechseln, wenn ich auf die genaue Todesursache zu sprechen kommen wollte. Selbst Maria fertigte mich mit den Worten ab: »Eva, bitte, tu es dir nicht an, du änderst nichts mehr an den Tatsachen. Er wird nicht mehr lebendig, und du kränkst dich nur«.

Je dringlicher ich fragte, desto abweisender waren die Antworten, die ich zu hören bekam, wie z. B.: »Warum willst du dich denn damit abquälen; er ist selbst schuld, dass es so gekommen ist.« Auch die Frage »Warum ergreifst du immer noch für ihn Partei, hat er dich nicht schlussendlich doch verleugnet?« musste ich mir stellen lassen und mit einem eindeutigen »Ja« beantworten. Und trotzdem ist er mein Vater und bleibt mein Vater.

Schließlich wandte ich mich an Herrn Dr. Sehmann um Unterstützung, und er reichte für mich eine so genannte Erberklärung ein, die einzige Möglichkeit, auf dem offiziellen Weg in Erfahrung zu bringen, was geschehen war. Zunächst wurde bekannt, dass gemäß der ausgestellten Sterbeurkunden beide am gleichen Tag verstorben sein sollen, wobei als Todeszeitpunkt »unbekannt« angegeben wurde und als Todesursache bei beiden Herzversagen angenommen wurde. Allerdings war im österreichischen Bekanntenkreis erzählt worden, dass die Rosel vor meinem Vater gestorben sein soll. Ich tappte immer noch ziemlich im Dunkeln.

Es wurde ein gerichtsmedizinisches Gutachten eingeholt, um den Todeszeitpunkt genauer zu bestimmen und insbesondere um festzustellen, wer von beiden früher verstorben war, d. h., wer wen beerben würde. Eigenartigerweise soll kein Testament vorhanden gewesen sein, obwohl ich sicher bin, dass mein Vater während meines ersten Besuches bei ihm erwähnt hat, wo er es hinterlegt hatte.

Stattdessen wurde nun der Ehevertrag, den mein Vater mit der Rosel geschlossen hatte, stellvertretend als »letzter Wille« von beiden herangezogen. In diesem Vertrag haben sich die beiden gegenseitig als Alleinerben ihres Gesamtnachlasses eingesetzt. Aus dem Vertrag entnahm ich auch, dass sie davon ausgingen, dass sie Kinder haben würden, da diese Möglichkeit bezüglich des letzten Willens ausdrücklich erwähnt wird.

Die »Tante Lena«, Vaters Schwester, die sich damals, als wir bei ihnen »eingeladen« waren, das Eis, das ich mir ausgesucht hatte, von meiner Mutter bezahlen ließ, hatte selbstverständlich auch eine Erberklärung abgegeben. Schließlich stand ein beträchtliches Erbe zur Vergabe an. Die Tatsache, dass sie mit ihrem Bruder gelinde gesagt nur eine sehr lose geschwisterliche Beziehung verband, fiel dabei nicht ins Gewicht.

Erst beim Lesen des gerichtsmedizinischen Gutachtens, das mir Herr Dr. Sehmann in Kopie übermittelt hatte, wurde mir das ganze Ausmaß der Katastrophe so richtig bewusst. Die furchtbare Einsamkeit, die meinen Vater umgeben hatte, und der äußerst grauenhafte Tod, den er hatte erleiden müssen. Es ist unvorstellbar, wie schrecklich er sterben musste, und ich wagte nicht, mir eine Vorstellung von seinem Todeskampf zu machen. Von der Hilflosigkeit und Lieblosigkeit, die ihn umgeben hatte. Von den Gedanken, die ihm während dieses Kampfes durch den Kopf gegangen sein mochten, von dem unseligen Wissen, das er mit in den Tod genommen hatte.

Offensichtlich dürfte es sich so zugetragen haben, dass die Rosel im Flur tot umgefallen war. Sie wurde dort leblos aufgefunden. Mein Vater hatte im Wohnzimmer auf der Couch gelegen und war nicht in der Lage gewesen, allein aufzustehen. Er dürfte bei dem Versuch, die Couch zu verlassen, hingefallen und bewegungsunfähig an dieser Stelle liegen geblieben sein.

Später wurde er dort tot aufgefunden. Er hatte keine Stimme mehr gehabt und hatte nicht um Hilfe rufen können. Es gab kein Telefon im Wohnzimmer, keine Notrufeinrichtung, nichts. Es ist so unendlich schwer, so schmerzhaft, die Wahrheit in Worte zu fassen: Mein Vater ist auf dem kalten Fußboden neben der Couch liegend grausam verdurstet und verhungert.

»Vater, Vater«, schluchzte ich, im Wohnzimmer auf dem Teppich liegend, in das weiche Fell des Hundes weinend, unfähig weiterzusprechen. Mein Vater, der sich das Besuchsrecht in dem Haus, in dem ich lebte, erkämpft hat. Mein Vater, der mich so oft besucht hat, wie es ihm irgendwie möglich war. Mein Vater, der mit mir im Keller gesessen und von seiner Jugendzeit erzählt hat, mein Vater, der immer versuchte, alles »gut« zu sehen und mich nicht zu erschrecken. Mein Vater, der mit mir gelacht und gescherzt hat. Mein Vater, der sein Auto für meine Firmung geschmückt hat, mein Vater, den ich ein unvergessliches Mal in meinem Leben ehrlich, aufrichtig, ohne Maske als Vater erleben durfte.

Alles, alles wehrte sich in mir, diesen Bericht mit meinem Vater in Zusammenhang zu bringen. Nein, nicht mein Vater. Jetzt verstand ich, warum niemand mit mir darüber sprechen wollte. Sie alle, die sie ihre Eltern besuchen konnten, wenn es ihnen beliebte, oder die sie umsorgt und deren Krankheit und Sterben sie begleitet hatten, wollten mich vor der Wahrheit »bewahren«. Ich wollte nicht bewahrt werden, ich wollte wissen, was geschehen war. Die beiden haben tagelang tot im Haus gelegen, ohne dass es jemand bemerkt hatte. Schließlich fasste ich mir ein Herz und las das Gutachten zu Ende.

Bei der Rosel schien zum Zeitpunkt des Auffindens die Leichenstarre schon gewichen gewesen zu sein, und außerdem soll sie bereits Verwesungszeichen aufgewiesen und einen Verwesungsgeruch verbreitet haben. Ihre Leiche war in einem speziellen Behältnis weggebracht worden. Bei meinem Vater hingegen soll die Leichenstarre noch feststellbar gewesen sein.

Die Obduktion der beiden Leichen hatte eine Woche nach dem Auffinden stattgefunden. In der Zwischenzeit waren die beiden in einem Kühlraum des Friedhofs untergebracht gewesen.

Ich ließ das Papier in meiner Hand sinken, schloss die Augen und atmete einige Male tief durch, bevor ich wieder weiterlas. Die Körperoberfläche von der Rosel wies teilweise schon Fäulniserscheinungen auf, deren detaillierte Beschreibung mir Brechreiz verursachte. Bei meinem Vater hingegen war nur eine einzige Stelle am Körper gefunden worden, die davon betroffen war.

Die Abbildungen, die dem Bericht beigefügt waren, hat Herr Dr. Sehmann mir nicht mitgeschickt. Ich bin ihm zutiefst dankbar dafür. Die letzte Erinnerung an meinen Vater in der abgeschabten Strickjacke ist schlimm genug. Meine Grenze war erreicht, und den Anblick der Bilder hätte ich wirklich nicht mehr ertragen.

Wie immer, wenn ich über etwas nachzudenken hatte, ging ich in den Wald.

Nachdem ich die Frage nach dem Warum beiseite gelegt hatte, weil ich darauf ganz sicher keine Antwort finden würde, zumindest nicht auf dieser Welt, kam mir das Leben von der Rosel in den Sinn.

Sie begann mir Leid zu tun. Hatte sie eine faire Chance gehabt? Solange ich denken kann, hat sie in ständiger Angst davor gelebt, dass ihr Mann wieder mit meiner Mutter

»unterwegs« war. Sie selbst ist ihr Leben lang allein – einsam – in ihrem großen Haus gewesen, während selbst mein Stiefvater von der Frau, die er trotz allem liebte, und einem eigenen Kind umgeben war. Die Rosel durfte nicht die Freude erfahren, die ein Kind in das Leben jedes Menschen bringt.

Ich habe eine schwache Erinnerung daran, dass sie in meiner frühesten Kindheit zusammen mit meiner Mutter Puppenkleider genäht hat. Sicher wurde ihr diese Betätigung durch das Verhalten meiner Mutter vergällt. Ich erinnere mich, dass meine Mutter und später auch Agathe an allem, was die Rosel uns vorsetzte, wenn wir bei ihr zu Besuch waren, was ohnehin nur selten vorkam, etwas auszusetzen hatten. Ihr selbst gemachter Johannisbeersaft wurde genauso abgelehnt wie ihr Gugelhupf. Die Koch- und Backkünste der Hinterhütter'schen Frauen wurden in den Vorder-, die von der Rosel in den Hintergrund gestellt. Es war nur eine Frage der Zeit, dass sie uns erstens nicht mehr einlud und zweitens nichts mehr für uns kochen wollte.

Jahrelang hat sie klaglos ihren Mann in unser Haus begleitet, das Weihnachts- und Osterfest bei uns gefeiert und sich von meinem Stiefvater necken lassen, weil sie »dick« war. Sie hat an meiner Firmung sicher ebenso wenig Freude gehabt wie ich selbst. Trotzdem hat sie sich neu eingekleidet und einen modischen Hut getragen, über den meine Mutter lästerte. Sie hatte so großen Kummer, dass ihr Kummerspeck entsprechend war. Nach all den Jahren der beständigen Kränkungen in vielerlei Hinsicht hat sie sich dann grausam gerächt. Ich konnte ihr sogar ein bisschen Verständnis entgegenbringen. Hat sie jemanden gehabt, der sie verstand? Mit dem sie über ihre größten Sorgen im Leben reden konnte, die aus ihrer Sicht zweifellos meine Mutter und ich – in dieser Reihenfolge – gewesen sind? Ich fürchte nicht. Mir fiel niemand ein. Ihre eigene Verwandtschaft hat sie im Gegensatz zur Familie Hinterhütter sehr selten gesehen, weil die relativ weit entfernt wohnte. Erschwerend kam hinzu, dass sie keinen Führerschein hatte und deshalb im Dorf »festsaß«. War sie deshalb so oft allein auf den Waldwegen unterwegs gewesen?

Auch die üblichen Berührungspunkte der Frauen ihres Alters wie Kindererziehung und Kinderkrankheiten, Fahrgemeinschaften zum Kindergarten usw. fehlten ihr. Es musste wirklich hart für sie gewesen sein, zu hart, um allein damit fertig werden zu können. Eine Freundin hat sie zumindest in ihrer unmittelbaren Umgebung meines Wissens nicht gehabt. Aber viele Neider. Auch unter den Frauen, weil sie im Vergleich zu den anderen Frauen wirklich »im Wohlstand« lebte. Wie meine Mutter hat auch sie keine Hilfe gehabt. Sie hat nie gelernt, sich Hilfe zu holen. Ich weiß nicht, womit sie sich getröstet hat. Außer mit übermäßigem Essen, ganz besonders von Süßigkeiten, die sie in großen Mengen einzukaufen pflegte und die ihre Figur verdorben hatten. Auf dem Hochzeitsfoto mit meinem Vater ist sie zwar nicht schlank, hat aber noch gute Proportionen. Ich versuchte, Frieden mit ihr zu schließen.

KAPITEL 20

Das Recht auf meinen Vater

Mit der Unterstützung von Herrn Dr. Sehmann, der beim Tod meines Vaters großes Einfühlungsvermögen gezeigt hatte, stellte ich beim Bezirksgericht den Antrag, die Leiche meines Vaters zur Durchführung einer DNA-Analyse zu exhumieren und auf diesem Wege die Vaterschaft zu mir feststellen zu lassen. Die Einäscherung sollte erst nach der Klärung der Vaterschaft erlaubt werden.

Es wurde eine Klage erhoben, und im Verlauf dieses Verfahrens sollte ein erbbiologisches Sachverständigen-Gutachten erstellt werden, das die Vaterschaft des Herrn Alois Mayer zu mir zweifelsfrei belegen würde.

Ich wollte das Lügennetz endlich ganz zerstören, wegreißen, aufdecken, was noch darunter verborgen war, die ganze Wahrheit erfahren. Und ich wollte den Namen meines Vaters tragen. Ich wollte weder den Namen meines Exmannes noch den Namen des Mannes, in dessen Haus ich aufgewachsen war, tragen müssen.

Kurz nachdem die Klage bei Gericht eingereicht worden war, erhielt ich einen Anruf von jemandem, den ich seit meiner Kindheit kenne. Dem Tonfall seiner Stimme entnahm ich, dass er äußerst aufgeregt war. Er warnte mich eindringlich. »Deine Familie ist dermaßen empört, dass du gerichtlich feststellen lassen willst, dass der Alois dein leiblicher Vater ist, dass sie zu allem fähig ist«, begann er und fuhr schließlich fort: »Sie lässt dir ausrichten, dass sie dir einen

Killer schicken wird, um die Feststellung zu verhindern.« Außerdem hatte sie angedroht, dass sie die Leiche von Alois Mayer entwenden lassen würde, um die Feststellung endgültig zu vereiteln. Sie hatten Angst, übermächtige, große Angst.

Nein, ich hatte keine Angst. Das war nicht der erste geplante Anschlag auf mein Leben. Schon im Kindesalter hatte ich diese Erfahrung machen müssen ... Mein Motto lautete: »Gott ist groß, und er lässt Seiner nicht spotten.«

Der Schriftsatz, den die mir bereits bekannte Rechtsanwältin, die meine »Tante Lena« nun weiterhin für ihre Rechte in Anspruch nahm, vorgelegt hatte, war wieder ein Sammelsurium ausgesuchtester Gehässigkeiten. Wieder einmal mussten meine Wahnvorstellungen herhalten, und meine Mutter hatte selbstverständlich zu keinem Zeitpunkt ihres Lebens sexuellen Verkehr mit Herrn Alois Mayer gehabt.

Außerdem, hätte Herr Robert Hinterhütter, der als mein rechtmäßiger Vater gilt, mir als Erbe einen Betrag zukommen lassen, der so hoch angesetzt war, dass ich berechtigte Zweifel hege, ob er selbst diesen Betrag überhaupt besaß ... Bis zu mir hat es diese allenfalls fiktive, gigantische Summe jedenfalls nicht geschafft.

Und ich wunderte mich, warum er mir mein Leben lang eingeschärft hatte, dass ich »lernen« sollte, weil »Bildung« mein »Erbgut« sei, wenn er mir jetzt plötzlich »Riesenbeträge« hatte zukommen lassen wollen. Alles, was ich bekommen hatte, war der erkämpfte, vergleichsweise geringe Betrag für das Fleckchen abschüssigen Ackerlandes. Das zum Thema Wahnvorstellungen. Papier ist geduldig.

Weiterhin wurde in dem Schreiben vorgeschlagen, dass die Leiche des Herrn Mayer überhaupt nicht exhumiert werden müsste, ja, dass das geradezu überflüssig sei, weil man einfach eine getragene Mütze, getragene Socken oder »Solches« ins gerichtsmedizinische Institut bringen könnte, um eine entsprechende Untersuchung durchzuführen. Wie aber zweifelsfrei festgestellt werden würde, dass »Solches« auch tatsächlich von meinem Vater Alois Mayer stammte, war in den Ausführungen nicht enthalten. Genau da lag der Hase im Pfeffer. Die Identität müsste bei einem solchen Verfahren zweifelsfrei festgestellt werden können. Wie sollte das geschehen? Würde die Lena etwa eine Mütze herausrücken, die tatsächlich ihrem Bruder gehört hat, und sich damit um sein gesamtes Vermögen bringen? So dumm war sie sicher nicht. Man könnte die Mütze von irgendjemandem nehmen, und schon wäre die Sache zu meinen Ungunsten entschieden.

Mein Anwalt war bei der mündlichen Verhandlung am Bezirksgericht der Stadt, in deren weitläufiger Umgebung ich aufgewachsen bin, anwesend. Das Verfahren wurde dort schlicht und einfach von vornherein »zugedreht«, wobei als Begründung für diese Vorgehensweise sinngemäß angegeben wurde, dass kein rechtliches Interesse meinerseits bestünde, die Vaterschaft des Herrn Alois Mayer feststellen zu lassen. Das bedeutete, dass, falls die Instanz das Bezirksgericht nicht zur Verhandlung der Klage zwingen würde, die Klage dort einfach nicht verhandelt werden würde. So einfach war das.

»Mein geliebtes Österreich, wann wirst du endlich die neue Gesetzesvorlage in geltendes Recht umsetzen und mir zu meinem Recht verhelfen?«, fragte ich, in Richtung meines Heimatlandes blickend, als ich das Schriftstück im Namen der Republik gelesen hatte.

Das Positive an diesem Gerichtstermin war für mich die Tatsache, dass Herr Dr. Sehmann sich bei dieser Gelegenheit aus erster Hand ein detailliertes Bild vom Ausmaß der Katastrophe und vom beteiligten Personenkreis hatte machen können.

Gerne nutzte ich die Gelegenheit, die mir meine Besuchstermine in der Anwaltskanzlei boten, meinen heimischen Freundeskreis zu pflegen. Maria erzählte mir eines Tages, dass sie meiner Mutter seit geraumer Zeit aus dem Wege ging, weil diese ihr bei jeder zufälligen Begegnung krampfhaft darzulegen versuchte, dass meine Ausführungen bezüglich meines Vater nichts als Lügen seien und dass sie mir nur ja nicht glauben solle und dass sie doch bitte auch allen, die sie kannte, sagen sollte, dass ich lügen würde.

Einmal versuchte Maria, die gerade Besorgungen machte und in Eile war, das unangenehme Gespräch vorzeitig abzubrechen, als meine Mutter sie einfach am Ärmel festhielt, um sie am Weggehen zu hindern. »Sie hat so einen eigenartigen Blick bekommen und scheint an nichts anderes mehr denken zu können«, schloss Maria und schüttelte sich bei der Erinnerung.

Was war aus der hübschen Frau geworden, die in meiner frühesten Kindheit so gerne gelacht hatte? Was hatte die »fromme Lüge« aus ihr gemacht? Dasselbe wie aus der Rosel? Schlimmeres!

»Geduld bringt Rosen«, ging es mir durch den Kopf. Wo hatte ich diesen Satz gelesen? Es fiel mir wieder ein. Im Schriftverkehr mit meinem Anwalt, Herrn Dr. Sehmann, als er mir vor etwa vier Jahren die rechtliche Situation beschrieben und angedeutet hatte, dass etwas Geduld erforderlich sein würde, bis wir unseren Erfolg verzeichnen würden. Er hatte Recht behalten. Und wieder machte mich die Niederlage stärker, ich spürte eine enorme Kraft in mir, weiter zu kämpfen, und ich wusste, dass das noch lange nicht das Ende war. Es war ein neuer Anfang.

»Was hältst du davon, wenn wir erst einmal Ski fahren gehen?«, fragte Sandra, nachdem sie die Abweisung der Klage gelesen hatte. »Eine gute Idee!«, stimmte ich zu, und Sandra übernahm die Buchungsformalitäten. Ich hatte die Erholung dringend nötig.

Leider erlaubte es Helens Gesundheitszustand in diesem Winter noch nicht, den gemeinsamen Skiurlaub zu machen, den wir uns vorgestellt hatten. Aber wir standen in regem Kontakt, und ich hielt sie über den Stand des Geschehens auf dem Laufenden, den sie erschreckend und zutiefst enttäuschend fand.

Als der Umschlag mit dem österreichischen Poststempel gekommen war, brachte Raphael ihn herein, und ich legte ihn erst einmal zur Seite, weil ich schon wusste, was er beinhaltete, und ich wollte ihn nicht beunruhigen. Trotzdem kam er später zu mir ins Wohnzimmer, wo ich auf der Couch saß und das Schreiben zum soundsovielten Mal las. Er setzte sich mir gegenüber und sah mich hilflos an. »Schlechte Nachrichten«, stellte er mehr fest, als dass er fragte. »Im Moment ja«, antwortete ich und fügte hinzu: »Aber das ist noch lange nicht das Ende, und ich kämpfe weiter.« Wir wechselten das Thema und sprachen über die bevorstehenden Ferien, die er im Ski-Schullandheim verbringen würde. Eine Woche vor meinem Skiurlaub. Er sah mich noch einmal prüfend an, bevor er wieder in sein Zimmer zurückging. Ich wollte nicht, dass er sich meinetwegen Sorgen machte, wusste aber genau, dass der Gedanke sinnlos war. Natürlich machte er sich Sorgen. Er wusste zu genau, was mir die Sache bedeutete und hoffte mit mir auf meinen Vater, auf seinen Großvater.

Kurz darauf traten Sandra und ich unseren Skiurlaub an. Wieder einmal hatten wir uns in die Höhen der Berge, dieses Mal der Tiroler Berge, zurückgezogen, und wie immer konnte ich mit einer gewissen Distanz »von oben« auf meine Sorgen herunterblicken. In den ersten Tagen war das Wetter sonnig, und wir nutzten die Zeit ausgiebig zum Skifahren und Schlittschuhlaufen.

Gegen Ende der Woche wurde es nebelig und wir beschlossen, wieder eine Schneewanderung zu machen, die uns Gelegenheit gab, über mein »Lebensthema« zu sprechen.

Sandra nahm den Faden auf: »Sie wissen doch alle, dass du dem Mayer seine Tochter bist. Wenn sie so sicher wären, dass du es nicht bist, würden sie die DNA-Analyse, die du angeboten hast, aus deiner eigenen Tasche zu bezahlen, schon längst gemacht und dich dadurch ins Unrecht gesetzt haben.«

»Ja«, sagte ich, »ich hatte ihnen auch angeboten, den Test mit meinem Stiefvater zu machen, um feststellen zu lassen, dass ich *nicht* seine Tochter bin. Aber sie lehnen alles ab. Sie fühlen sich von der Wahrheit und vor allem von mir als Trägerin dieser Wahrheit bedroht.«

»Eva, was denkst du, warum fürchten sie sich so sehr vor der Wahrheit?«

»Ich weiß es nicht, ich weiß nur, dass Dokumente darüber im Safe vom Hinterhütter liegen. Und nicht nur Dokumente, auch Schusswaffen.« Während ich diese Worte aussprach, fiel mir ein, dass mein Stiefvater seine Zielsicherheit jahrelang mit ansehnlichem Erfolg trainiert hatte.

»Gib nicht auf«, ermunterte mich Sandra. »Du hast dein ganzes Leben lang dafür gekämpft, die Wahrheit zu erfahren.«

»Niemals«, antwortete ich. »Manchmal habe ich mich gefragt, wie mein Leben hätte aussehen können, wenn ich nicht im Netz der Lüge, Brutalität und Verachtung aufgewachsen wäre.« Ein Hauch von Wehmut überkam mich, und ich schwieg eine Weile. Der Schnee knirschte unter meinen Tritten, und direkt über mir erhob sich eine Krähe von einem Ast, der durch die entstandene Bewegung seine Schneelast abwarf, die mir vor die Füße fiel.

Der Vorfall entlockte mir ein Lächeln, und ich blieb stehen, hob meinen Blick, betrachtete die hohen Bäume, den schmalen Weg und nahm die Umrisse der Schutzhütte wahr, die wir fast erreicht hatten. »Das Leben ist schön«, dachte ich. Und ich würde das nicht wissen, nicht erkennen können, wenn ich nicht auch das Negative erlebt hätte, das zu einem Bestandteil meines Lebens geworden war. Wir klopften den Schnee von unseren Anoraks, traten ein, wärmten uns am offenen Feuer und tranken Kaffee.

Vom Fenster aus konnte ich zwei kleine, gleich angezogene Mädchen beobachten, die übermütig Eiszapfen vom niedrigen Teil des Hüttendaches brachen. Zwillinge. Ich konnte gehen, wohin ich wollte, immer wieder begegnete mir »mein Leben«. Begegnungen bestimmten mein Leben. Ich erinnerte mich, wie ich anlässlich einer Geschäftsreise einige Damen aus dem Ausland kennen gelernt hatte, mit denen ich eine Woche lang unterwegs war. Eine davon kam mir bekannt vor, wobei ich sicher war, dass ich sie niemals zuvor gesehen hatte und nicht kennen konnte. Wir hatten drei ganze Tage von morgens bis abends miteinander verbracht, zusammen gearbeitet und gegessen, ohne dass mir etwas Besonderes aufgefallen wäre.

Am vierten Tag stiegen wir ins Auto, und jene Dame lehnte sich müde mit halb geschlossenen Augen an den Sitz und senkte den Kopf ein wenig. Ich beobachtete sie immer interessierter im Rückspiegel und wusste plötzlich ganz genau, woher ich dieses Gesicht, diese Haare und diese Pose kannte. Von einem Mädchen, das jahrelang neben mir in derselben Klasse gesessen hatte und in bestimmten Fächern immer wieder diese Es-ist-mir-zu-anstrengend-zuzuhören-Haltung eingenommen hatte. Ich hatte mit dem Kopf geschüttelt, als wollte ich die Erinnerung abschütteln und war losgefahren. Nein, ich wollte keine Ähnlichkeiten entdecken, ganz bestimmt nicht. Ich hatte es vorgezogen, nicht mehr in den Rückspiegel zu schauen und mich auf den nächsten Tagesordnungspunkt zu konzentrieren.

Meine Gedanken schweiften zu Helen. Helen, die nicht verstehen konnte, warum die Vaterschaft nicht endlich festgestellt werden würde, und angesichts der zahlreichen Anhaltspunkte, die für eine Vaterschaft des Alois Mayer zu mir sprachen, am österreichischen Rechtssystem zweifelte. Was sie wohl jetzt gerade machte? Bei ihr war es Sommer, und ich stellte mir vor, wie sie in den Wellen schaukelte.

Prächtig erholt und voller Elan kam ich aus dem Skiurlaub zurück und kontaktierte meinen Anwalt. Wir besprachen die vorhandenen Möglichkeiten, und ich beauftragte ihn, eine Berufung gegen das Urteil – die Abweisung der Klage – auszuarbeiten. Insbesondere sollte mein rechtliches Interesse an der Feststellung der Vaterschaft in den Fokus gerückt werden. Herr Dr. Sehmann leistete hervorragende Arbeit und reichte die Berufung gegen das Urteil ein.

Für mich war es auffällig, dass die Rechtsanwältin der Gegenseite in ihrer Berufungsbeantwortung einen sachlicheren Ton anschlug, sicherlich weil diese einem anderen Personenkreis zur Kenntnis gelangen würde.

Wieder lebte ich in der Hoffnung, dass ich endlich, endlich einen winzigen Schritt vorwärts kommen würde. Bis Raphael eines Tages wieder einen dicken Umschlag mit hereinbrachte, als er aus der Schule nach Hause kam. Obwohl ich den Inhalt bereits aus einem Telefonat mir Herrn Dr. Sehmann kannte, legte ich das Kuvert bedrückt zur Seite, um das Schreiben später allein zu lesen.

Die Berufung wurde vom Landesgericht abgewiesen. Sinngemäß wurde in der Begründung festgestellt, dass ich zwar, auch wenn mein »angeblicher« Vater schon gestorben sei, eine Vaterschaftsklage einbringen könnte, aber nicht, wenn aufrichtig vermutet werden müsste, dass ich ehelich geboren war. »Aufrichtig vermutet« bedeutete, dass, wenn weder der Robert Hinterhütter, der als mein Vater gilt, noch meine Mutter die Vaterschaft des Robert Hinterhütter zu mir bezweifelten, vermutet werden würde, dass der Robert Hinterhütter mein Vater sei. Was ich vermutete, interessierte nicht. Hatte ich das immer noch nicht begriffen? *Nein!* Und das würde ich auch niemals tun! Niemals!

Eine ordentliche Revision wurde nicht zugelassen, und ich durfte wieder einmal seitenlange Ausführungen darüber lesen, dass in der derzeitigen österreichischen Rechtsordnung die gesetzliche Voraussetzung für mein Begehren nicht gegeben ist.

Einige Tage verstrichen, in denen ich auf meinen Wegen durch den Wald meine Gedanken ordnete. Während ich den Waldweg vor mir sah, der dicht mit goldgelbem Laub bedeckt war, dachte ich an meinen Vater, der auf seine Art auch nicht aufgegeben hatte. Er hatte sich einen Platz in meinem Leben erobert. Was würde er mir raten, wenn ich ihn jetzt fragen könnte? »Gib nicht auf, Kind, mach es besser als ich, führe du es zu Ende, du bist schließlich eine geborene Mayer.«

Am darauf folgenden Tag führte ich ein langes Gespräch mit meinem Anwalt, und wir gingen die ganze Angelegenheit noch einmal durch. Alle vorhandenen Möglichkeiten wurden genauestens besprochen, und ich wusste, was ich wollte. Trotzdem beschloss ich, meine Entscheidung noch einige Tage zu überdenken.

Mein Entschluss blieb fest, und ich bat meinen Anwalt, eine außerordentliche Revision beim Obersten Gerichtshof der Republik Österreich für mich einzubringen. Das Ziel war, die Frage rechtlich klären zu lassen, ob es sich bei der durch alle Instanzen hinlänglich zitierten »fehlenden Voraussetzung« um das Fehlen einer Regelung handelte, das vom Gesetzgeber gewollt war, oder ob das Fehlen derselben als Unvollständigkeit in der Gesetzgebung anzusehen sei, wobei eine Vervollständigung derselben angestrebt werden würde.

Bereits nach relativ kurzer Zeit erreichte mich der Beschluss des Obersten Gerichtshofes. In dem Schriftstück konnte ich lesen, dass der von mir eingebrachten Revision wegen des Fehlens der Voraussetzungen gemäß dem leidigen Paragrafen nicht stattgegeben wurde.

Einige Tage nachdem ich den abschlägigen Bescheid des Obersten Gerichtshofes der Republik Österreich erhalten hatte, feierte ich in meinem internationalen Freundeskreis ein Fest, da außer denen, die ohnehin als Ausländer in Deutschland lebten, gerade zwei von den »richtigen Ausländern« anwesend waren.

Lucy, meine Freundin aus Mexiko, eine hervorragende Köchin, wurde wieder einmal überredet, für uns alle zu kochen. Nachdem sie sich telefonisch nach den Maßen meines größten Kochtopfes erkundigt hatte, zog sie es vor, ihren eigenen mitzubringen. Ich frage mich bis heute, wie sie es schaffte, auf meinem Einfamilienküchenherd in dem blauen Monstertopf das pikante Gericht zuzubereiten, dessen Reste Raphael zu meinem Staunen am nächsten Tag zum Frühstück verzehrte. Auch einige der Zutaten, die sie mir einzukaufen aufgetragen hatte, waren nicht in ihrem Sinne, und sie besorgte sich kurzfristig leckeren Ersatz.

Wir tranken Espresso und hatten viel Spaß bei den Vorbereitungen in meiner Küche. Jedes Klingeln kündigte das Eintreffen der »Nächsten« an, und alle waren gespannt, wer angekommen war. So begrüßten wir Sarah, unsere Engländerin, die eine *crème brûlée* nach dem Rezept ihrer französischen Mutter gezaubert hatte. Sie schüttelte ihr wunderschönes, langes blondes Haar und beschwerte sich lautstark darüber, dass, wenn wir nicht sofort aufhörten, mit unseren Espresso-Löffeln ihren Nachtisch zu plündern, die Schüssel in ein paar Minuten leer sein würde. »Schlimmer als die Kinder seid ihr!«, schloss sie ihren Vortrag, und wir lachten, weil wir alle gut gelaunt waren und ihr Vortrag uns gefiel. Wir freuten uns alle, einander nach fast zwei Jahren wiederzusehen.

Sandra hatte in der Speisekammer ihrer Mutter, die sie auf dem Weg kurz besucht hatte, eine Flasche selbst gemachten Johannisbeerlikör entdeckt, die sie zusammen mit einer riesigen Schüssel frischen Obstsalats für uns mitgebracht hatte. Anne, unsere Amerikanerin, hatte keine Zeit zum Sprechen; sie war damit beschäftigt, all die hausgemachten Dinge zu probieren und dabei unentwegt entzückt die Augen zu verdrehen. Teresa beobachtete sie und fragte amüsiert: »Bist du sicher, dass du nicht schwanger bist?« Mehr als ein Nicken bekam sie nicht als Antwort.

Ich schob gerade genüsslich das letzte Stück Bitterschokolade in den Mund, das ich in meinem Espresso »angeweicht« hatte, als Sandra daran erinnerte, dass ich bei unserem letzten Treffen versprochen hätte, einen Apfelstrudel zu backen. »Habe ich das tatsächlich getan? So unvorsichtig bin ich doch gar nicht.«, sagte ich verschmitzt. »Aber ich habe keinen Termin genannt, oder?«

»Raffiniert«, meinte Lucy »aber du entgehst uns nicht, und wir können den Termin sofort festlegen, wie wäre es beim nächsten Fest?«

»Ist versprochen«, sagte ich, leckte genüsslich die Schokolade vom Löffel und stand auf, um den Tisch fürs Essen zu decken.

Wir feierten so ausgelassen, dass sich der Hund wegen des konstanten Lärmpegels, der nicht nur von zwei Männern meiner Freundinnen ausging, die dem Klavier und ihren Stimmen Erstaunliches entlockten, freiwillig ins Untergeschoss unter die Treppe verzog, um abzuwarten, bis wieder Ruhe eingekehrt war.

Als wir später alle in einem Kreis saßen und jede erzählte, wie es ihr seit unserem letzten Treffen ergangen war, kam als ich an der Reihe war die Sprache natürlich auch auf »mein« Thema, das alle seit Jahren gespannt mitverfolgten, und ich musste über den aktuellen Stand berichten. Da fühlte ich plötzlich die unermessliche Enttäuschung in mir und wollte nicht selbst erzählen; ich holte das Stück Papier und ließ es jemanden vorlesen.

Es war still geworden. Alle schwiegen betroffen. »Aber Eva«, meinte Lucy, »erst kürzlich habe ich gelesen, dass in Österreich ein hochmodernes Zentrum für Gentechnologie existieren soll; arbeiten sie da nur für Ausländer?«

»Na, was denkst du denn, Lucy«, witzelte Sarah, »ihre eigenen Landsleute dürfen nicht erfahren, wo ihre *roots* sind, in Ermangelung von – wie heißt das wieder? – von Voraussetzungen des Gesetzes.«

»Du machst das ganz falsch, Eva«, mischte sich Anne ein. »Du musst nach deutschem Vorbild einen Antrag auf Änderung der Gesetzesvorlage stellen, mit einem Stempel darauf, dann geht es, du wirst sehen.« Sandra bezweifelte, ob die Vorgehensweise tatsächlich zum gewünschten Erfolg führen würde, und wir füllten unsere Gläser und stießen auf die Freundschaft, auf »die Feststellung der Vaterschaft« und schließlich auf »mein Österreich« an, weil alle wussten, dass ich es liebte.

Wir witzelten noch eine Weile weiter. Aus Hilflosigkeit. Keine von ihnen hätte es für möglich gehalten, dass es mir in dieser Zeit, in der so hochsensible Themen wie das Klonen von Menschen behandelt werden, wegen des Fehlens der gesetzlichen Voraussetzungen in meinem im Herzen Europas gelegenen Heimatland verwehrt werden würde, die Vaterschaft feststellen zu lassen.

Als ich in den frühen Morgenstunden zu Bett ging, dämmerte es draußen, und ich dachte daran, dass wieder ein neuer Morgen anbrach. Ein neuer Anfang. Nein, ich würde nicht aufgeben, niemals; dieses Versprechen gab ich mir, und ich spürte eine wunderbare Kraft in mir aufsteigen.

Ich kämpfe weiter, weil mein Glaube, dass am Ende die Wahrheit siegen wird, und dass es auf dieser Welt nicht nur geltendes Recht, sondern auch Gerechtigkeit gibt, unerschütterlich ist.

Über die persönlichen Konsequenzen hinaus will ich den Menschen in meinem geliebten Heimatland zu einer gesetzlich verankerten Möglichkeit verhelfen, die Vater- und Mutterschaft feststellen zu lassen, wie das in vielen anderen Ländern, auch in Deutschland, möglich ist.

Vor allem anderen aber will ich den Menschen auf der

ganzen Welt Mut machen, aufrichtig zu sein. Mut zur Wahrheit! Zu der Wahrheit, die totgeschwiegen wird. Schweigen tötet. Tötet die Liebe, tötet das Vertrauen. Schürt Eifersucht, Hass und Zwietracht.

Wenn ich durch das Erzählen meiner Geschichte einen einzigen Menschen auf dieser Welt dazu bewegen kann, seine Lebenslüge aufzudecken, aufzugeben und sich seinem Ehepartner, seinem Kind oder anderen, die sie betreffen mag, zu öffnen und die Wahrheit zu bekennen, dann habe ich sie nicht umsonst erlebt und aufgeschrieben.

WORTERKLÄRUNGEN

Jause	Vesper
Kellerstüberl	Heizbarer Nebenraum eines Weinkellers
Gesindehaus	Unterkunft für Dienstboten
Tabaktrafik	Tabakwarenladen
Matura	Abitur
Kleiner Brauner	Bekannte österr. Kaffeespezialität

»Mein Mann ist spielsüchtig« – eine Frau erzählt von der schwersten Erkenntnis ihres Lebens

Liebe auf den ersten Blick: Anke ist sofort von dem gut aussehenden Harald fasziniert, als sie ihn an ihrer Arbeitsstelle kennen lernt. Als Harald bei ihr einzieht, ist sie im siebten Himmel. Der Heiratsantrag ist dann das i-Tüpfelchen auf ihrem Glück. Bis Harald am Wochenende vor der Hochzeit loszieht, um die Ringe und einen schwarzen Anzug zu kaufen – und er ohne Geld, ohne Anzug, ohne Ringe zurückkommt. Er hat alles am Spielautomaten verzockt – und das nicht zum ersten Mal. Anke steht vor einer schweren Entscheidung. Sie will Harald nicht aufgeben, sie will ihre Liebe retten ...

ISBN 3-404-61528-X

BASTEI LÜBBE